SICHER
durch die Zeit

Quellen- und Fotonachweis: Archiv der Bundespolizeidirektion / Pressestelle und Informationsdienst, Archiv des Wiener Kriminalmuseums, S. 353: Christian Jobst, S. 357: Kunsthistorisches Museum, Wien, S. 360, 369, 372, 377, 378, 381: picturedesk, S. 361: alimdi.net, Seite 380: Bundesministerium für Inneres

Ein besonderer Dank an die Mitarbeiterinnen und Mitarbeiter der polizeilichen Dienststellen

Impressum:
ISBN: 978-3-902900-06-7

Media Quarter Marx 3.2
A-1030 Wien, Maria-Jacobi-Gasse 1

Produktion: Ilse Helmreich
Produktionsassistenz: Brigitte Lang
Layout: Elisabeth Waidhofer
Lektorat: Roswitha Horak
Herstellungsort: Wien

Besuchen Sie uns im Internet:
www.echomedia-buch.at

Harald Seyrl

SICHER
durch die Zeit

Die Geschichte der Wiener Polizei

echomedia
BUCHVERLAG

Inhalt

DIE HÜTERIN DER STADT

„Policia", imaginäre, über die Sicherheit der Stadt Wien wachende Göttin der Polizei (R. Kubasek, 1898)

Romantische Darstellung aus dem Polizeipavillon der „Kaiser-Jubiläumsausstellung 1898", die ein polizeiliches Verständnis zum Ausdruck bringt, das trotz aller veränderten Äußerlichkeiten und zeitbezogenen neuen Aufgabenstellungen der Behörde im Grunde genommen gleich geblieben ist und immer so sein wird – die „Behütung der Stadt und ihrer Menschen"

Zum Geleit

In nur wenigen Institutionen spiegelt sich so sehr die Entwicklung der Stadt wider wie bei der Wiener Polizei. Der Weg von der kaiserlichen Residenz eines großen Reiches bis zur Bundeshauptstadt einer kleinen Republik, über Krieg und Frieden, Revolutionen und Umstürze, Diktaturen und Fremdherrschaft, Jahre des Hungers und des Wohlstandes – all das ist im überaus sensiblen Bereich der polizeilichen Maßnahmen erkenn- und nachvollziehbar.

Das Verhältnis der Obrigkeit zum Untertanen, des Staates zum Bürger, umgekehrt aber auch die Beziehung der Bevölkerung zur jeweiligen Regierung werden gerade bei der Beobachtung polizeilicher Maßnahmen und behördlicher Schritte erkennbar, wie sonst kaum in einem anderen Lebensbereich. Anhand von glanzlichtähnlichen Einzelereignissen soll ein Zeitbild entstehen, das tiefen Einblick in das Werden der Stadt ermöglicht.

So ist es uns in diesem Buch ein Anliegen, das wechselvolle Schicksal unserer Stadt anhand einzelner Ereignisse – ohne jedoch Anspruch auf Vollständigkeit zu erheben –, aber auch der Veränderung von Strukturen und behördlichen Organisationsformen von der Vergangenheit bis in unsere Tage nachzuvollziehen.

Obwohl die Wege oft unterschiedlich waren und für unsere Zeit vielleicht auch schwer verständlich sind, so war es doch immer das Ziel, den Menschen in dieser Stadt ein Leben in Sicherheit und Ruhe zu gewährleisten. Eine Verpflichtung, die bis heute nichts an Aktualität eingebüßt hat und zur obersten Maxime allen Handelns geworden ist.

Mag. Harald Seyrl
Direktor des Museums für Kriminalgeschichte

General Karl Mahrer
Landespolizeivizepräsident in Wien

Dr. Gerhard Pürstl
Landespolizeipräsident in Wien

Mag. Dr. Michaela Kardeis
Landespolizeivizepräsidentin in Wien

Das „Amtshaus" in der Rauhensteingasse, auch „Malefiz-Spitzbubenhaus" genannt, einer der frühesten Sitze polizeilicher Ämter im alten Wien

Hilfreich sey die Polizey

Historischer Überblick

Schon zu Beginn des 16. Jh. tauchte im deutschen Sprachraum der Begriff „Polizey" auf, der „Gute Ordnung im Gemeinwesen" bedeutete. Kaiser Ferdinand I. erließ 1527 eine „New Polizey und Ordnung der Handwerker und Dienstleute", die neben der Regelung des Verhaltens der Handwerker auch anordnete, dass Meister und Gesellen dem Stadtrichter bei der Festnahme eines „strafmäßigen Verbrechers" Hilfe leisten müssten.

1540 wurde in einer weiteren Polizeiordnung auf die zu verfolgenden „Unsitten des Zutrinkens, der Völlerei, der leichtfertigen Beiwohnung und des Kleiderluxus" hingewiesen. In einer folgenden Verfügung desselben Jahres wurde bestimmt, dass die Anwesenheit „gefährlicher Fremder" in der Stadt sofort und unverzüglich zur Anzeige gebracht werden müsse. Wohl ein deutlicher Hinweis, dass man die Gefährlichkeit von getarnten Agenten, die in Vorbereitung türkischer Angriffspläne die Verteidigungsbereitschaft der kaiserlichen Residenzstadt auszukundschaften hatten, erkannt hatte. Gleichzeitig aber so etwas wie der Beginn staatspolizeilicher Maßnahmen.

Das Jahr 1543, als vom Wiener Stadtrat „verständige Personen als Aufseher und Kundschafter" bestellt wurden, kann als Anfang kriminalpolizeilicher Tätigkeit angesehen werden.

1560 wurde vom Kaiser eine eigene Hofkommission ins Leben gerufen, die sich „geheimer Exploratores" bediente, um die Handhabung der Polizeiordnung zu überwachen.

„Sturmhäubel"-Helm, ähnlich dem meist erst später verwendeten „Marion", wie er von Wiener Wachorganen im 16. Jh. getragen wurde

Der Hohe Markt in einer historischen Ansicht, mit dem Gebäude der „Schranne" (Wiener Kriminalgericht) und im Vordergrund dem „Narrenkötterl", in dem die Ehren- und Schandstrafen vollstreckt wurden

Männer der Wiener „Tag- und Nachtwache", 1547

Noch unter Kaiser Ferdinand I. (1503–1564) wurde auch die städtische „Tag- und Nachtwache" – der erste Ansatz einer Sicherheitswache – ins Leben gerufen.

Aus dieser entwickelte sich nun die vorerst noch städtische „Stadtguardia", die im Jahre 1582 „verstaatlicht" – also dem Landesfürsten unterstellt – wurde. Den schlecht besoldeten Männern der Stadtguardia gestattete man neben ihrer Tätigkeit im Sicherheitsdienst auch die Ausübung eines Gewerbes, wobei aus wirtschaftlichen Gründen naturgemäß diese Tätigkeit bald in den Vordergrund trat.

Zur Verstärkung, aber auch als Gegenpol der immer unzuverlässiger werdenden Stadtguardia wurde im Jahre 1646 die „Rumorwache" ins Leben gerufen, ein notwendiger Schritt, der aber neue und interne Probleme mit sich bringen sollte.

Luntengewehr der Wiener Stadtguardia, 2. Hälfte des 16. Jh.

Wiener Stadtguardia auf Torwache, Mitte 16. Jh.

Die Stadtgardisten, also die Angehörigen der „Stadtguardia", waren meist rücksichtslose und gewalttätige Männer, die teilweise ihre „Amtshandlungen" nur unter Kontrolle eigens dafür bestellter Vertreter der Wiener Bürgerschaft durchführen durften, da man die Bevölkerung durch das Verhalten dieser Wachmannschaft nicht noch mehr vergrämen wollte. Schon bald nach Gründung der „Rumorwache" gab es zwischen den Angehörigen der beiden Wachkörper Reibereien und auch tätliche Auseinandersetzungen, die teilweise auch in den unklaren Kompetenzaufteilungen und Zuständigkeiten begründet waren. Die Konsequenz aus den dauernden Schwierigkeiten der rivalisierenden Wachkörper war, dass man 1741 – also bereits in der Regierungszeit Maria Theresias – die Stadtguardia auflöste.

„Stadtguardia", 1612. Um diese Zeit entsteht für die Wiener Wachorgane erstmals eine einheitliche Adjustierung (weißer Waffenrock und weißer Hut mit rot-weißem gekordeltem Band, rote Hosen, weiße Strümpfe) zur Kenntlichmachung der „amtlichen" Funktion - der Beginn späterer Uniformierung. In der Farbgebung sollten sich die Farben der Stadt Wien widerspiegeln. Spieß und Luntengewehr stellten die Bewaffnung dar.

Wiener „Rumorwache", 2. Hälfte 18. Jh. Die Bewaffnung bestand aus dem Gewehr mit Bajonett, einem Säbel und einem Schlagstock.

Im Jahre 1749 entstand eine eigene „Hofkommission in Polizey-, Sicherheits- und Armenverpflegssachen" und 1751 wurden die landesfürstlichen (staatlichen) „Viertelkommissäre", also je ein Kommissär für ein Wiener Stadtviertel eingesetzt.

In der Folge entstanden auch „Gassenkommissäre", „Unterkommissäre" und „Hausnachseher" und damit gab es nun ein enges polizeiliches Netzwerk.

Aus der niederösterreichischen Regierung – also „landesfürstlich" und nicht städtisch – wurden 12 Räte und Sekretäre bestimmt, die in den vier Stadtvierteln und zwei Vorstadtdistrikten die polizeilichen Maßnahmen anzuordnen hatten. Wenngleich es dem kaiserlichen Reformstreben vorerst noch nicht gelang, die gewünschte und bereits geplante „Polizeidirektion" zu errichten, so kam es doch, wie bereits erwähnt, zur Auflösung der unzureichenden „Stadtguardia" (1741) und 1776 als Ersatz zur Aufstellung einer militärisch organisierten „Polizeiwache". Für die vier Stadt- und acht Vorstadtbezirke wurde als Vertreter der Regierung je ein „Bezirksaufseher" bestellt, dem die polizeilichen Organe seines Bezirks unterstellt waren. Nach französischem Muster wurden der Polizei sogenannte „mouches" – also Geheimagenten – als Hilfsorgane beigegeben.

Unter Kaiser Joseph II., beraten durch den Regierungspräsidenten Graf Johann Anton von Pergen, wurde das Polizeiwesen einer großen und richtungsweisenden Reform unterzogen und so manche verwaltungspolizeiliche Aufgabe wurden dem Wiener Stadtrat abgetreten.

Der bei der „Polizeioberdirektion" verbleibende Teil sah seine vornehmste Aufgabe in der „geschwinden und sicheren Entdeckung und Habhaftwerdung der im Lande vorhandenen und von auswärts eingeschlichenen Verbrecher ..."

Der „Geheime Dienst", der mit der Staatssicherheit in Wien, aber auch in den Kronländern betraut war, bildete in dieser Zeit das Zentrum der polizeilichen Arbeit.

Wenig später, im Jahre 1791 – also bereits unter Kaiser Josephs Nachfolger Leopold II. –, wurden in Wien zwölf „Polizei-Bezirksdirektionen" geschaffen, die der Polizei-Oberdirektion unterstellt wurden.

Unter dem Einfluss der Französischen Revolution und aus Angst vor den „österreichischen Jakobinern" gründete man schließlich 1793 die „Polizeihofstelle", welche Graf Pergen unterstellt wurde. Für diese Dienststelle wurden sogenannte „Vertraute" angeworben, die – von der Bevölkerung verächtlich „Naderer" genannt – hauptsächlich die überaus strengen Zensurbestimmungen und andere staatspolizeilichen Maßnahmen wahrnehmen mussten.

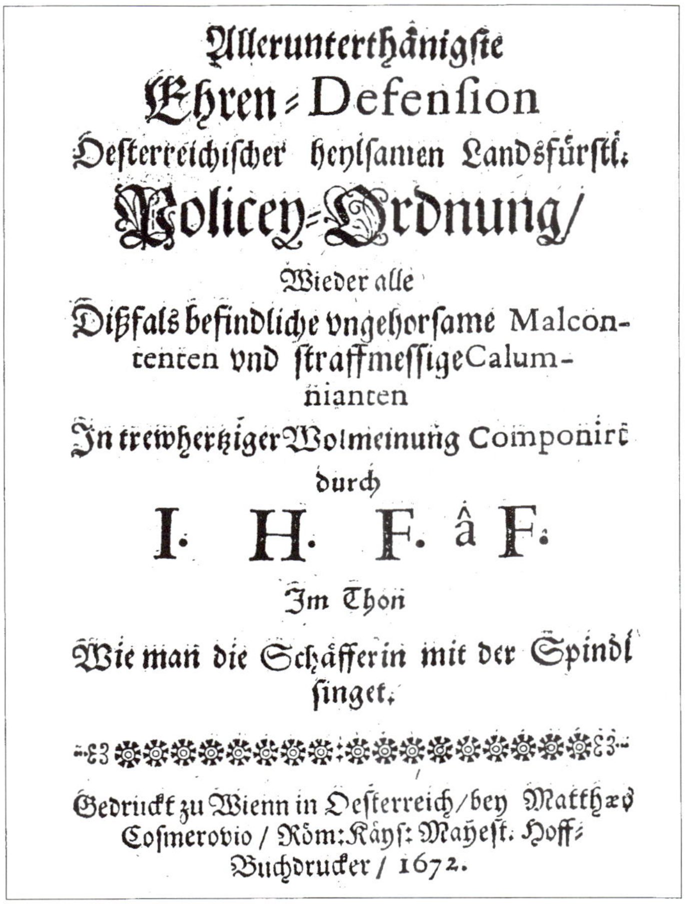
Allerunterthänigste
Ehren-Defension
Oesterreichischer heylsamen Landsfürstl.
Policey-Ordnung/
Wieder alle
Dißfals befindliche vngehorsame Malcon-
tenten vnd straffmessige Calum-
nianten
In trewhertziger Wolmeinung Componirt
durch
I. H. F. â F.
Im Thon
Wie man die Schäfferin mit der Spindl
singet.

Gedruckt zu Wienn in Oesterreich/bey Matthæo
Cosmerovio / Röm: Käys: Mayest. Hoff-
Buchdrucker / 1672.

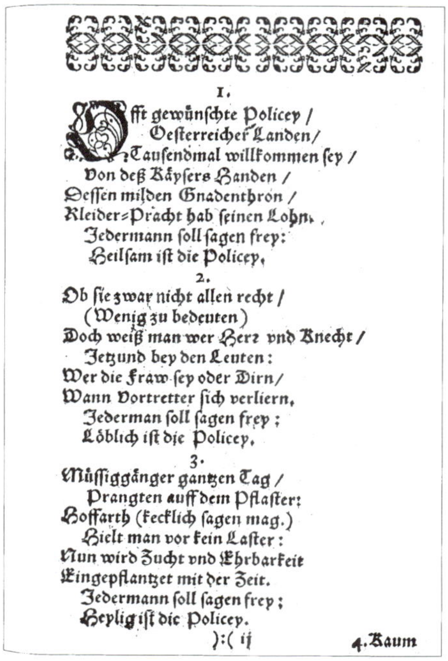
1.
Offt gewünschte Policey /
Oesterreicher Landen/
Tausendmal willkommen sey /
Von deß Käysers Handen /
Dessen milden Gnadenthron /
Kleider-Pracht hab seinen Lohn.
Jedermann soll sagen frey:
Heilsam ist die Policey.
2.
Ob sie zwar nicht allen recht /
(Wenig zu bedeuten)
Doch weiß man wer Herr vnd Knecht /
Jetzund bey den Leuten:
Wer die Fraw sey oder Dirn/
Wann Vortretter sich verliern.
Jederman soll sagen frey ;
Löblich ist die Policey.
3.
Müssiggänger gantzen Tag /
Prangten auff dem Pflaster:
Hoffarth (kecklich sagen mag.)
Hielt man vor kein Laster:
Nun wird Zucht vnd Ehrbarkeit
Eingepflantzet mit der Zeit.
Jedermann soll sagen frey ;
Heylig ist die Policey.
):(ij 4. Raum

Immer wieder war das Polizeiwesen Gegenstand satirischer Betrachtungen. So auch hier, in dieser Flugschrift aus dem Jahre 1672, deren Text nach dem damals sehr populären Volkslied „Schäferin mit der Spindel" zu singen war.

In den vielen Strophen des Liedes wird auf die Prahlsucht und Eitelkeit sowie andere Untugenden der ungeschulten Stadtgardisten hingewiesen. Der Druck dieser Flugschrift durch den „Röm. Kays. Mayest. Hoff-Buchdrucker" zeigt die sehr liberale Einstellung gegenüber der Kritik an öffentlichen Institutionen.

Stadtguardia, 1745

1796-1808

ERHARD RITTER VON LEY
POLIZEIOBERDIREKTOR 1796-1808

Erhard Ley wurde 1753 in Würzburg geboren und war nach seinem Studium als Militär-Auditor bereits in Wien tätig.

Im Jahre 1791 trat er in die Wiener Polizeidirektion ein und wurde bald k.k. Rat und Polizeibezirksdirektor.

Nach dem Tod des Polizeioberdirektors Beer wrude Erhard Ley zu seinem Nachfolger bestellt und bereits 1801 zum Hofrat ernannt. Neben seiner Funktion als Polizeioberdirektor war Ley auch an verantwortlicher Stelle in verschiedenen Hofkommissionen tätig. Auch wurde über seine Veranlassung 1807 die 1793 aufgelöste Zivilpolizeiwache wieder eingeführt. 1808 wurde Hofrat Erhard Ley in die Hofkanzlei versetzt und 1811 in den Ritterstand erhoben.

Mitten in die Amtszeit des Polizeioberdirektors Josef von Schüller fiel der Attentatsversuch von Friedrich Staps gegen Napoleon am 12. Oktober 1809 in Schönbrunn.

Zwar waren die Franzosen als Besatzer in Wien, aber allein dass es dem jungen Deutschen möglich war, in den Schlosspark einzudringen und bis zum französischen Kaiser zu gelangen, wurde der Wiener Polizei und ihrem Oberdirektor schwer angelastet.

JOSEF RITTER VON SCHÜLLER POLIZEIOBERDIREKTOR 1808–1810

Josef Schüller stammte aus Böhmen und war seit 1789 in der Zivilverwaltung Böhmens tätig, wo er nicht nur Inspektor über die böhmischen Kurorte, sondern auch Kreishauptmann wurde.

1804 wurde Schüller auf Grund seiner Verdienste bei der diplomatischen Handhabung seiner Aufgaben (der Verantwortung für die Sicherheit der prominenten Kurgäste aus aller Welt in den böhmischen Bädern) in den Ritterstand erhoben.

1808 wurde Josef Schüller zum Wiener Polizeioberdirektor bestellt und zum Hofrat ernannt.

Bereits 1810 schied er jedoch aus diesem Amt aus, um seine Tätigkeit als Vizepräsident des böhmischen Guberniums aufzunehmen. Er wurde Geheimrat und erhielt schließlich 1816 als „Staats- und Konferenzrat" den Titel Exzellenz. Josef von Schüller war der erste Polizeioberdirektor Wiens, der von der zivilen Verwaltung direkt an die Spitze der Polizei rückte, ohne bis dahin eine polizeiliche Tätigkeit ausgeübt zu haben.

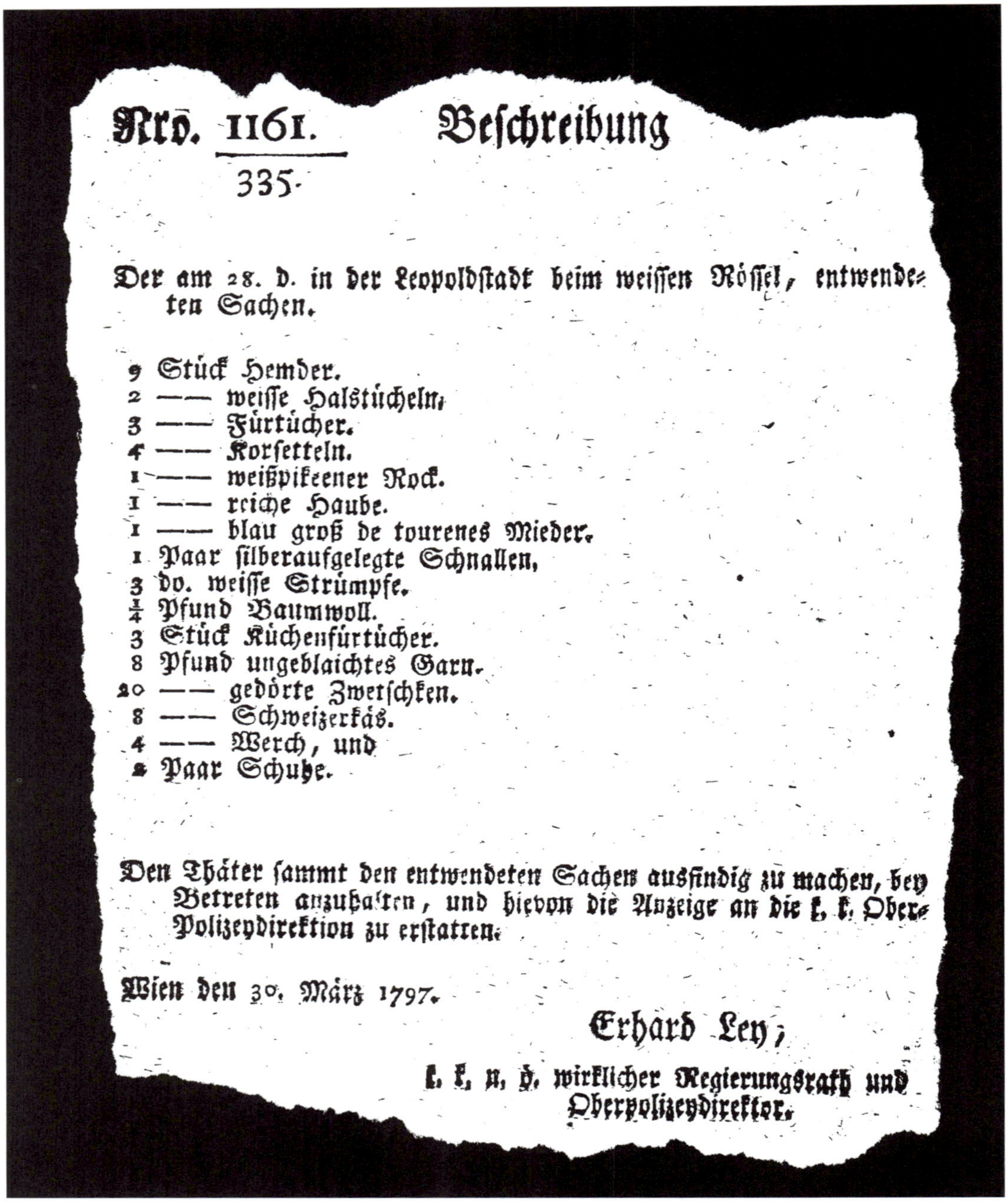

Nro. 1161. Beſchreibung

335.

Der am 28. d. in der Leopoldſtadt beim weiſſen Röſſel, entwendeten Sachen.

9 Stück Hemder.
2 —— weiſſe Halstücheln.
3 —— Fürtücher.
4 —— Korſetteln.
1 —— weißpikeener Rock.
1 —— reiche Haube.
1 —— blau groß de tourenes Mieder.
1 Paar ſilberaufgelegte Schnallen,
3 do. weiſſe Strümpfe.
¼ Pfund Baumwoll.
3 Stück Küchenfürtücher.
8 Pfund ungeblaichtes Garn.
20 —— gedörte Zwetſchken.
8 —— Schweizerkäs.
4 —— Werch, und
2 Paar Schuhe.

Den Thäter ſammt den entwendeten Sachen ausfindig zu machen, bey Betreten anzuhalten, und hievon die Anzeige an die k. k. Ober-Polizeydirektion zu erſtatten.

Wien den 30. März 1797.

Erhard Ley;

k. k. n. ö. wirklicher Regierungsrath und Oberpolizeydirektor.

Polizeiliche Ausschreibung nach einem Einbruch in der Leopoldstadt, 1797

Ein Beispiel kriminalpolizeilicher Arbeit der Wiener Polizeidirektion aus dem späten 18. Jh.

An der hohen laufenden Nummerierung erkennt man, dass es schon damals sehr viele kriminalpolizeiliche Steckbriefe und Ausschreibungen gab.

Stadtguardia auf Schildwache, Mitte des 18. Jh.

Eine von den Züchtlingen, mit List entwichene Aus-schweiferin, welche nächtlicher Weile unverhoft durch die Wächter verkleidet ertappet worden

Der Wiener Polizeioberdirektion unterstanden in diesen Jahren auch die noch in der josephinischen Zeit gegründeten Polizeidirektionen in den Hauptstädten der Monarchie, mit Ausnahme Ungarns. Leiter der Oberdirektion war ein „Oberdirektor" im Rang eines Wirklichen Hofrates, für staatspolizeiliche Maßnahmen war jedoch die „k. k. oberste Polizey- und Censur-Hofstelle" zuständig.

Das polizeiliche Zensur- und Spitzelwesen, durch den Präsidenten der Polizey- und Censur-Hofstelle, Josef Graf Sedlnitzky, geradezu personifiziert, war eine der meistgehassten Einrichtungen im vormärzlichen Wien und ein Hauptangriffspunkt der Revolution 1848.

Infolge der revolutionären Ereignisse des Jahres 1848 musste die Militär-Polizeiwache vorerst einmal aufgelöst werden und die Besorgung des Sicherheitsdienstes in Wien wurde einer städtischen Wache, vorübergehend bereits „Sicherheitswache" genannt, anvertraut.

Satirisches Blatt, das den Zustand der Wiener Stadtguardia vor ihrer Auflösung karikierte und auch auf die mangelnde Bereitschaft junger Männer hinwies, Dienst in der schlecht besoldeten und bei der Bevölkerung wenig angesehenen Wache zu tun

Ab 1849 wurde im Auftrag des Kaisers von General Johann Freiherr Kempen von Fichtenstamm das Gendarmeriekorps als „Landessicherheitswache" geschaffen. 1850 wurde Kempen auch mit der Neuorganisation der Polizeibehörde betraut. 1852 konnte schließlich das Reformwerk als abgeschlossen angesehen werden.

Den Exekutivdienst nahm nun wieder eine „Militärpolizeiwache" und auch die „Zivilpolizei" wahr, die den Dienst in Zivilkleidern zu versehen hatte und sich mit einer „Plaque", also einer verdeckt getragenen Kokarde, legitimieren musste.

Im Jahr 1859 verfügte Kaiser Franz Joseph I. die Auflösung der Obersten Polizeibehörde, es wurde ein eigenes „Polizeiministerium" geschaffen. Die beginnende Liberalisierung sowie föderalistische und auch wirtschaftliche Überlegungen führten 1861 dazu, dass zahlreiche polizeiliche Aufgaben den Ländern und Städten übertragen wurden.

K. k. Militärpolizeiwache zu Pferd (berittener Zugsführer) und zu Fuß, 1854

Auch die bestehenden Polizeidirektionen des Reiches – außer Wien – wurden den städtischen Verwaltungen übergeben. Auch das „Polizeiministerium" wurde wieder aufgelöst, die Oberhoheit über die Polizeibehörde vorerst einer „Polizeiabteilung des Ministerratspräsidiums" übertragen, die aber bald in der Zuständigkeit vom „Ministerium für Landesverteidigung und öffentliche Sicherheit" abgelöst wurde.

Am 15. Februar 1870 wurde in einem kaiserlichen Erlass schließlich die Polizeibehörde endgültig dem k. k. Ministerium des Inneren übertragen. Anstelle der bisherigen Militärpolizeiwache war 1866 kurzfristig eine kommunale Stadtwache entstanden, die jedoch bald wieder aufgelöst wurde.

Am 2. Februar 1869 kam das endgültige Ende der Militärpolizeiwache und ihrer Mannschaft, der – wie sie im Volksmund genannt wurden – höchst unbeliebten „Zaruckmänner". Die neue k. k. Sicherheitswache war entstanden.

Wenig später, am 15. Dezember 1870, erließ der Kaiser eine Entschließung, die besagte, dass ein „Institut der k. k. Polizeiagenten in Wien" zu

K.k. Militärpolizeiwache zu Fuß, 1837

K.k. Militär-Polizeiwachmann vor der Auflösung des Korps, 1869

schaffen sei. Dies war die eigentliche Geburtsstunde der später so erfolgreichen und geradezu legendären Wiener Kriminalpolizei.

Ein weiter Bogen – von der „Tag und Nachtwache“ des Jahres 1547 bis zur Gründung einer staatlichen Sicherheitswache und Kriminalpolizei – soll uns die Entwicklung veranschaulichen, die zur Errichtung der Wiener Polizeibehörde mit ihrer wechselvollen und doch auch wieder in manchen Bereichen gleichbleibenden Aufgabenstellung bis in unsere Tage führte …

Ja, dürfen s' denn das?

Die Polizei im Vormärz bis zum Sturm der Revolution

Der Zeitraum zwischen dem Wiener Kongress (1814–15) – bei dem unter der Federführung des österreichischen Staatskanzlers Metternich die Welt nach dem Sturz Napoleons neu geordnet wurde – und der Revolution des Jahres 1848 bezeichnet man als „Vormärz". Kulturell wird diese Periode mit ihrer überreichen künstlerischen Dichte als „Biedermeierzeit" bezeichnet.

Josef Graf Sedlnitzky, 1817–1848, Präsident der obersten Polizey- und Censur-Hofstelle

Der Vormärz war aber nicht nur die Zeit der außenpolitischen Bedeutung des siegreichen Kaiserstaates Österreich unter dem Zepter Metternichs, den man den „Kutscher Europas" nannte, sondern auch eine Epoche stärkster Einschränkungen bürgerlicher Freiheiten und eines rigorosen Polizeistaates. Zu stark war noch die Erinnerung an die blutige Revolution und barbarische Herrschaft der Jakobiner in Frankreich und die damit verbundene Sorge der österreichischen Regierung, auch in Österreich könnten bei zu großer Freiheit des Einzelnen ähnliche Zustände eintreten.

Stellvertretend für das System polizeilicher Willkür stand, gleichsam „personalisiert", der Präsident der „obersten Polizey- und Censur-Hofstelle", Josef Graf Sedlnitzky, der von 1817 bis 1848 im Amt war und als meistgehasste Person Österreichs galt.

Er verkörperte den „Polizeistaat" schlechthin, in seinen Dienststellen wurde die Zensur aller erschienenen Publikationen, Theaterstücke und künstlerischen Produktionen rigoros gehandhabt und auch der private Briefverkehr wurde von der Zensur nicht verschont. Ein dichtes Netz von Polizeiagenten und angeworbenen Konfidenten, im Volksmund „Naderer" oder auch „Vertraute" genannt, hatten jede öffentliche Äußerung zu beobachten und an die zuständigen Hof-Polizeistellen weiterzuleiten. Die hohen Zylinderhüte, wie sie von den Polzeiagenten üblicherweise getragen wurden, bekamen in der Bevölkerung bald die Bezeichnung „Angströhre".

Da jedes Gespräch im öffentlichen Raum unter diesen Umständen gefährlich war, zog sich das gebildete und vermögende Bürgertum immer mehr in die „eigenen vier Wände" zurück, wo man sich vor Beobachtung sicher war.

Die daraus entstehende Situation war eine der Grundlagen des reichen biedermeierlichen Kulturlebens. Schöngeistige Salons entstanden, die Hausmusik blühte und das behagliche Biedermeiermobiliar löste die strenge josephinische Einrichtung der Vergangenheit ab.

„Die Verhaftung"

Darstellung der Festnahme einer Frau in den Straßen von Wien aus der Zeit vor 1848 durch Soldaten der Militär-Polizeiwache und einen Polizeiagenten (mit „Angströhre")

Galahut eines hohen Polizeifunktionärs aus der Zeit um 1840. Dieser „Zweispitz" war Teil der altösterreichischen Beamtenuniform und wurde in ähnlicher Form noch bis zum Ende der Monarchie getragen.

Hatte schon Kaiser Franz II., als österreichischer Kaiser Franz I., in innenpolitischen Fragen der Regierung Metternichs weitgehend freie Hand gelassen, so nahm in noch stärkerem Maße sein Nachfolger Kaiser Ferdinand I. (1835–48) kaum Anteil am politischen Leben und überließ seinem Staatskanzler alle Entscheidungen.

Bezeichnend war eine Äußerung Kaiser Ferdinands, als die revolutionären Massen des Jahres 1848 die Hofburg stürmen wollten und das Getöse des Aufruhrs unüberhörbar wurde. Als ein Hofbeamter dem Kaiser auf dessen Frage nach der Ursache des Lärmens erklärte, dass die Menge die Hofburg stürmen wolle, fragte der Kaiser erstaunt: „Ja, dürfen s' denn das ...?"

Das Jahr 1848 und die folgende Zeit sollte viel im großen Österreich verändern – auch die Wiener Polizei blieb davon nicht verschont.

Polizeilicher Alltag im Vormärz

Alltag in einer biedermeierlichen Polizeiamtsstube, in der die Ausweise und Passierscheine fahrender Musikanten einer genauen Kontrolle unterzogen werden, um eine „Auftrittsgenehmigung" in der Stadt zu erteilen

1823

Die Polizeidirektion Am Peter

Das als „Hubhaus“ oder auch „Vicedomhaus“ bezeichnete Gebäude Petersplatz 7 wurde 1823 Sitz der Wiener Polizeioberdirektion (später k. k. Polizeidirektion Wien) und behielt bis 1874 diese Funktion.

Im vormärzlichen Wien war das Haus geradezu Symbol für polizeiliche Allmacht und politisches Spitzelwesen geworden.

Über entlegene Treppen des verwinkelten Gebäudes hatte man die zahlreichen Konfidenten abseits der offiziellen Amtsräume zu ihren polizeilichen Auftraggebern geführt und in den großen Gewölben saßen an langen Tischen Polizeiagenten vor dampfenden Wassertöpfen, um die Korrespondenz der Wiener „aufzudampfen“ oder die Siegel zu schmelzen, um dann die gewonnenen Informationen auftragsgemäß der Censurstelle weiterzuleiten.

Mit dem Auszug der Polizeidirektion aus dem Haus Am Peter im Jahre 1874 und der Übersiedlung in das ehemalige „Hotel Austria“ setzte man nicht nur den Schritt einer örtlichen Voränderung der polizeilichen Zentralstelle, es war auch gleichsam der endgültige, wenn auch verspätete, Abschied vom Polizeiwesen Metternich'scher Prägung gekommen.

1816

Der Mord am Stephanitag
Ein Kriminalfall aus dem biedermeierlichen Wien

Der Fall des mörderischen Schneidermeisters Ferdinand Wurzinger aus dem Jahre 1816 stellt ein so typisches biedermeierliches Sittenbild dar, dass er dem Leser im Wortlaut des 19. Jahrhunderts nicht vorenthalten werden soll, könnte er doch auch einer tragischen Posse Nestroys entstammen.

Das gesamte Zeitbild jener Jahre wird in dem, sechzig Jahre nach dem Ereignis erschienenen, Artikel des „Illustrierten Wiener Extrablatts“ erkennbar. Auch die kriminalpolizeiliche Leistung erscheint für die Verhältnisse dieser Zeit beachtlich, konnte der Fall des „Damenschneiders, der lieber das Glas als die Nadel zur Hand nahm“, doch sehr rasch geklärt werden.

1816

Illustriertes
Wiener Extrablatt,
23. September 1879

Der Schneidermeister Wurtzinger.

(Eine kriminalistische Reminiszenz aus Altwien.)

Wie in den letzten Tagen der Frauenschneider Leopold Winkler und seine finstere That ganz Wien von sich sprechen machten, so setzte vor mehr denn sechzig Jahren der Mord, den der Frauenschneider Ferdinand Wurtzinger verübte, die Stadt in die größte Aufregung. Die Zeitungen durften damals über derlei Vorfallenheiten ebensowenig als über die in geheimen Verhandlungen geführten betreffenden Kriminalverhandlungen auch nur eine einzige Zeile bringen; was hievon in die Oeffentlichkeit drang, geschah auf dem Wege der mündlichen Ueberlieferung. Nur bei Hinrichtungen kam es zu offizieller Veröffentlichung des Thatbestandes durch das gedruckte „Urtel", und selbst dieses enthielt niemals den vollen Namen des Verbrechers, sondern nur den Taufnamen und den Anfangsbuchstaben des Zunamens.

Wie der Schneidermeister Winkler seine Geliebte bei Seite schaffte, als sie ihm eine Quelle unwillkommener Geldauslagen zu werden anfing, so räumte der Schneidermeister Wurtzinger seine Gläubigerin, nachdem diese mit ihrer Forderung Ernst machte, aus dem Wege. Letztere That geschah im Jahre 1816.

Ferdinand Wurtzinger war ein Wiener und stand im Anfange der Dreißigerjahre. Seit längerer Zeit schon Meister und seit Jahresfrist Bürger der Stadt Wien, wohnte er in der Stadt, im Tiefen Graben Nr. 235 (neu Nr. 8). Seine Frau hatte ihm bereits ein Kind geschenkt, ein zweites konnte jeden Tag erwartet werden.

Ohne jedes eigene Vermögen, mußte Wurtzinger gleich im Anfange seiner Selbstständigkeit Geld aufnehmen. Die Arbeit wurde immer weniger, die Theuerung immer größer. Die Zeitverhältnisse waren damals in Folge der vorhergegangenen vielen Kriegsjahre in der That sehr trübe. Als Kaiser Franz seine vierte Ehe einging, mit der baierischen Prinzessin Karolina Augusta, wurden die Summen, die man sonst bei derlei Anlässen zu öffentlichen Festen verwendete, der Wohlthätigkeit gewidmet. Mehr als 200.000 Gulden kamen zur Vertheilung an die Dürftigen der Residenz. Bald darauf konstituirte sich ein, aus allen Ständen der Einwohnerschaft zusammengesetzter Verein „zur Unterstützung der durch den harten Drang der Zeitumstände vermehrten hiesigen Nothleidenden."

Wurtzinger, anstatt verdoppelten Fleiß anzuwenden, ergab sich dem Trunke. Er griff lieber zum Glase, als zur Nadel. Im März des Jahres 1816 bekam er an dem 26 Jahre alten Stubenmädchen Barbara Lughofer und an der 72jährigen Wirthschafterin Therese Dörfler zwei neue Kunden. Beide waren bei dem im „Mariazellerhof" wohnhaften pensionirten Offizial des geheimen Archivs, Franz Winzer, einem Greis von nahezu 94 Jahren, bedienstet. Der schlaue Schneider hatte es bald heraus, daß beide Frauenspersonen über Ersparnisse verfügten und daß obendrein dem Stubenmädchen das Dispositionsrecht über ein kleines Vermögen einer Freundin zustand. Durch einschmeichelndes Benehmen und das Versprechen hoher Perzente brachte es Wurtzinger dahin, daß ihm Barbara Lughofer 1460 fl. Therese Dörfler 210 fl. Wiener Währung als Darlehen gaben.

Die alte „Resel", in Geldsachen kritischer als ihre junge Kollegin, drang endlich, nachdem der Schneider wiederholt die versprochenen Zahlungstermine nicht eingehalten, in entschiedenster Weise auf Begleichung ihrer Forderung. Wurtzinger wollte sich Ruhe von seiner kleineren und die Mittel zur Befriedigung der größeren Gläubigerin verschaffen ....

In früheren Jahren wurde alljährlich am dritten Weihnachtsfeiertag (Stephani) in den Redoutensälen ein Maskenball abgehalten. So auch im Jahre 1816. Wurtzinger verschaffte dem jungen, hübschen Stubenmädchen, um dieses vom Hause fortzubringen, Eintrittskarten in die „Redoute". Die Einladung wurde mit Freuden angenommen, und auch Wurtzinger versprach auf den Ball zu kommen.

Um neun Uhr Abends, als das Stubenmädchen sich bereits in das Maskengewühl der Redoute gestürzt hatte, begab sich der Schneider in die Wohnung des Herrn Winzer. Ein Faustschlag und die alte treue Dienerin stürzte betäubt auf ihre Bettstätte, worauf sie Wurtzinger mit dem Tuche, das sie um den Kopf gebunden trug, erstickte. Nun ging er an die weitere Arbeit, indem er sämmtliche Kasten in der Wohnung des gänzlich hilflosen Greises erbrach und hieraus gegen 1700 Gulden in Bankozetteln, Silberzeug und Wäsche raubte. Nachdem er das Bündel mit dem Raube in dem Aborte seiner Wohnung versteckt hatte, eilte er — in den Redoutensaal. Der hübschen Wawi, die er da richtig traf, fielen sein verstörtes Wesen und seine seltsamen Redensarten, die sich im grellsten Widerspruche zu dem Orte, wo sie geführt wurden, ausschließlich um die schlechten Zeiten und die Prophezeiung, daß schließlich noch „Eines das Andere umbringen werde", drehten, sogleich auf, ohne jedoch natürlich den Grund zu ahnen. Als sie um vier Uhr früh nach Hause zurückkehrte, fand sie ihre liebe, alte Dienstgenossin ermordet, die Wohnung ausgeraubt ..... Wie ein Blitz fuhr ihr der Gedanke durch das Gehirn: „Das hat der Wurtzinger gethan!"

Und das Mädchen hatte sich nicht getäuscht. Ein rothes Sacktuch, welches Wurtzinger in der Eile in der Wohnung des alten Herrn liegen gelassen, führte auf die Spur des Thäters, der gleich beim ersten Verhöre ein umfassendes Geständniß ablegte. Wie es mit dem Begriffe einer Sühne seiner scheußlichen That bei Wurtzinger bestellt war, geht daraus hervor, daß er bei diesem Verhöre das Versprechen gab, für die von ihm ermordete Therese Dörfler jede Woche eine Messe lesen zu lassen und sich das Geld hiezu von seiner Verpflegung abzusparen. „Sollte ich jemals meine Freiheit erlangen," verpflichtete er sich weiter, „so will ich durch die Zeit meines Lebens alle Monate zwei Messen für dieselbe lesen lassen."

Der fromme Mörder kam jedoch nicht dazu, seinen Versprechungen die That folgen zu lassen. Er wurde zum Tode verurtheilt und am 6. Februar 1817 bei der Spinnerin am Kreuz hingerichtet.

Während die Akten der höheren Behörde vorgelegt wurden, richtete das „Mittel" (Innung) der bürgerlichen Kleidermacher Wien's ein Gnadengesuch an den Kaiser, welch hochinteressante Eingabe, als die Ansichten und Anschauungen der damaligen Zeit charakterisirend, wir hiemit vollinhaltlich folgen lassen. Das Gesuch lautete:

„Eure Majestät! .... Die allerunterthänigst Unterzeichneten nahen sich ehrfurchtsvoll dem geheiligten Throne Eurer Majestät und flehen allerunterthänigst um Gnade für den unglücklichen, zum Tode verurtheilten Schneidermeister Ferdinand Wurtzinger.

„Die allerunterthänigst Unterzeichneten sind weit entfernt, der heiligen Gerechtigkeit in den Weg zu treten; aber um Gnade zu flehen für einen unglücklichen, obgleich nicht zu entschuldigenden Verbrecher würdigt die Bittenden in dem Herzen Eurer Majestät gewiß nicht herab.

„Theils das lebendige Gefühl der Menschlichkeit, theils der Umstand, daß der Unglückliche zur Innung der allerunterthänigst Unterzeichneten gehörte, gab ihnen den Muth, an dem Throne Eurer Majestät ihre allerunterth. Bitte niederzulegen.

„Der Unglückliche hat Brüder, die rechtschaffene Bürger, er hat Schwestern, die an redliche Männer verehelicht sind, er hat eine trostlose Gattin und unerzogene Kinder.

„Waren ihm alle diese nichts, konnte ein Gedanke an Freunde, Weib und Kinder ihn vor einem abscheulichen Verbrechen nicht zurückhalten, so geruhen E. M. allergnädigst einen väterlichen Blick auf sie zu werfen, auf denen nebst dem Unglücke auch noch die Schande lastet.

„Die allerunterth. Unterzeichneten wissen wohl, daß die Strafe und die Schande nur den Verbrecher trifft, aber es gibt Vorurtheile, welche der Strahl der Vernunft noch nicht erhellen konnte, und lange Zeit wird man es der Innung der Kleidermacher durch Worte und Geberden nachtragen, daß Einer aus ihrem Mittel zum Tode verurtheilt und gerichtet worden ist.

„Fordert die Gerechtigkeit von dem Herzen E. M. gewiß ein schweres Opfer und kann die mit der Strafe verbundene Oeffentlichkeit nicht beseitigt werden, so bitten die allerunterth. Unterzeichneten:

„E. M. geruhen allergn. zu verordnen, daß bei der Publikation des Strafurtheils und in dem nach Vollziehung der Strafe in den Druck zu legenden Extrakte und Urtheile weder der Name noch der Stand des Unglücklichen genannt werde.

„Geruhen E. M. dem unterthänigst unterzeichneten Mittel diesen Trost allergnädigst zu gewähren."

Das Gesuch blieb ohne Erfolg, Kaiser Franz ließ der Gerechtigkeit ihren vollen Lauf. ....

W.

1810–1824

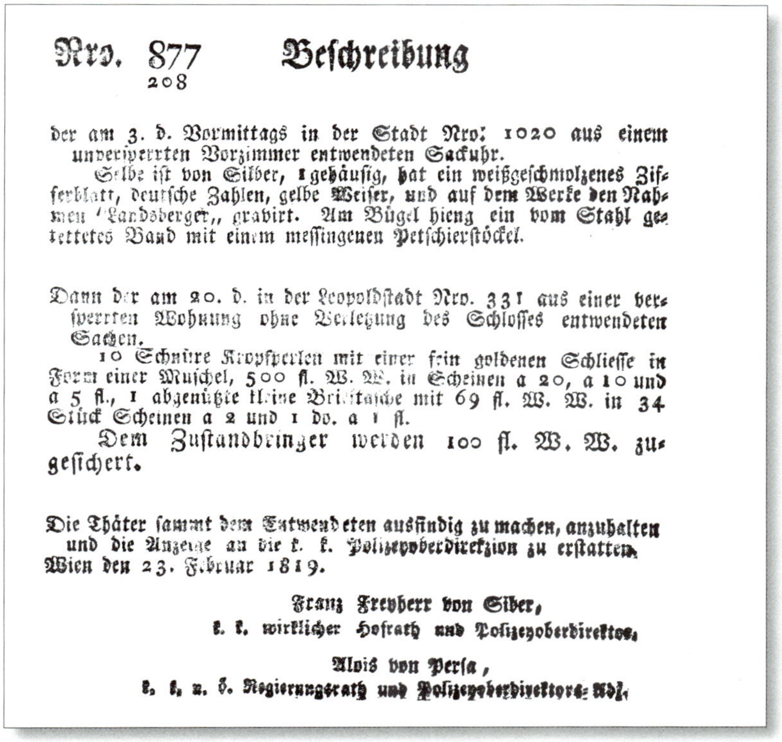
Nro. 877
208

Beschreibung

der am 3. d. Vormittags in der Stadt Nro: 1020 aus einem unversperrten Vorzimmer entwendeten Sackuhr.

Selbe ist von Silber, 1gehäusig, hat ein weißgeschmolzenes Zifferblatt, deutsche Zahlen, gelbe Weiser, und auf dem Werke den Nahmen 'Landsberger,, gravirt. Am Bügel hieng ein vom Stahl gekettetes Band mit einem messingenen Petschierstöckel.

Dann der am 20. d. in der Leopoldstadt Nro. 331 aus einer versperrten Wohnung ohne Verletzung des Schlosses entwendeten Sachen.

10 Schnüre Kropfperlen mit einer fein goldenen Schliesse in Form einer Muschel, 500 fl. W. W. in Scheinen a 20, a 10 und a 5 fl., 1 abgenützte kleine Brieftasche mit 69 fl. W. W. in 34 Stück Scheinen a 2 und 1 do. a 1 fl.

Dem Zustandbringer werden 100 fl. W. W. zugesichert.

Die Thäter sammt dem Entwendeten ausfindig zu machen, anzuhalten und die Anzeige an die k. k. Polizeyoberdirekzion zu erstatten.
Wien den 23. Februar 1819.

Franz Freyherr von Siber,
k. k. wirklicher Hofrath und Polizeyoberdirektor.

Alois von Persa,
k. k. n. ö. Regierungsrath und Polizeyoberdirektors-Adj.

Kriminalpolizeiliches Fahndungsblatt („Beschreibung") nach Einbruchsdiebstählen in Wien aus der Amtszeit des Polizeioberdirektors Franz von Siber, 1819

FRANZ FREIHERR VON SIBER
POLIZEIOBERDIREKTOR 1810–1824

Franz Siber wurde 1751 in Wien geboren und absolvierte das „Studium für juridisch-politische Wissenschaften. Bereits 1771 trat er in den Dienst der nö. Landesregierung und war schon 1788 enger Mitarbeiter des Regierungspräsidenten Pergen, mit dem er die „Kreisbereisung des Landes unter der Enns" vornahm.

Nach einer Tätigkeit an führender Stelle bei der „Kriegssteuer-Hofstelle" wurde Siber 1793 als Kanzleidirektor und k.k. Rat zur Polizeioberdirektion versetzt.

1795 wurde Siber auf Grund seiner Verdienste in den Adelsstand erhoben.

Zwischen 1796 und 1810 war Franz von Siber bereits stellvertretender Polizeioberdirektor.

1810 wurde Siber Nachfolger von Josef von Schüller als Polizeioberdirektor und zum Hofrat befördert.

Sibers große Leistung bestand in der perfekten polizeilichen Organisation des Wiener Kongresses (1814–15) und seiner überaus sensiblen Vorgangsweise während der Kongressmonate, wo die Sicherheit einer Unzahl von Herrschern, Politikern, Diplomaten und Delegationen in Wien zu gewährleisten war.

1816 wurde Franz von Siber schließlich in den Freiherrnstand erhoben und schied nach 53-jähriger Dienstzeit aus dem Amt.

„Polizey am Thatort"

„Der todte Fahrgast."

Erster polizeilicher Augenschein an einem Tatort in der Biedermeierzeit

Ein Fiakerkutscher hatte in der Nacht in seinem abgestellten Wagen einen ermordeten Mann gefunden.

Die ersten Ermittlungen werden von zwei Militärpolizisten unter der Leitung eines Polizeiagenten vorgenommen.

Das Polizeigefangenenhaus in der Sterngasse

1783–1882

Fast hundert Jahre befand sich das Polizeigefangenenhaus im ehemaligen Karmelitinnenkloster zu St. Joseph in der Sterngasse.

Das Kloster war 1782 unter Kaiser Joseph II. aufgelöst und das säkularisierte Gebäude zum Zweck der Anhaltung von Polizeigefangenen adaptiert worden.

Die Polizeihäftlinge hatten gemeinnützige Tätigkeiten, wie das Zerkleinern von Brennholz für Bedürftige und Amtsgebäude, durchzuführen oder wurden zu anderen Arbeitseinsätzen eskortiert.

Die ungenügenden sanitären Verhältnisse und die dadurch immer wieder auftretenden Seuchen führten schließlich 1882 zur Verlegung des Gefangenenhauses in die Theobaldgasse und zum Abbruch der historischen Klosteranlage in der Sterngasse.

Das Polizeigefangenenhaus und ehemalige Karmelitinnenkloster oberhalb des steil zum Donaukanal abfallenden Gestades

Das Polizeigefangenenhaus in der Sterngasse führte im Volksmund die Bezeichnung „Hotel Stern", wohl eine Anspielung auf die vielen „Damen", die hier, wenn auch als Häftlinge, ein und aus gingen.

Die inhaftierten Frauen, meist „dem feingeschminkten Laster in Sammt und Seide" zugehörig, mussten in der Mindesthaftzeit von einer Woche jeweils ein Paar Strümpfe stricken. Wurde dieses Ziel nicht erreicht, verlängerte sich

Innenhof des Polizeigefangenenhauses in der Sterngasse

Das Kloster der unbeschuhten Karmelitinnen war 1638 von Kaiserin Eleonore, der Gattin Ferdinand II., gegründet und erbaut worden.

Die fromme Kaiserin fand im Kloster auch ihre letzte Ruhe.

Nach der Säkularisierung unter Joseph II. war es zunächst magistratisches Schubhaus und in der Folge Polizeigefangenenhaus.

die Strafe automatisch, bis die Strümpfe fertig waren. Wenn eine neu eingelieferte Frau nach der polizeilichen Vorführung zu ihren Kolleginnen zurückkam und nach dem Strafmaß befragt wurde, brauchte sie nur zu antworten „drei Paar Strümpfe" und man wusste sofort, dass sie eine dreiwöchige Strafe zu verbüßen hatte.

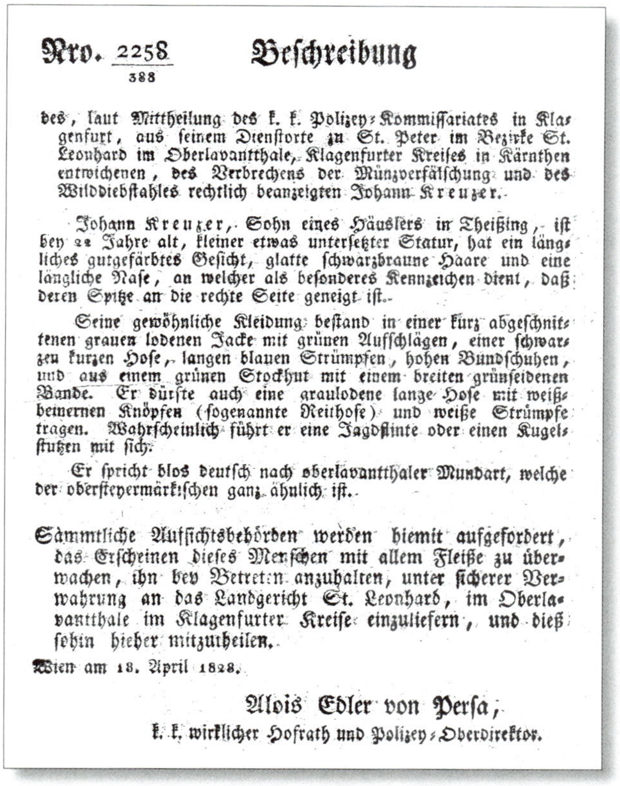

Nro. 2258/388 **Beschreibung**

des, laut Mittheilung des k. k. Polizey-Kommissariates in Klagenfurt, aus seinem Dienstorte zu St. Peter im Bezirke St. Leonhard im Oberlavantthale, Klagenfurter Kreises in Kärnthen entwichenen, des Verbrechens der Münzverfälschung und des Wilddiebstahles rechtlich beanzeigten Johann Kreuzer.

Johann Kreuzer, Sohn eines Häuslers in Theißing, ist bey 22 Jahre alt, kleiner etwas untersetzter Statur, hat ein längliches gutgefärbtes Gesicht, glatte schwarzbraune Haare und eine längliche Nase, an welcher als besonderes Kennzeichen dient, daß deren Spitze an die rechte Seite geneigt ist.

Seine gewöhnliche Kleidung bestand in einer kurz abgeschnittenen grauen lodenen Jacke mit grünen Aufschlägen, einer schwarzen kurzen Hose, langen blauen Strümpfen, hohen Bundschuhen, und aus einem grünen Stockhut mit einem breiten grünseidenen Bande. Er dürfte auch eine graulodene lange Hose mit weißbeinernen Knöpfen (sogenannte Reithose) und weiße Strümpfe tragen. Wahrscheinlich führt er eine Jagdflinte oder einen Kugelstutzen mit sich.

Er spricht blos deutsch nach oberlavantthaler Mundart, welche der obersteyermärkischen ganz ähnlich ist.

Sämmtliche Aufsichtsbehörden werden hiemit aufgefordert, das Erscheinen dieses Menschen mit allem Fleiße zu überwachen, ihn bey Betreten anzuhalten, unter sicherer Verwahrung an das Landgericht St. Leonhard, im Oberlavantthale im Klagenfurter Kreise einzuliefern, und dieß sohin hieher mitzutheilen.

Wien am 18. April 1828.

Alois Edler von Persa,
k. k. wirklicher Hofrath und Polizey-Oberdirektor.

Kriminalpolizeiliches Fahndungsblatt („Beschreibung") aus der Amtszeit des Polizeioberdirektors Alois von Persa, 1828

ALOIS VON PERSA
POLIZEIOBERDIREKTOR 1824–1829

Alois von Persa war ab 1806 Polizeidirektor im österreichischen Krakau und wurde 1810 in die Wiener Polizeioberdirektion berufen, wo er als Gubernialrat und Regierungsrat tätig war.

Bereits 1824 erfolgte seine Ernennung zum Polizeioberdirektor von Wien. Eine steile Karriere, die allerdings ein jähes und tragisches Ende finden sollte.

Am 2. August 1829 besuchte Kaiser Franz I. eine Vorstellung des Burgtheaters. Über der Kaiserloge hatte Polizeioberdirektor Persa in der Dienstloge Platz genommen. Während der Aufführung entglitt Persa ein Zuckerl und fiel über die Brüstung auf die Hand des in der darunterliegenden Loge sitzenden Kaisers, der wohl im ersten Augenblick einen Anschlag vermutete und sehr erschrocken reagierte.

Polizeiminister Sedlnitzky, der sich ebenfalls in der Nähe des Kaisers befand, untersuchte den Vorfall sofort persönlich und bestellte Persa für den nächsten Tag zum Rapport.

Ohne das Ergebnis der Untersuchung abzuwarten, zog der verzweifelte Polizeioberdirektor im Morgengrauen des kommenden Tages die Konsequenzen: Er stürzte sich aus dem Fenster seiner Dienstwohnung am Petersplatz und starb auf den Stufen seines Amtssitzes.

1829–1832

JOHANN BAPTIST FREIHERR VON WALDSTÄTTEN
POLIZEIOBERDIREKTOR 1829–1832

Der 1772 in Wien geborene Johann von Waldstätten war ab 1795 in unterschiedlichen Dienststellen der zivilen Verwaltung und des Hofes tätig, bis er 1824 die wichtige Funktion eines Kreishauptmannes des Viertels unter dem Wienerwald übernahm.

Auf Grund seiner vorbildlichen Dienstbeschreibung wurde er mit kaiserlicher Entschließung 1829 als Nachfolger des tragisch ums Leben gekommenen Alois von Persa zum Polizeioberdirektor von Wien ernannt.

Bereits 1832 kehrte Baron Waldstätten jedoch wieder in die Zivilverwaltung zurück und wurde zum „Wirklichen Hofrat der nö. Regierung" bestellt.

Eine Stadt in Bewegung – biedermeierlicher Ordnungsdienst

1827

Der Kriminalfall Severin von Jaroszynski aus dem Jahre 1827 stellte in zweifacher Hinsicht große und bis dahin unbekannte Anforderungen an die Polizeioberdirektion und das Organisationstalent aller Polizeikräfte der biedermeierlichen Stadt, denen man gerecht werden musste.

Einerseits war es eine nicht unbeträchtliche kriminalpolizeiliche Leistung, in nur wenigen Tagen den zunächst geheimnisvoll erscheinenden Mord an einem alten Priester in der Johannesgasse aufzuklären, andererseits waren das Interesse und die Sensationsgier der Öffentlichkeit so groß, dass bei der öffentlichen Schaustellung des Mörders vor der Schranne am Hohen Markt alle polizeilichen Kräfte zur Zurückdrängung der Menschenmassen erforderlich waren. Höhepunkt sicherheitspolizeilicher Anforderung war schließlich die Absicherung des kilometerlangen Weges von der Inneren Stadt über die Triester Straße bis zur Spinnerin am Kreuz, wo bereits bei Eintreffen des Zuges zehntausende Menschen die Richtstätte umlagerten. Das Zurückdrängen der johlenden, großteils alkoholisierten Menge und die Räumung des Platzes in unmittelbarer Nähe des Galgens ohne große

Therese Krones

Jaroszynski im „Hohen Wagen" auf dem Weg zum Galgen, flankiert von Polizeiagenten; Skizze von Peter Fendi

Jaroszynski wird nach der Verkündung des Todesurteils unter starker Absicherung durch eine Militär-Polizeiwache auf einer Tribüne vor der Schranne der ungeduldig wartenden Menge vorgeführt.

Die Fahrt zur Spinnerin am Kreuz

Der Leiterwagen mit dem Delinquenten, der von Polizeiagenten und Priestern flankiert wird, bewegt sich nur langsam durch die von Menschenmassen gesäumte Triester Straße. Die Militär-Polizeiwache sichert die Straße, da die Menge immer wieder auf die Fahrbahn drängt.

Nach einer historisierenden Darstellung in der „Illustrierten Kronen Zeitung"

Jaroszynski
im Polizeiarrest

Gewaltanwendung gelten als Meisterleistung des polizeilichen Ordnungsdienstes dieser Zeit.

Hintergrund des nicht unerwarteten großen Interesses der Öffentlichkeit war, dass der in Wien lebende polnische Aristokrat Severin von Jaroszynski, der am 13. Februar 1827 in der Johannesgasse den greisen Hauslehrer und Priester Conrad Blank ermordet hatte, eine in Wien ungeheuer bekannte Persönlichkeit war. Er hatte bei keiner gesellschaftlichen oder kulturellen Veranstaltung gefehlt und seine Liaison mit der überaus populären Sängerin und Schauspielerin Therese Krones war in ganz Wien süffisantes Gesprächsthema aller Gesellschaftsschichten.

Auch seine Freundschaft mit Franz Schubert, Peter Fendi, Josef Lanner, Johann Strauss (Vater) oder Ferdinand Raimund war stadtbekannt und die weit verbreitete Lithografie mit ihm, all diesen Herren und dem „krönenden Mittelpunkt", der reizvollen Therese Krones als „Kassierin vom silbernen Kaffeehaus", ging von Hand zu Hand.

Militär-Polizeiwache um 1837

Kolorierte Zeichnung
Stadtmuseum Wien

K.k. Militär-Polizeiwache zu Fuß und zu Pferd, bis 1837

1832

Biedermeierliche Idylle auf dem „Spazierplatz beim neuen Burgtor" (Volksgarten). Das vormärzliche Wien war noch fest unter der Kontrolle der Metternich'schen Polizeiorgane.

KARL RITTER VON BRAULIK
LEITER DER POLIZEIOBERDIREKTION
FEBRUAR-MÄRZ 1832

Karl Braulik war bereits 1806 Konzipist der Polizeihofstelle und avancierte 1811 zum Hofsekretär. 1813 wurde er Regierungsrat, 1817 erhielt er den hohen und seltenen Titel eines Hofrats. Im selben Jahr wurde er in den Adelsstand erhoben.

Da er wegen seiner Verlässlichkeit in allerhöchsten Kreisen hoch geachtet war, wurde er nach dem Ausscheiden von Baron Waldstätten aus dem Polizeidienst im Februar 1832 mit der einstweiligen Leitung der Polizeioberdirektion betraut, bis der designierte Polizeioberdirektor Amberg aus Venedig im März in Wien eigetroffen war.

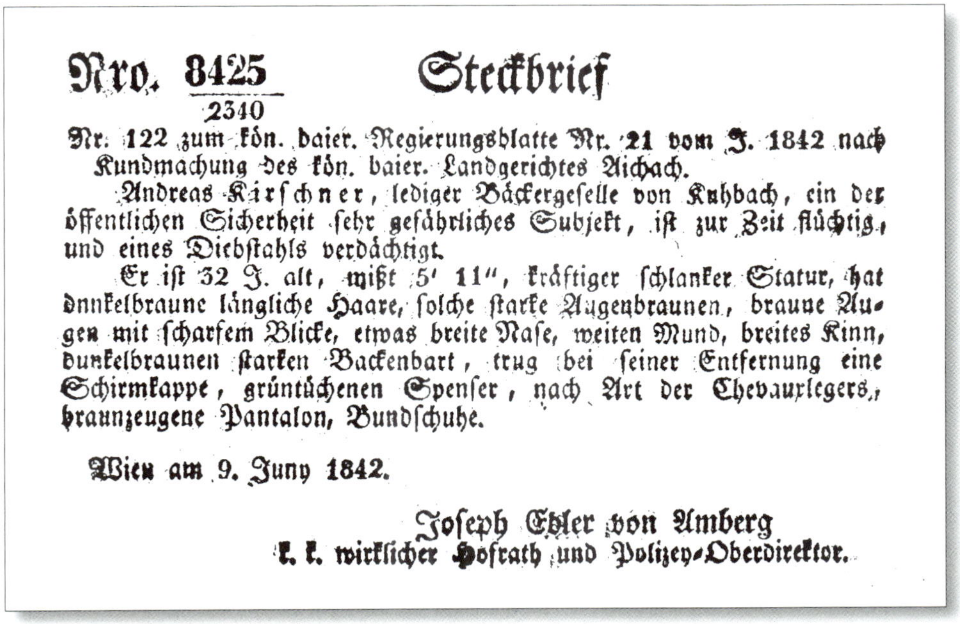

Nro. 8425 / 2340 Steckbrief

Nr. 122 zum kön. baier. Regierungsblatte Nr. 21 vom J. 1842 nach Kundmachung des kön. baier. Landgerichtes Aichach.

Andreas Kirschner, lediger Bäckergeselle von Kuhbach, ein der öffentlichen Sicherheit sehr gefährliches Subjekt, ist zur Zeit flüchtig, und eines Diebstahls verdächtigt.

Er ist 32 J. alt, mißt 5' 11", kräftiger schlanker Statur, hat dunkelbraune längliche Haare, solche starke Augenbraunen, braune Augen mit scharfem Blicke, etwas breite Nase, weiten Mund, breites Kinn, dunkelbraunen starken Backenbart, trug bei seiner Entfernung eine Schirmkappe, grüntüchenen Spenser, nach Art der Chevauxlegers, braunzeugene Pantalon, Bundschuhe.

Wien am 9. Juny 1842.

Joseph Edler von Amberg
k. k. wirklicher Hofrath und Polizey-Oberdirektor.

Kriminalpolizeilicher Steckbrief gegen einen flüchtigen Täter aus der Amtszeit des Polizeioberdirektors Josef von Amberg, 1842

JOSEF VON AMBERG
POLIZEIOBERDIREKTOR 1832–1845

Josef Amberg trat 1805 in den Staatsdienst und zeichnete sich – obwohl er Zivilist war – durch die Aufstellung einer 500 Mann starken Landsturmeinheit für die Kämpfe gegen die napoleonischen Truppen aus. Es gelang ihm, mit seiner Einheit eine österreichische Kriegskasse vor dem sicheren Zugriff des Feindes zu retten, was seinem großen Ansehen ungemein förderlich war.

Ab 1813 war Amberg Polizeikommissär in Verona, ein für die österreichische Polizei damals besonders „heißer Boden". 1820 wurde er zum Polizeidirektor von Innsbruck ernannt und 1826 auf Grund seiner Verdienste in den Adelsstand erhoben.

Im Jahre 1828 wurde Josef von Amberg Generalpolizeidirektor im damals österreichischen Venedig, eine ebenfalls besonders schwierige und gefährliche Aufgabe, bei der er sich glänzend bewährte.

Schließlich ereilte ihn 1832 der Ruf nach Wien, wo er durch kaiserliche Entschließung zum Polizeioberdirektor bestellt wurde.

Nach vielen Dienstjahren schied Amberg 1845 aus der Wiener Polizeioberdirektion aus, um einem Ruf in die Polizeihofstelle, das eigentliche Zentrum des Metternich'schen Machtapparates, zu folgen.

1837

Berittene k.k. Militär-Polizeiwache um 1837

Der ungeklärte Mord

Am 18. April 1843 machte ein Stubenmädchen auf der Laimgrube beim Wasserholen einen schrecklichen Fund: Sie entdeckte die Teile einer Leiche, die in einen Leinenfetzen gewickelt waren.

Die Untersuchung durch den Polizeiarzt Dr. Gallisch ergab, dass es sich um die Teile des minutiös zerstückelten Oberkörpers einer jüngeren Frau handelte.

Bereits am darauffolgenden Tag fand man beim Haus „Zum Wollbaum" Ecke Gumpendorfer Straße / Luftbadgasse eine umgekippte Tragebutte, in der sich weitere Leichenteile der jungen Frau befanden, diesmal der ebenfalls zerteilte Unterleib.

Am 26. April wurde auf einem Acker nahe dem Matzleinsdorfer Friedhof der zu den Leichenteilen offenbar passende Kopf entdeckt. Die schweren Verletzungen des Schädels konnten Auskunft über die Tötungsart des Opfers geben.

Entdeckung der ersten Leichenteile durch das Dienstmädchen Johanna Bayer vor dem Haus auf der Laimgrube 47 (zwischen Wienfluss und der heutigen Magdalenenstraße)

1843

Nro. 6025/1815

Personsbeschreibung

jener Weibsperson, die im zerstückelten Zustande nach und nach aufgefunden und wahrscheinlich am 18. d. M. ermordet wurde.

Dieselbe dürfte 16 — 20 Jahre alt seyn, ist von kleiner (4 Schuh 8—10 Zoll) untersetzter Statur, gut genährt, hat braune, ziemlich dichte und nicht sehr lange, an den Schläfen etwas gekrauste Haare, vorne in der Stirngegend zu beiden Seiten abgetheilt und rückwärts in 2 achttheilige mit einem schwarzen Bande zusammengehaltene Zöpfe geflochten, ein ziemlich volles Gesicht von ovaler Form, breite niedere Stirn, braune Augenbraunen, dunkle Augen, stumpfe, dicke und breite Nase, starke Wangenknochen, proportionirten Mund, kleine und scharfgespaltene Oberlippe, mit etwas bräunlichem sparsam hervorgewachsenen Flaumenhaar, leicht gewulstete Unterlippe, vorspringendes gespitztes Kinn, vorne kleine, schöngeformte, dicht nebeneinander gereihte Zähne, bloß zwischen den beiden oberen mittleren Schneidezähnen einen kleinen Zwischenraum, anliegende Ohren von mittlerer Größe und gewöhnlicher Form mit durchstochenen Läppchen. An den ziemlich kleinen Händen sind kurze Finger und breite Daumen mit kurzen abgebissenen Nägeln, der linke Zeigefinger beim Nagel ist wie bei Nähterinen etwas zerstochen, die Haut der innern Handflächen ziemlich stark, wie bei Dienstbothen. Auf der rechten Schulter ist ein linsengroßes blaßbraunes Muttermal.

Der am 18. d. M. Abends ¼ 9 Uhr gefundene Körpertheil war in 2 Fetzen eingebunden, wovon der Eine 5/4 Ellen breit und 1 ¼ Ellen lang ist, und aus 2 zusammengenähten Theilen besteht, wovon einer von grober Leinwand und der zweite von einem groben zerrissenen Tischzeuge ist, an dem leinenen Theile befand sich, nach einem zurückgebliebenen rothen Faden zu schließen, ein Märkzeichen, welches herausgetrennt wurde; an diesem Fetzen befindet sich ein spannelanges Stück eines groben leinenen Saumes nach Art eines Bandes angenäht, daher zu vermuthen ist, daß derselbe zu einem Vortuche gedient haben mag.

Der zweyte Fetzen besteht aus weißem ausgewaschenen Kattun, ist gegen 1 Elle lang, ¾ Ellen breit und scheint der abgerissene untere Theil eines Decken- oder Polsterüberzuges zu seyn, an dessen übergeschlagenen Rändern noch sehr kleine Reste, des aus rosafärbig gestreiften Kammertuche bestandenen Obertheils befindlich sind. Die Vorderarme waren mit einem sehr groben leinenen, über ¼ Zoll breiten 2 Schuh langen alten Bande zusammengebunden.

Der zweyte am 19. d. M. aufgefundene Körpertheil lag in jener Butte, welche am 24. d. M. sub Nr. 5882/1756 beschrieben ist.

Wer immer davon Kenntniß hat, daß eine ähnliche Weibsperson vermißt werde, wird dringend aufgefordert, die Anzeige hievon bei der nächsten Polizey = Bezirks = Direktion oder bei dieser Polizey = Ober = Direktion zu machen.

Es wird hiemit Jedermann, der über die Verhältniße der oben beschriebenen, wahrscheinlich ermordeten Person richtige und vollständige Auskunft zu ertheilen, oder eine zur Ausforschung des Thäters führende Spur anzugeben vermag, eine Belohnung von 50 bis 100 fl. CM. zugesichert, auf die wirkliche Entdeckung des Thäters aber ein Preis von 500 fl. CM. festgesetzt.

Wien am 29. April 1843.

Joseph Edler von Amberg,
k. k. wirkl. Hofrath und Polizei-Ober-Direktor.

Franz de Paula Dumbacher,
k. k. Regierungsrath und Polizei-Ober-Direktors-Adjunct.

Steckbrief der Polizeioberdirektion vom 29. April 1843

Einer von mehreren polizeilichen Aufrufen, die zur Klärung der Identität der ermordeten Frau beitragen sollten

Um die unbekannte Tote identifizieren zu können, fertigte der Arzt Dr. Arranyi im Auftrag der Polizeioberdirektion eine Zeichnung des Kopfes an, die mit entsprechenden Hinweisen in Form eines Steckbriefes in ganz Wien angeschlagen wurde.

Am 30. April wurde schließlich, diesmal bei der „Hundsturmer Linie", ein Paket mit den Beinen der Ermordeten gefunden.

Die nun „komplette" Leiche wurde im Allgemeinen Krankenhaus zusammengefügt und zur Identifizierung zur Schau gestellt.

Bei den folgenden kriminalpolizeilichen Untersuchungen wurde auf Grund von Spuren an den Fingern der Toten festgestellt, dass die Frau vermutlich Weißnäherin gewesen war. Ein im biedermeierlichen Wien allerdings sehr großer Personenkreis.

Zeichnung und Lithografie des Kopfes der unbekannten Toten, die der Arzt Dr. Arranyi im Auftrag der Polizei anfertigte. Trotz der großen Verbreitung des Blattes fanden sich keine zielführenden Hinweise auf das Mordopfer.

Zur weiteren Verunsicherung trug ein Bekennerschreiben an die „löbliche Polizeioberdirektion" bei, das ein Gedicht mit der Bezeichnung „Des Mörders Geheimnis" enthielt.

Der Fall erweckte so viel Aufmerksamkeit in Wien, dass sich sogar Kaiser Ferdinand bei Staatskanzler Metternich über den Stand der Ermittlungen informierte. Der unwissende Kanzler gab die Frage an Polizeiminister Sedlnitzky weiter, der wiederum Polizeioberdirektor Amberg zum Rapport befahl. Amberg verantwortete den polizeilichen Misserfolg mit der Bemerkung, dass

1843

Das Zurschaustellen der unbekannten Toten im Allgemeinen Krankenhaus fand unter strenger Bewachung der Militär-Polizei und intensiver Beobachtung durch Polizeiagenten statt, da man hoffte, in der interessierten Menge Personen zu finden, die eine nähere Beziehung zum Opfer hatten und sich durch Reaktionen verraten würden.

die „amtliche Geheimnistuerei" schuld an der erfolglosen Polizeiarbeit wäre. Eine Bemerkung, die im Vormärz sicher ihre Berechtigung hatte.

Auch der letzte Versuch durch den führenden und berühmten Wiener Kriminalisten Rudolf Köpp von Felsenthal, den Fall zu klären, blieb erfolglos. Einige Zeit noch wurde ein verdächtiger, geheimnisvoller Mann mit einer Narbe im Gesicht, der sich als Frau verkleidet hatte, gesucht, aber auch diese Spur verlief im Sand.

So wurde der mysteriöse Mord in Gumpendorf nie geklärt, obwohl erstmals die für diese Jahre geradezu sensationell modernen kriminalistischen Methoden in Wien praktiziert wurden und die hervorragendsten Kriminalisten ihrer Zeit im Einsatz waren.

Die aus diesem Fall gewonnenen Erfahrungen bildeten aber eine wesentliche Grundlage für den Aufbau der modernen kriminalistischen Arbeit in Wien, und Misserfolge, wie die Klärung des Mordes von Gumpendorf, bildeten bald die seltene Ausnahme.

PETER EDLER VON MUTH
POLIZEIOBERDIREKTOR 1845–1848

Peter Muth wurde 1784 in Wien geboren und trat 1806 in den Dienst der Polizeioberdirektion.

Nachdem er zunächst Bezirksleiter von Landstraße war, wurde er 1817 als Polizeidirektor nach Brünn versetzt. Auf Grund seiner hervorragenden Leistungen erhob ihn der Kaiser 1834 in den Adelsstand. 1837 wurde Peter von Muth Stadthauptmann und Polizeidirektor von Prag, eine in der vorrevolutionären Zeit besonders heikle Dienststelle.

1845 wurde Muth zum Polizeioberdirektor von Wien bestellt, ein Amt, das er nur kurz bekleiden sollte. Bereits am 1. Tag der Revolution, am 13. März 1848, musste er aus dem Amt scheiden und wurde so eines der ersten Opfer der Revolution.

1848

Ab dem 13. März 1848, dem blutigen Auftakt der Revolution in Wien, überschlugen sich die Ereignisse geradezu. Alle Polizeizentralstellen, als der verlängerte Arm des Staates und des bisherigen Metternich'schen Machtapparates, waren natürlich in erster Linie betroffen. Dies zeigt auch der rasche personelle Wechsel an der Spitze der Polizeioberdirektion.

Neue Ziele wurden angekündigt und wenig später wieder verworfen (wie die Gründung einer neuen Sicherheitswache anstelle der Militär-Polizeiwache), Vorhaben geändert und Dienststellen aufgelöst.

Polizeiliche Maßnahmen und Vertreter der Behörde wurden in unzähligen Pamphleten mit Hohn und Spott bedacht.

Dass es trotzdem möglich war, auch in diesem Jahr eine reibungslose Polizeiarbeit zu leisten, spricht für die Pflichttreue österreichischen Beamtentums.

Spottgedicht gegen die „Geheime Polizei" aus den Märztagen des Jahres 1848

Geheime Polizei.

O du geheimnißvolle Macht,
Jüngst noch gefürchtet, nun verlacht,
Du hast den freien Sinn benebelt,
Und unser treues Herz geknebelt.

Sprich, schämst du dich nicht selber jetzt,
Daß du das schöne Recht verletzt,
Gefühle, die ein Herz getragen,
Mit lauten Worten auszusagen?

Du warst ein Narr der schnöden Pflicht,
Dich floh, was du verhüllt, das Licht;
Du wärmtest tief versenkt im Schlamme,
Dich nie an edler Seelen Flamme.

Die Schale sahst du, nicht den Kern,
Der Menschen Wesen blieb dir fern,
Du blöder Wicht, dein ruchlos Lauschen
Hat übertäubt des Sturmes Rauschen.

Thu' Buße, heuchlerischer Schuft,
Hörst du, wie Volkes Stimme ruft:
Ein Gott verzieh dem linken Schächer,
Verächter ist das Volk, nicht Rächer!

Und wenn du unser Herz gehöhnt,
Dein Unverstand hat uns versöhnt,
Denn waren lang nicht deine Ohren,
Wär uns die Freiheit nicht geboren!

F. Sauter.

Spitzelwesen im Wiener Vormärz

Eine Frau, offensichtlich Polizeikonfidentin, belauscht das Gespräch zweier Männer am Wirtshaustisch

1848

Am 13. März 1848, dem ersten Amtstag des neuen Polizeioberdirektors August von Martinez, kam es zum blutigen Einschreiten von Militär und Polizei gegen die Revolutionäre in der Herrengasse.

Auf Druck der Revolutionäre musste der Polizeioberdirektor daraufhin bereits am 23. April sein Amt abtreten.

AUGUST FREIHERR VON MARTINEZ
POLIZEIOBERDIREKTOR 13. MÄRZ–23. APRIL 1848

August Martinez, 1794 in Böhmen geboren, absolvierte die vielfältigste polizeiliche Laufbahn, auf die je ein Polizeioberdirektor von Wien verweisen konnte.

Er hatte seine Dienstzeit 1819 als Praktikant im Wiener Kriminalgericht begonnen und sich ab 1829 von der untersten Ebene in den unterschiedlichsten polizeilichen Dienststellen hochgedient. Er war in sechs Städten der Monarchie Polizeichef – darunter in Mailand und Venedig, die bereits ganz vom revolutionären Geist und italienischen Nationalismus beseelt waren.

Am ersten Tag der Wiener Revolution wurde er Polizeioberdirektor von Wien, musste aber nach sechs Wochen unter dem Druck des revolutionären Studentenkomitees abtreten.

Nach weiteren Dienststellen in allen Teilen der Monarchie wurde er vom Kaiser in den erblichen Adelsstand erhoben, ab 1860 bis zu seiner Pensionierung bekleidete er das Amt eines Sektionschefs im Polizeiministerium, eine der höchsten Dienststellen, die man als Staatsdiener im alten Österreich erreichen konnte.

1848

Concurs - Ausschreibung.

Der Magistrat und prov. Bürgerausschuß der k. k. Haupt- und Residenzstadt Wien hat mit Genehmigung des Ministeriums des Innern zur Aufrechthaltung der Ruhe, Ordnung und Sicherheit innerhalb der Linien die Einführung einer eigenen, unter der unmittelbaren Leitung des Magistrates stehenden Sicherheitswache beschlossen, welche aus 400 Mann, 10 Lieutenants und 3 Hauptleuten der unberittenen, dann aus 50 Mann und 1 Lieutenant der berittenen Wache und einem Kommandanten besteht.

Jeder Wachmann erhält täglich 48 kr. C. M. Löhnung sammt Montur;

Der Lieutenant einen Gehalt von monatlichen 50 fl. C. M. sammt Uniform;

Der Hauptmann einen Monatgehalt von 75 fl. C. M. und Naturalwohnung oder ein Quartiergeld von 250 fl. in der innern Stadt und von 150 fl. in der Vorstadt und ein Dienstpferd;

Der Kommandant einen Jahresgehalt von 1500 fl. C. M., 2 Dienstpferde, dann Naturalwohnung sammt Kanzlei.

Der Kommandant, Hauptmann und Lieutenant sind, als in die Kathegorie der städtischen Beamten gehörig, pensionsfähig; die Pension wird wegen ihrer Diensteigenthümlichkeit nach den, für das k. k. Militair bestehenden Vorschriften bemessen werden.

Der Wachmann erhält eine Provision von monatlichen 8 fl. C. M.

Die Erfordernisse zur Aufnahme sind folgende:

a. ein gesunder, rüstiger Körperbau;
b. das Alter in der Regel von 28 und nur bis 35 Jahre;
c. die Größe von 5′ 5″;
d. ledigen Stand, Chargen können jedoch auch verheirathet sein;
e. tadelloser Lebenswandel und anständiges, humanes Benehmen;
f. vollkommene Kenntniß der deutschen Sprache und der Ortsverhältnisse der Stadt und Vorstädte mit ihren Plätzen, Anstalten, Gasthöfen u. dgl. fremde Sprachen nebst der deutschen geben den Vorzug;
g. fertige leserliche Schrift und gutes Conzept. Bei den Chargen wird insbesondere eine größere Befähigung und geistigere Ausbildung, so wie auch die Kenntniß mehrerer gangbarer Sprachen wesentlich vorausgesetzt.

Diejenigen Individuen, welche gesonnen sind, sich in dieses Corps einreihen zu lassen oder um die höheren Dienstposten in Bewerbung zu setzen, haben ihre Gesuche bei dem Magistrate zu überreichen und sich über die vorgeschriebenen Eigenschaften mit den gehörigen Behelfen auszuweisen.

Wien am 27. April 1848.

Unter dem Titel „Concurs-Ausschreibung" wurden im April 1848 Männer für die geplante, neu aufzustellende magistratische „Sicherheitswache" angeworben.

Zwar war dieser Stadtpolizei keine Zukunft beschieden, die Aufnahmekriterien erscheinen jedoch auch aus heutiger Sicht durchaus beachtenswert.

Die Ermordung des Grafen Latour.

Die Ermordung des Kriegsministers Latour am 6. Oktober 1848, dem vorerst letzten Amtstag des Polizeioberdirektors Ritter von Born

ERNST WILHELM RITTER VON BORN POLIZEIOBERDIREKTOR 23. APRIL–6. OKTOBER 1848 UND 6. NOVEMBER 1848–24. FEBRUAR 1849

Der 1803 in Böhmen geborene Ernst Wilhelm Born war 1828 in den Polizeidienst getreten und bekleidete bis zum Sturmjahr 1848 die unterschiedlichsten polizeilichen Funktionen.

Am 23. April 1848 wurde er Polizeioberdirektor und bekleidete dieses Amt bis zum 6. Oktober 1848, dem Tag der Ermordung des Kriegsministers Latour.

In dieser Zeit wurde der Titel Polizeioberdirektor durch die neue Bezeichnung „Stadthauptmann" ersetzt und das Polizeiwesen vorübergehend dem Magistrat unterstellt.

Ernst Wilhelm Born übernahm am 6. November 1848 wieder die Leitung der nunmehrigen „Stadthauptmannschaft von Wien" und blieb bis 24. Februar 1849 in dieser Funktion, von wo er als Polizeidirektor nach Brünn und später in das Polizeiministerium berufen wurde.

Nach seiner Pensionierung wurde er auf Grund seiner Verdienste um das Polizeiwesen in den Adelsstand erhoben.

1848

„Es ist nichts zu besorgen"

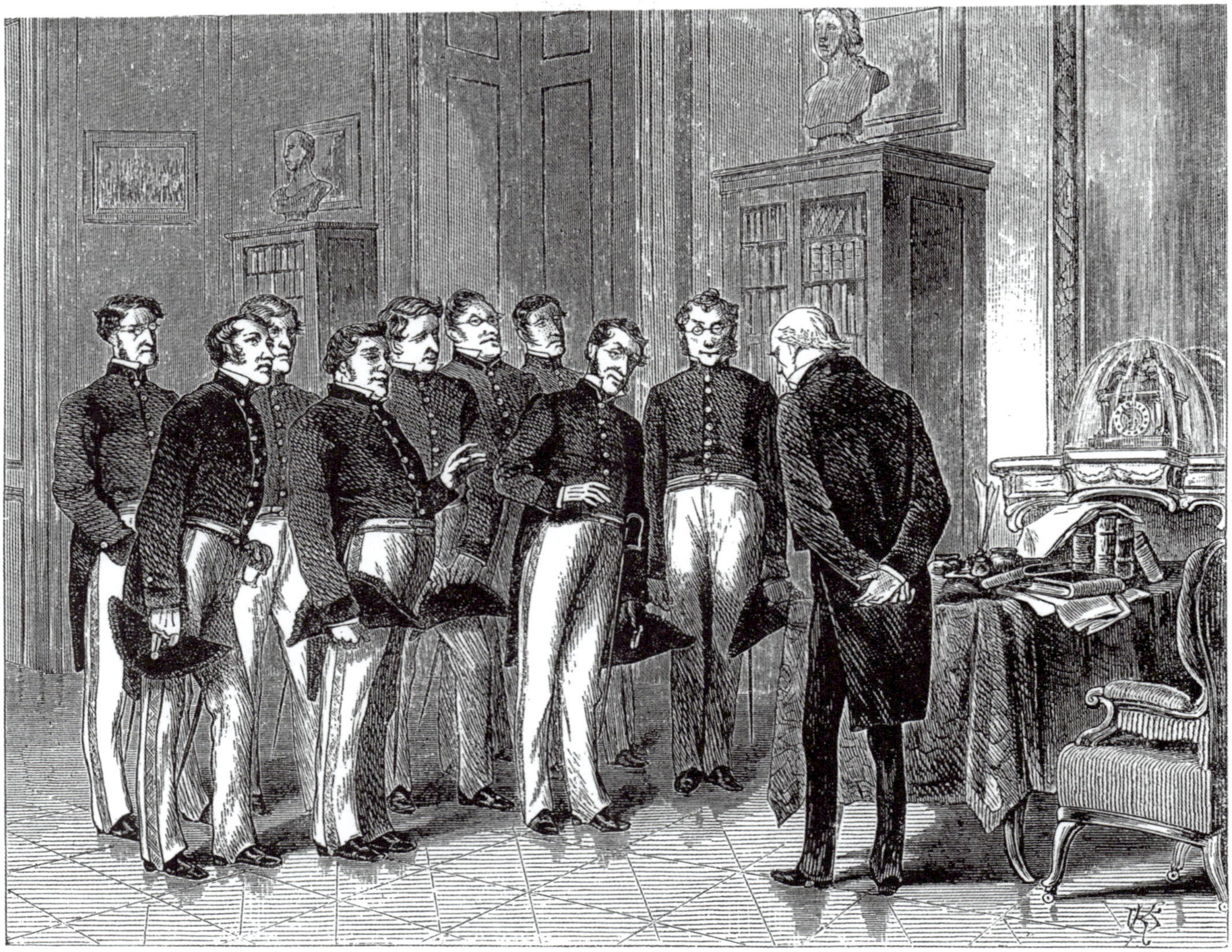

Am Vorabend des Ausbruchs der Wiener Revolution, am 12. März 1848, trafen sich die obersten Wiener Polizeifunktionäre zu einer Konferenz im nö. Regierungspräsidium, um über die beunruhigende Stimmung in Wien zu beraten.

Trotz alarmierender Meldungen aus allen Teilen der Stadt kam man zu der Entscheidung, es sei polizeilich „nichts zu besorgen". Ein tragischer Irrtum, wie sich am blutigen 13. März, also einen Tag später, herausstellen sollte.

Im Revolutionsjahr 1848 waren Polizeiorgane immer wieder das Ziel tätlicher Angriffe, waren sie doch ein Symbol des verhassten Systems Metternichs geworden.

Die „Stadthauptmannschaft Wien" hatte zahlreiche Opfer zu beklagen.

1848

Die chaotischen und dramatischen Höhepunkte der Wiener Oktoberrevolution 1848 fielen in die kurze Amtszeit des Stadthauptmanns Karl Nischer von Falkenhof

KARL NISCHER RITTER VON FALKENHOF
STADTHAUPTMANN
6. OKTOBER–3. NOVEMBER 1848

Auf dem Höhepunkt der gereizten Stimmung der Bevölkerung gegen die Polizei nach der Ermordung des Kriegsministers hatte Polizeioberdirektor bzw. nunmehr Stadthauptmann Born aus Sicherheitsgründen Wien verlassen und der lang gediente Polizeifunktionär Karl Nischer übernahm kurzfristig sein Amt, das er nur bis zum 3. November innehatte.

DR. EMIL GÉRARD VON FESTENBURG
STADTHAUPTMANN
3.–6. NOVEMBER 1848

Der 1804 in Lemberg geborene Gérard von Festenburg war nicht nur der erste graduierte Jurist an der Spitze der Wiener Polizei, er war auch der Behördenleiter mit der kürzesten Amtszeit. Schon drei Tage nach seiner Bestellung räumte er für den nach Wien zurückgekehrten Ritter von Born, der am blutigen 6. Oktober Wien verlassen hatte, den Platz an der Spitze der Polizei.

Ein typisches Beispiel für die chaotischen Zustände im Sturmjahr der Revolution.

Wiener Militär-Polizeiwachmann
aus der Zeit um 1848

1848

Die Empörung der Bevölkerung gegen jede Art polizeilicher Einrichtungen erreichte im Revolutionsjahr 1848 schreckliche und ungeahnte Ausmaße.

So wurde ein Mann, den man als Polizeikonfident verdächtigte, aus der Aula der Universität gezerrt und in einen Arrestantenwagen gesperrt, in dem er unter dem Johlen der Menge und von körperlichen Attacken bedroht, durch die Straßen der Stadt geführt wurde.

Viribus Unitis

Die Wiener Polizei in der Franzisko-josephinischen Ära und der Zeit des großen Krieges

In den 70 Jahren zwischen der Revolution des Jahres 1848 und dem Zerfall der österreichisch-ungarischen Monarchie änderte sich die Welt in einem Maße, wie dies in all den Jahrhunderten zuvor nicht der Fall war.

Aus der spätbiedermeierlichen Idylle der Jahre nach der Revolution wurde eine Zeit der technischen Errungenschaften, in der anstelle der Postkutschen Automobile die Straßen befuhren und ein dichtes Verkehrsnetz ganz Europa überzog. Telefon und Elektrizität gehörten nun genauso zum Alltag wie die Mitbestimmung der Bevölkerung in allen politischen Fragen. Der nachrevolutionäre Neoabsolutismus war einer konstitutionellen Monarchie gewichen und die beiden Staaten in einem gemeinsamen Reich bildeten eine gute Grundlage für später geplante Reformen, die leider nie mehr verwirklicht werden konnten.

Das rasante Tempo all dieser Veränderungen stellte auch an das Sicherheitswesen der „Reichshaupt- und Residenzstadt“ Wien, die vor Beginn des Ersten Weltkrieges schon rund zwei Millionen Einwohner hatte, gewaltige Anforderungen. Kaum eine andere Behörde war so direkt mit den Veränderungen konfrontiert und musste so schnell und unmittelbar „am Bürger“, gleichsam an „vorderster Front“, den neuen Aufgaben gerecht werden wie die Polizei.

Kaiser Franz Joseph I. in den ersten Jahren seiner Regentschaft

Bildeten einerseits Strukturreformen die Grundlagen für die Bewältigung der neuen Zeit, so war andererseits die überparteiliche und über alle Zweifel erhabene Staatstreue eine der wichtigsten und hervorragendsten Eigenschaften des Wiener Polizeiapparates.

Nur so war es möglich, dass in den allerletzten Jahren vor dem Zusammenbruch des Jahres 1918, als Wien durch die tiefe Not und den Hunger der Bevölkerung ein explosiver Unruheherd sondergleichen geworden war, der Metropole das Schicksal anderer europäischer Großstädte mit blutigen Kämpfen vorerst erspart blieb.

1849 - 1918

Welchen Schwierigkeiten und Problemen die Behörde und der einzelne Mensch auf der Straße in dieser Zeit ausgesetzt waren, lässt sich durch zeitgenössische Tagesmeldungen erahnen, von denen einige am Ende dieses Abschnittes zitiert werden sollen. In kaum einer anderen Zeit als in den Jahren der Auflösung war es stärker erkennbar, wie notwendig der funktionierende Polizeiapparat für die Sicherheit einer Stadt war. Während sich die Armee zu Kriegsende in Unordnung auflöste, Offiziere degradiert wurden und die „Roten Garden", ein kommunistischer bewaffneter Stoßtrupp, der jede demokratische Entwicklung ablehnte, die Straßen beherrschten, bildete die Polizei die einzige funktionierende und staatstreue Ordnungsmacht.

Nur durch die Besonnenheit des Einzelnen – auf allen Seiten – konnten chaotische Zustände und blutige Auseinandersetzungen in der Hauptstadt des berstenden Reiches vermieden werden. Scheinbar galt noch immer, wenn auch nur mehr imaginär, der Wahlspruch des alten Kaisers – VIRIBUS UNITIS („Mit vereinten Kräften").

Kopfbedeckungen der Polizei aus dem Beginn und Ende der Franzisko-josephinischen Periode

1849–1850

KARL NOÉ VON NORDBERG
STADTHAUPTMANN VON WIEN 1849–1850

Der 1708 in Brünn geborene Karl Noé trat 1822 in die Polizeioberdirektion ein und wurde bald auf Grund seiner Fähigkeiten für besonders wichtige Aufgaben herangezogen. So nahm er an den „Monarchen-Kongressen" in Verona, Czernowitz und Mailand teil. Auch in staatspolizeilicher Mission war er im In- und Ausland an entscheidender Stelle bei der „Bekämpfung revolutionärer Propaganda" tätig.

Wegen seiner Verdienste wurde Karl Noé 1836 mit dem Prädikat „Edler von Nordberg" in den Adelsstand erhoben.

In Revolutionsjahr 1848 war er zuerst Polizeidirektor in Innsbruck und dann in Linz.

Am 24. Februar 1849 wurde Karl Noé von Nordberg Stadthauptmann von Wien, was er bis zu seiner Berufung in eine höhere Stelle im Innenministerium bis Dezember 1850 blieb.

1850

In den ersten Jahren nach der Niederschlagung der Wiener Revolution wurden alle Vorkehrungen getroffen, damit sich Ereignisse wie 1848 nicht mehr wiederholen würden.

Einerseits war die militärische Präsenz erheblich verstärkt und in Wien mit der Errichtung neuer Kasernen und militärischer Anlagen begonnen worden, andererseits war das Polizeiaufgebot allbeherrschend in der Stadt. Die Militär-Polizeiwache wurde nun als „Militär-Polizeiwachkorps" bezeichnet und großteils aus Nichtwienern rekrutiert, da man immer noch den revolutionären Geist der vergangenen Jahre fürchtete. Diesen Männern des neuen Wachkorps wurden die 1849 neu geschaffenen „Gendarmen" zur Seite gestellt, die gemeinsam den Patrouillendienst in den Straßen der Stadt durchführten.

Auch ein Heer von zivilen „Geheimpolizisten" sollte die „letzten Reste der Übelgesinnten" aufspüren.

Organisator all dieser polizeilichen Maßnahmen war der neue Chef des österreichischen Sicherheitswesens, Feldmarschall-Leutnant Kempen von Fichtenstamm. Der aus Böhmen stammende General war nicht nur wegen der Gründung der Gendarmerie bekannt, er sollte auch zum Reformator des Sicherheitswesens werden, auch wenn dieses, seiner militärischen Profession entsprechend, strikt militärisch und straff organisiert war. Strenge Polizeivorschriften waren zu beachten, sodass die Tage des Vormärz in Bezug auf bürgerliche Freiheiten beinahe gemäßigt erschienen. So gab es nun neue „Kleidervorschriften", nach denen z. B. das Tragen eines Schlapphutes, des sogenannten „Kalabresers", verboten war, da dies als Zeichen einer revolutionären Gesinnung angesehen wurde. Auch Vollbart und langes Haar galten als staatsgefährdend und fielen unter polizeilicher Kontrolle dem „Barbier" zum Opfer.

Erst 1850 wurden die strengen polizeilichen Maßnahmen etwas gelockert und man begann langsam, den Begriff der Polizei vom negativen Vorurteil zu befreien.

Mit dem Erlass des Innenministeriums vom 10. Dezember 1850, dem eine kaiserliche Entschließung vorausgegangen war, wurden nun neue Regeln für die Organisation des Polizeiwesens in Österreich geschaffen, die in ihren Grundzügen bis in die Tage der Zweiten Republik gültig bleiben sollten.

Für Wien bedeutete der neue Erlass nicht nur die Zuständigkeit der Polizei für die Innere Stadt, sondern bereits eine Ausweitung auf die Ortschaften Simmering, Gaudenzdorf, Meidling, Wilhelmsdorf, Sechshaus, Fünfhaus, Rustendorf, Reindorf, Braunhirschen, Hietzing, Lainz, Speising, Unter St. Veit, Penzing, Ottakring, Neulerchenfeld, Hernals, Dornbach, Neuwaldegg, Breitensee, Währing, Weinhaus, Gersthof, Pötzleinsdorf, Salmannsdorf, Neustift, Ober- und Unterdöbling, Ober- und Untersievering, Grinzing, Heiligenstadt und Nußdorf.

1850

Johann Freiherr Kempen von Fichtenstamm, Chef der obersten Polizeibehörde

1851 wurden auch Ober St. Veit, Hacking, Baumgarten, Spitz und Floridsdorf einbezogen.

Der Wirkungsbereich des Wiener Polizeirayons umfasste also, obwohl es noch die trennenden Basteien und den Linienwall gab, bereits große Teile des heutigen Stadtgebietes.

In dem erwähnten Erlass vom 10. Dezember 1850 wird als Aufgabe polizeilicher Tätigkeit neben der „Wohlfahrt des Staates und des kaiserlichen Hauses" auch die „Erhaltung der öffentlichen Ruhe und Ordnung und der Schutz von Personen und des Eigentumes" angeführt. Natürlich war auch die polizeiliche Zuständigkeit für Veranstaltungen und Theateraufführungen, Gastwirtschaften, Feuersbrünste und Überschwemmungen, Vagabunden- und Bettlerunwesen, Selbstmörder und vermisste Personen, Druckwerke etc. genau definiert. Auch die „Sicherstellung gefundener Gegenstände" wird Polizeiangelegenheit, das spätere Fundamt rückt damit in den Bereich polizeilicher Zuständigkeit.

Man nähert sich also immer mehr dem ursprünglichen Begriff der bürgerfreundlichen Wohlfahrtspolizei. Und in gleichem Maß nimmt die rigorose, allbeherrschende militärische Polizeigewalt ab – der Einfluss Kempens geht zurück und seine Tage sind bereits gezählt.

THEODOR WEISS FREIHERR VON STARKENFELS
STADTHAUPTMANN 1850–52
POLIZEIDIREKTOR 1852–53

Theodor Weiß wurde 1813 in Linz geboren und war nach Abschluss des Studiums der Rechte an unterschiedlichen Gerichten der Monarchie tätig.

Nach seiner Versetzung in das Innenministerium und der Ernennung zum Ministerialrat wurde er 1850 zum Stadthauptmann von Wien bestellt, nach der Umbenennung der Amtsbezeichnung des Wiener Polizeichefs führte er ab 1852 den Titel „Polizeidirektor in Wien".

1853 wurde Theodor Weiß erneut in das Innenministerium berufen und beendete seine Dienstlaufbahn 1872 als Hofrat des Obersten Rechnungshofes. Im selben Jahr wurde er wegen seiner Verdienste mit dem Prädikat „von Starkenfels" in den Freiherrnstand erhoben.

1853

Militär-Polizeiwachkorps zu Fuß

Uniformierung der Mannschaft, wie sie bis 1854 verwendet wurde
(v. l. n. r.: Leutnant, Gemeiner, Korporal)

Das Attentat

1853

Dem jungen Kaiser des Jahres 1853 war bewusst, dass das Polizeiwesen, besonders in Wien, bei der Bevölkerung durch die Erfahrungen des Vormärz und des Neoabsolutismus äußerst negativ besetzt war. Der Kaiser war deshalb bestrebt, das Vertrauen der Wiener zu gewinnen, und dabei war eine starke, erkennbare Polizeipräsenz bei all seinen öffentlichen Auftritten nicht günstig. Die Polizei erschien ihm in diesen Jahren eher als „notwendiges Übel“, das ihn von dem direkten Kontakt mit der Bevölkerung trennte.

So ist es auch verständlich, dass Franz Joseph seine in dieser Zeit häufigen Begehungen der Basteien nur in Begleitung seines Flügeladjutanten und ohne polizeiliche Bedeckung unternahm. Der Kaiser wollte die Situation der riesigen Stadtbefestigungsanlagen persönlich kennenlernen, um sich ein Bild über die geplante Umgestaltung des Festungsgürtels zu einer „Prachtstraße“ – der späteren Ringstraße – zu machen.

Auch am 18. Februar 1853 war der Kaiser in Begleitung des Flügeladjutanten Maximilian Graf O'Donnell wieder in den unübersichtlichen Befestigungsanlagen unterwegs. Der ungarische Schneider János Libényi kannte, so wie alle Wiener, diese Gepflogenheit des Kaisers und wusste, wo er ihn

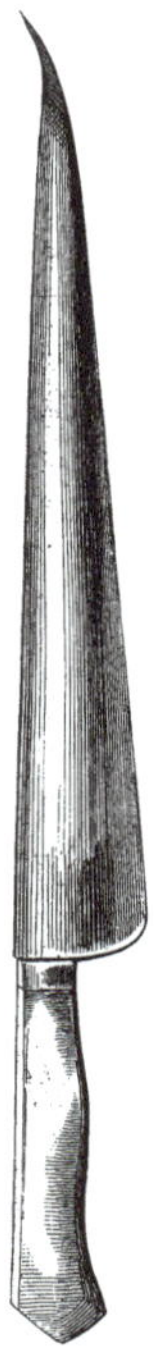

Zeitgenössische Darstellung des Attentats auf Kaiser Franz Joseph I. am 18. Februar 1853 im Bereich der Basteien, die zeigt, wie der Attentäter János Libényi auf den Kaiser einsticht, der Flügeladjutant Graf O'Donnell dies zu verhindern sucht und der des Weges kommende Fleischermeister Josef Ettenreich zu Hilfe eilt

1853

„Zu Hilf', den Kaiser wolln s' umbringen!"

Aufgeregt stürmt das kleine Mädchen in die Wachstube, wo die Mannschaft der Militär-Polizeiwache beim Kartenspiel sitzt, und meldet das Attentat.

Sträfliche Arglosigkeit, von allerhöchster Stelle aber angeordnet

Die Votivkirche, zum Gedenken an die Rettung des Kaisers von einem Komitee unter Erzherzog Maximilian errichtet und 1879 fertiggestellt

Die Votivkirche war bis 1938 Schauplatz der Feiern zum Polizeigedenktag am 17. April und gilt als Kirche des österreichischen Sicherheitswesens.

antreffen würde. Er hatte die Absicht, den Kaiser zu ermorden und sich damit für die Niederschlagung der Ungarischen Revolution des Jahres 1849 zu rächen.

Als Libényi tatsächlich auf einem Weg oberhalb des Stadtgrabens auf den Kaiser traf, sprang er auf ihn zu und stach mit einem Küchenmesser auf ihn ein. Der Kaiser war nur leicht verletzt und der Attentäter wollte erneut zustechen, als der Flügeladjutant eingriff und versuchte, ihm das Messer zu entwinden. In diesem Augenblick kam ein Wiener Bürger, der Fleischermeister Josef Ettenreich des Weges, der die Situation erkannte und half, den Attentäter zu überwinden. Der Kaiser war gerettet – die Armee (der Adjutant) und das Bürgertum (der Fleischermeister) hatten, gleichsam symbolisch, damit auch den Staat gerettet. Eine Auslegung, die in der „Staatspropaganda" der damaligen Zeit eine große Rolle spielte, war doch damit das durch die Revolution etwas diskriminierte Bürgertum rehabilitiert.

Wenig später, nachdem die Gefahr bereits gebannt war, kam ein kleines Mädchen des Weges und man schickte es zur nächsten Polizeiwachstube, wo die Militär-Polizisten gerade beim Kartenspiel saßen. Als die Uniformierten dann beim Tatort eintrafen, hatten sie nur mehr den angehaltenen Attentäter in Gewahrsam zu nehmen.

Der Vorfall, der natürlich durch grobe Leichtsinnigkeit und Fahrlässigkeit begünstigt war, ließ jedoch nicht nur beim Kaiser, sondern auch in der Öffentlichkeit die Meinung reifen, dass Polizeischutz nicht nur negativ zu sehen, sondern auch für die Erhaltung staatlicher Ordnung unumgänglich notwendig sei.

KARL LUDWIG MALTZ VON MALTENAU
POLIZEIDIREKTOR 1853–1856

Der 1788 im böhmischen Karlsbad geborene Karl Ludwig Maltz war nach seinem Studium in unterschiedlichsten Dienststellen der Verwaltung, vor allem in Böhmen, tätig, später auch in der Polizeidirektion in Prag. 1824 wurde er in die Polizeioberdirektion Wien versetzt, war danach Polizeidirektor in Brünn und ab 1848 Hofrat im Innenministerium.

1853 wurde Karl Ludwig Maltz von Maltenau, der 1852 in den Adelsstand erhoben wurde, Polizeidirektor von Wien.

1856 kehrte er in das Innenministerium, in die Oberste Polizeibehörde, zu seiner alten Dienststelle, zurück.

1854

1854. № 201.

Central-Polizei-Blatt.

Herausgegeben von der kaiserl. königl. Obersten Polizei-Behörde.

Wien am 5. December.

Ausforschungen und Verhaftungen.

7328 **Kličnar** Barbara, deren Geburts- und Zuständigkeitsort nicht bekannt gegeben wurde, Tochter eines Comödianten, kam am 3. November l. J. in die Behausung der Eheleute Hitka, in Klein-Čerma bei Nachod, Sprengel der Staatsanwaltschaft zu Neustadt a. d. Mettau in Böhmen, und ist den darauf folgenden Tag vor 8 Uhr Morgens in Abwesenheit der genannten Eheleute mit dem fünfjährigen Knaben Joseph Hitka spurlos verschwunden. Der entführte Knabe hat hellblonde Haare, schwarze Augen, eine rothe Gesichtsfarbe, trug einen grünen, seinem älteren Bruder gehörigen Rock, Schuhe, und um den Kopf ein weißes Tuch. Wegen Entführung.

Pers. Beschr. Barbara Kličnar ist etwa 30 Jahre alt, ledig, mittelgroß, mager, hat eine rothe Gesichtsfarbe, schwarze Haare und Augen, trägt ein weißes, blaugestreiftes, langes Cattunkleid, eine weiße, rothgestreifte Jacke, hohe Schuhe und gewöhnlich keine Kopfbedeckung.

Das Vorkommen des entführten Knaben ist zu überwachen, und die beschriebene Verbrecherin, die bei ihrer herumziehenden Lebensweise vom Karten-Aufschlagen sich ernährt, unter sicherem Gewahrsam dem Bezirks-Collegial-Gerichte zu Neustadt a. d. Mettau in Böhmen einzuliefern.

Veranl. v. k. k. Staatsanwaltschaft Neustadt a. d. Mettau am 30. November 1854.

7329 **Straßer** Joseph, von Ottendorf, ehemalige Bezirkshauptmannschaft Braunau in Ober-Oesterreich gebürtig, Maurer und Kellner, stand im Jahre 1852 wegen Verbrechens des Betrugs bei dem Landesgerichte in Graz in der Voruntersuchung, wurde im Jänner 1854 zu 8 Monaten Kerker verurtheilt, am 11. September 1854 der Strafe entlassen und nach Braunau mit gebundener Marschroute verwiesen. Später kam hervor, daß Straßer während seiner Haft im Jahre 1853 des Verbrechens der Vorschubleistung durch Hilfeleistung zur angetragenen Entweichung eines des Raubsverbrechens wegen verhafteten Individuums sich verdächtig machte, weßhalb er in Anklagestand versetzt wurde; jedoch konnte sein seitheriger Aufenthalt bisher nicht ermittelt werden. Er hat in Salzburg das Maurerhandwerk erlernt, und kam im Jahre 1847 mit einem Wanderbuche des Pflegegerichtes Mauerkirchen nach Graz, wo er aber seinen Unterhalt als verrechnender Kellner sich erwarb. Wegen Verbrechens der Vorschubleistung.

Pers. Beschr. Straßer ist 34 Jahre alt, katholisch, verheirathet, groß und stark gebaut, hat ein längliches Gesicht, eine hohe Stirne, braune Augen, gewöhnliche Nase und solchen Mund, gute Zähne, rundes Kinn, schwarze Haare, und trug vor der Abgabe in das Strafhaus einen starken Bart; er kann lesen und schreiben, und spricht deutsch in städtischer Mundart.

Er ist dem Landesgerichte in Graz einzuliefern.

Veranl. v. k. k. Landesgerichte Graz am 2. December 1854.

1854

Die Hochzeit Kaiser Franz Josephs I. mit Prinzessin Elisabeth in Bayern am 24. April 1854 stellte gewaltige Anforderungen an die österreichische Exekutive dieser Tage. War doch erst knapp ein Jahr zuvor auf den Kaiser ein Attentat (s. 1853) verübt worden und die Wunden der Revolutionsjahre 1848–49 waren in der Bevölkerung noch längst nicht verheilt. Die Braut, Prinzessin Elisabeth, per Schiff aus ihrer Heimat Bayern gekommen, wurde bei Nußdorf vom Kaiser, vielen Würdenträgern und einer riesigen Menschenmenge begrüßt. Dies und die folgende Fahrt nach Schönbrunn stellten natürlich ein erhebliches Sicherheitsrisiko dar, ebenso die spätere Fahrt im offenen Wagen von Schönbrunn in die Hofburg.

Die Hochzeit des Kaiserpaares, zu der natürlich auch höchste politische Repräsentanten aus aller Welt erschienen waren, verlief jedoch ohne Zwischenfälle und Polizeidirektor Karl Ludwig Maltz von Maltenau konnte voll Befriedigung seinem Minister, Freiherr von Bach, nach einer ereignisreichen Woche von der Effektivität und Verlässlichkeit der Wiener Polizei berichten.

1856-1859

IGNAZ CZAPKA FREIHERR VON WINSTETTEN
POLIZEIDIREKTOR 1856-1859

Der 1792 in Mähren geborene Ignaz Czapka trat nach Absolvierung des rechtswissenschaftlichen Studiums als „Zivil- und Kriminalrichter" in den Dienst der Stadt Wien. 1835 wurde Czapka Vizebürgermeister und 1838 vom Kaiser zum Bürgermeister von Wien ernannt.

1843 in den Adelsstand erhoben, setzte er in der Kommunalpolitik wichtige Akzente. Er ließ in Wien die erste Gasbeleuchtung errichten und die Straßen erhielten eine einheitliche Würfelpflasterung, Grundlage für eine moderne Verkehrsgestaltung. Auch wurde über seine Initiative die „Kaiser-Ferdinands-Wasserleitung" erbaut, der dann in den folgenden Jahrzehnten die weiteren Hochquellen-Wasserleitungen folgen sollten.

Nachdem Czapka bereits pensioniert war, wurde er als Hofrat und Polizeidirektor 1856 reaktiviert und blieb bis zu seiner endgültigen Pensionierung 1859 als Polizeichef im Dienst.

AM TATORT
Kriminalpolizeiliche Erhebungen 1856

1856

Am 23. Februar 1856 hatte sich am Spittelberg in der damaligen Johannesgasse 16, heute Gutenberggasse, ein schreckliches Familiendrama abgespielt. Ein Greißler hatte in einem Anfall von Verzweiflung über seine wirtschaftliche Lage seine drei Kinder ermordet und sich dann selbst getötet.

Obwohl die Kriminalberichterstattung noch in den Kinderschuhen steckte und nach wie vor die neoabsolutistische Zensur drohte, berichteten bereits mehrere Zeitungen in Wort und Bild über die Familientragödie, ohne dass die Berichte dem Zensor zum Opfer gefallen wären.

In der Darstellung aus der „Extra-Beilage der Wiener Vorstadt-Zeitung" kann man die ersten polizeilichen Ermittlungen am Tatort erkennen, der von Polizeiagenten und Militärpolizisten gemeinsam in Augenschein genommen wird.

1858

Das „Sicherheitsbureau" entsteht

Festnahme durch Polizeiagenten

Das Jahr 1858 gilt als das Gründungsjahr des später so legendär gewordenen Wiener Sicherheitsbüros.

Durch kaiserliche Anordnung wurde am 13. April 1858 die Schaffung des „Central-Bureaus" der Wiener Polizei bestimmt. Ursprünglicher Sitz dieser neuen Zentralstelle war das Amtsgebäude auf dem Platz Am Peter 7, als „Oberster Leiter" wurde vorerst der Polizeidirektor bestellt.

Neben Wien wurde auch in anderen Städten der Monarchie, in denen es Polizeidirektionen gab, die Errichtung dieser „Central-Bureaus" angeordnet, um eine einheitliche Verbrechensbekämpfung zu gewährleisten

Die Polizeidirektion auf dem Platz Am Peter 7, erster Sitz des „Central-Bureaus" bzw. „Bureaus für Öffentliche Sicherheit" – des späteren Sicherheitsbüros

In Wien wurde dadurch die Kriminalitätsverfolgung auch in den Vorstädten und Vororten erleichtert und Polizeiagenten konnten auch außerhalb des Stadtgebietes für kriminalpolizeiliche Amtshandlungen eingesetzt werden.

Die kaiserliche Verordnung stellte die eigentliche Grundlage zum Gründungsnormale des „Bureaus für Öffentliche Sicherheit", kurz „Sicherheitsbureau" genannt, dar.

PHILIPP WEBER FREIHERR VON EBENHOF
POLIZEIDIREKTOR 1859–1860

Wie viele seiner Vorgänger wurde auch Philipp Weber in Böhmen geboren (1818) und war nach Abschluss seiner Studien in der böhmischen Verwaltung tätig.

Bis 1859 war er in der Stadthauptmannschaft bzw. Polizeidirektion und Statthalterei in Prag eingesetzt, wo er sich viele Verdienste erwarb, da die polizeiliche Tätigkeit in der böhmischen Hauptstadt als besonders schwierig und heikel galt. 1851 wurde Weber in den Ritterstand, 1869 in den Freiherrnstand erhoben.

Von 1859 bis 1860 war Philipp von Weber Polizeidirektor in Wien. Nach seiner Berufung in das Polizeiministerium, wo er später den Rang eines Sektionschefs erreichte, war er bis 1870 Statthalter in Niederösterreich, dann in Mähren, ab 1874 in Böhmen und ab 1881 bis zu seinem Ruhestand in Oberösterreich.

Eine vielfältige Beamtenlaufbahn, in der aber seine polizeiliche Tätigkeit die Grundlage all seiner späteren hohen Funktionen bildete.

1860–1870

JOSEF STROBACH FREIHERR VON KLEISBERG
POLIZEIDIREKTOR 1860–1870

Der 1803 im böhmischen Haida geborene Josef Strobach trat nach Abschluss seines Studiums in den Dienst der Generalpolizeidirektion im damals österreichischen Venedig. Später diente er bei den Polizeidirektionen in Mailand, Prag und Laibach, wo er sich durch seine Verlässlichkeit in diesen schwierigen Dienststellen große Verdienste erwarb.

1860 wurde Strobach zum Hofrat ernannt und zum Polizeidirektor in Wien bestellt. 1865 erhob ihn der Kaiser in den Adelsstand.

In die Ära Strobach fällt als wohl wichtigstes Ereignis die Abschaffung der Militär-Polizeiwache und die Errichtung der Wiener Sicherheitswache im Jahre 1869. Gemeinsam mit dem späteren ersten Zentralinspektor August Rauscher hatte Strobach 1867 bei einer Studienreise wichtige Anregungen bei der Pariser Stadtpolizei bekommen. Hier entstand das eigentliche Projekt der neuen Sicherheitswache und auch das spätere Erscheinungsbild der Wache kann den französischen Einfluss nicht verleugnen.

Die in der Presse veröffentlichten Fahndungsaufrufe von gesuchten Verbrechern gehen ebenfalls auf seine Weisung zurück.

Karikatur aus der satirischen Zeitschrift „Kikeriki" vom 13. Februar 1862

Thatsache. (Kikeriki sagt zu einem an der Kettenbrücke aufgestellten Posten.) Tragen Sie doch Sorge, daß nicht hundert Personen an einem Punkte der Brücke stehen bleiben. Sie sehen ja, daß sich dieselbe dort bedenklich senkt.

Posten: Das is auf der andern Seiten; das geht das Commissariat von der Leopoldstadt an.

Die neue Freiheit lässt auch polizeikritische Berichte und vor allem Karikaturen zu. Ein Recht, von dem in dieser Zeit in steigendem Maße Gebrauch gemacht wurde.

Die abgebildete Karikatur bezieht sich auf die in der Öffentlichkeit häufig kritisierte, nur lokale Zuständigkeit der Militär-Polizeiwache, was vor allem bei der Kriminalitätsbekämpfung Probleme aufwarf. Die Verfolgung eines Verdächtigen war oft schwierig, da der Flüchtende durch Überqueren einer Vorstadtgrenze von der Polizei der „Tatvorstadt" nicht mehr belangt werden konnte. Die Verständigung der nun zuständigen Polizeistellen dauerte in der Regel so lange, dass der Täter bereits untergetaucht war.

1864

Die öffentliche Sicherheit in Wien.

Seit acht Tagen kriechen Hausmeister, Wachter und Sicherheitsorgane auf allen Dachböden herum.

Während aber ein großer Theil der „Organe" auf'n Dach sitzt und vollauf mit der Diebsfängerei zu thun hat, wird in einer anderen Vorstadt irgendwo eingebrochen.

Augenblicklich ist die überaus thätige Mannschaft wieder dort bei der Hand.

Aber während sie dort nach Einbrechern suchen, wird anderswo ein harmlos Nachhausekehrender angepackt.

Und wie entschuldigt man dies Alles?

Wir haben zu wenig Polizei; man arbeitet mit Aufgebot aller Kräfte — die Mannschaft kömmt nie zu Bette — dieselbe muß vermehrt werden ec.

Alles möglich, Alles wahr — Alles sehr glaublich!

Aber was wird geschehen, bis die Mannschaft vermehrt ist?

Bis dorthin können wir ja **Alle**, wie wir hier in Wien leben, ausgeraubt, angepackt und körperlich verletzt sein.

Man thue daher unterdessen Etwas viel Praktischeres.

Man ziehe das Militär zu Hilfe.

Oft hört man jene Offiziere, welche nicht auf den Kriegsschauplatz kommandirt sind, klagen, daß sie zur Unthätigkeit verurtheilt seien.

Auch die Mannschaft bedauert, um 9 Uhr Abends thatenlos in der Kaserne sitzen zu müssen, indeß sie der bedrängten Bürgerschaft zu Hilfe eilen könnten.

Bürgerwehr haben wir keine, womit wir uns selber schützen könnten; der Wunsch, daß uns daher jetzt, wo die Polizei nicht ausreicht, die Soldaten beschützen sollten, ist somit ein billiger, gerechter, von allen Seiten anerkannter.

Der Einwurf: **Soldaten sind keine Polizeiorgane,** ist auch nicht stichhältig.

Die Soldaten halten es ja doch für ihre Pflicht, das Land nicht allein gegen äußere, sondern auch gegen **innere** Feinde zu schützen.

Da die Diebe und Räuber innere Feinde sind, — also aufmarschirt gegen das Gesindel!

Gerne werden die Soldaten **jene Sicherheit** herstellen, welche wir jetzt durchaus nicht erreichen können.

Gerne werden sie patrouilliren, und die Balgereien mit in der Minderzahl befindlichen Polizei-Soldaten, wie ich sie selber in der Josefstadt gesehen habe, werden dann, wenn die Mannschaft verstärkt ist, nicht mehr vorkommen.

Jene Unzufriedenen jedoch, welche immer behaupten, das Militär koste zu viel, man solle reduziren, „sie gingen müßig," u. s. w. werden dann den Nutzen und den Zweck des Soldatenstandes gleichfalls begreifen.

Wir bitten daher um Sicherheit!

Kikeriki.

Karikatur aus der satirischen Zeitschrift „Kikeriki" vom 22. September 1864 zu den mangelhaften Sicherheitsverhältnissen in Wien und dem polizeilichen Personalmangel

Das Ende der Militär-Polizeiwache

Das wohl wichtigste polizeiliche Ereignis und Verdienst der Amtszeit des Polizeidirektors Josef von Strobach (1860–1870) war die Auflösung der alten und in der Bevölkerung besonders unbeliebten Militär-Polizeiwache im Jahre 1869.

Die Forderung nach der Auflösung dieser Polizeitruppe war von den Revolutionären bereits 1848 erhoben und für kurze Zeit verwirklicht worden, war aber dann dem Neoabsolutismus zum Opfer gefallen.

Die Militärpolizisten waren wegen ihrer mangelhaften Schulung und ihres rüden Auftretens vor allem beim Wiener Bürgertum verhasst. Sie wurden allerorts als „Zaruckmänner" verspottet, da sie auf Grund ihrer mangelhaften Deutschkenntnisse meist nur das Wort „Zaruck", also „Zurück", kannten. Ihre Kommandanten hatten diesen Befehl angeordnet, wenn sie die Volksmassen bei Paraden oder Umzügen von der Straße abzudrängen hatten.

Die neue Sicherheitswache

Sicherheitswache-Bezirks-Inspektor zu Fuß, 1869

Im Gründungsjahr der Sicherheitswache (1869) war der Mannschaftsstand der neuen Truppe noch eher bescheiden. Dem „Central-Inspektor" (1869 August Rauscher) unterstanden 14 Bezirks-Inspektoren, 114 Inspektoren und 1.237 Sicherheitswachmänner. Die Rangordnung war bewusst unmilitärisch gegliedert, da man jede Ähnlichkeit mit der aufgelösten unbeliebten Militär-Polizeiwache vermeiden wollte.

Die Uniform war nach französischem Vorbild gestaltet und galt als besonders elegant. Zum zweireihigen Flottenrock wurde ein schwarzer Filzhut getragen.

Die erste Polizeikaserne, in der auch die Aufnahmen in den Dienst stattfanden, befand sich in der Körnergasse in der Wiener Leopoldstadt.

1869

Kundmachung.

Behufs Aufstellung einer k. k. Sicherheitswache für die Reichshaupt- und Residenzstadt Wien wird nunmehr mit der Aufnahme von Individuen, welche für diese Wache geeignet sind, begonnen.

Es werden daher solche Bewerber hiemit aufgefordert, ihre vorschriftsmäßig gestämpelten und mit Taufscheinen, Zeugnissen oder sonstigen Ausweisen belegten Gesuche im Präsidial-Bureau der k. k. Polizei-Direction, Stadt, Tuchlauben Nr. 4, einzubringen.

Hiezu wird Folgendes bemerkt:

Die k. k. Sicherheitswache bildet ein dem Polizei-Director untergeordnetes Civil-Institut und besteht unter der Leitung eines Central-Inspectors, aus Bezirks-Inspectoren, Inspectoren und Sicherheitswachmännern zu Fuß und zu Pferd.

Der Personalstand der Wache ist außer dem Central-Inspector und 14 Bezirks-Inspectoren auf 114 Inspectoren und 1237 Sicherheitswachmänner festgesetzt, wovon auf die berittene Abtheilung 2 Inspectoren und 50 Sicherheitswachmänner entfallen.

Von den 114 Inspectoren erhalten an Jahresbesoldung 57 Inspectoren I. Classe 600 Gulden,
57 „ II. „ 540 „

Von den 1237 Sicherheitswachmännern beziehen an jährlicher Besoldung 618 derselben 420 Gulden,
619 „ 360 „

Von den Inspectoren kann der Hälfte, von den Sicherheitswachmännern dem dritten Theile die Heiratsbewilligung ertheilt werden, und es beziehen daher von den ersteren 57, von den letzteren 412 ein Jahresquartiergeld von 100 Gulden.

Die Inspectoren und Sicherheitswachmänner, welche nicht im Genusse eines Quartiergeldes stehen, werden kasernirt.

Außer den bisher angeführten Bezügen erhalten die Inspectoren und Sicherheitswachmänner Alterszulagen und zwar nach

10 Jahren	40 Gulden jährlich,		25 Jahren	85 Gulden jährlich	
15 „	55 „ „		30 „	100 „ „	
20 „	70 „ „				

Bedingungen zur Aufnahme als Inspector oder Sicherheitswachmann sind:

1. Die österreichische Staatsbürgerschaft;
2. ein Alter von wenigstens 24 und höchstens 40 Jahren;
3. vollkommene Gesundheit und ein rüstiger Körperbau, bei einer Größe von mindestens 59 Zoll und einem entsprechenden Aeußeren;
4. ein in jeder Richtung unbescholtenes Vorleben;
5. vollkommene Kenntniß der deutschen Sprache, des Lesens, Schreibens und Rechnens, sowie die Fähigkeit, schriftliche Meldungen zu verfassen.

Beim Vorhandensein dieser unerläßlichen Erfordernisse sind vor Allem zu berücksichtigen:

a) solche Bewerber, welche einen höheren Grad von Intelligenz besitzen;
b) solche, welchen eine genaue Kenntniß der Localverhältnisse eigen ist.

Nur bei Vorhandensein dieser Eigenschaften haben bewährte ausgediente Unterofficiere der k. k. Gendarmerie, der Militär-Polizei-Wache und des stehenden Heeres, der Kriegs-Marine und der Landwehr im Sinne des §. 38 des Wehrgesetzes den Vorzug.

Die Aufnahme erfolgt auf eine sechsmonatliche Probezeit, während welcher jeder Aspirant ein Taggeld von Einem Gulden österr. Währung bezieht und kasernirt wird.

Vorläufig werden die neu Eintretenden durch 4–6 Wochen über ihre Dienstes-Obliegenheiten unterrichtet. Nach Ablauf dieser Zeit erhalten sie die Dienstkleidung und Rüstung und haben den Dienst zu übernehmen. Wenn ein Aspirant während der sechsmonatlichen Probezeit sich als geeignet nicht bewährt, kann er jeden Augenblick wieder entlassen werden.

Nach abgelaufener Probezeit und erwiesener Brauchbarkeit erfolgt die definitive Anstellung als Sicherheitswachmänner 2. Classe mit 360 fl. Gehalt, eventuell 100 fl. Quartiergeld.

Sobald die zuletzt zur Aufstellung gelangende Abtheilung diese Probezeit vollstreckt hat, werden aus den sämmtlichen Sicherheitswachmännern 2. Classe jene 1. Classe mit jährlichen 420 fl. und bei hervorragender Verwendbarkeit, sowie erwiesener besonderer Befähigung zur Leitung und zum Unterrichte von Untergebenen die Inspectoren mit 540 und 600 fl. österr. Währ., beziehungsweise mit dem Quartiergelde von 100 fl. ernannt.

Wien, am 10. April 1869.

Von der k. k. Polizei-Direction.

In einem Anschlag vom 10. April 1869 wurden „Individuen" aufgefordert, sich für den Eintritt in die neu zu errichtende „k.k. Sicherheitswache" zu melden. Die Bewerber mussten abgerüstete Unteroffiziere der Armee sein, die einen „höheren Grad von Intelligenz" besitzen und auch in der Lage sein sollten, schriftliche Meldungen zu verfassen.

Die wesentliche Botschaft ist trotz der altertümlichen Formulierung dieser Kundmachung deutlich erkennbar. Die neue Sicherheitswache war staatlich und dem Innenministerium der österreichischen Reichshälfte unterstellt (k.k.). Es sollten reife, verantwortungsbewusste Männer („ausgediente Unteroffiziere") sein, die einerseits die Landessprache in Wort und Schrift beherrschen und andererseits über Lokalkenntnis ihres Einsatzortes verfügen mussten.

Alle Kritikpunkte, die seitens der Bevölkerung der alten Militär-Polizeiwache gegenüber vorgebracht worden waren, wurden durch diese Aufnahmekriterien für die neue Sicherheitswache berücksichtigt.

AUGUST RAUSCHER
ZENTRALINSPEKTOR 1869–1879

August Rauscher gilt als der eigentliche Gründer der „neuen" Sicherheitswache in Wien. Geboren am 31. Oktober 1828 in Wien, war er seit 1849 Praktikant im Finanzministerium, ab 1851 Konzipient der Stadthauptmannschaft Wien und ab 1857 Kommissär.

Im Jahre 1867 besuchte er im Auftrag der Regierung Paris und Berlin, um das Sicherheitswesen in diesen Städten kennenzulernen. Sein Auftrag lautete, das Modell einer uniformierten Polizei für Wien zu entwickeln, die sich grundsätzlich von der bis dahin bestehenden Militär-Polizeiwache unterscheiden sollte. Auch die Uniformierung der geplanten Wache durfte nicht der österreichischen Militäruniform ähneln, um in der Öffentlichkeit nicht an die alte, unbeliebte Militär-Polizeiwache zu erinnern. Das Vorbild der Pariser Polizei auf Rauscher schlug sich deutlich auf diesem Gebiet nieder.

1869 erfolgte die Gründung der Wiener Sicherheitswache und die Ernennung August Rauschers zum ersten „Central-Inspektor", ein Amt, das er bis 1879 ausübte. 1888 wurde er Hofrat und Chef der Section III im Ministerium. Im September 1893 trat Rauscher in den Ruhestand, er starb am 21. Oktober 1916.

1869

Bezirks-Inspektor der berittenen
Sicherheitswache zu Pferd, 1869

ANTON RITTER VON LE MONNIER POLIZEIDIREKTOR 1870–1873

Der 1819 in Frankfurt geborene Anton Le Monnier trat 1843 in den Dienst des österreichischen Staates und war ab 1847 in der Polizei- und Zensurhofstelle tätig.

Nach der Revolution zunächst im militärischen Bereich aktiv, kehrte Le Monnier zur Polizei zurück und wurde 1853 Polizeidirektor in Salzburg, danach 1860 in Brünn. Seine Erhebung in den Ritterstand folgte 1869.

1870 wurde Anton von Le Monnier zum Polizeidirektor in Wien ernannt.

Er gilt als Gründer des „Institutes für Polizeiagenten" (später Kriminalbeamteninspektorat). In seine Dienstzeit fielen die ungemein aufwendigen sicherheitspolizeilichen Vorbereitungen zur Weltausstellung 1873 und die Umsetzung der von seinem Vorgänger Strobach vorbereiteten Reformen.

Ritter von Le Monnier galt als gemäßigt liberal und schuf das gute Gesprächsklima, das liberale Politiker später mit der Führung der bis dahin misstrauisch beobachteten Polizeispitze hatten. Le Monnier setzte auch Schritte, um das Vertrauen der Liberalen zu gewinnen, so wurden alle staatspolizeilichen Konfidenten entlassen. Die Zeit hatte sich ja grundlegend geändert, immerhin war der ehemalige 1848er-Revolutionär Dr. Karl Giskra Innenminister geworden und Le Monnier genoss dessen vollstes Vertrauen.

Wegen seiner überragenden Verdienste hatte Le Monnier die große Wertschätzung des Kaisers erworben. Nicht nur die Erhebung in den Adelsstand war dafür ein Zeichen, sondern es wurde für Le Monnier mit 1. Juli 1873 sogar ein neuer Amtstitel geschaffen. Dieser sollte nicht mehr Polizeidirektor, sondern „Präsident der Polizeidirektion in Wien" lauten. Eine ganz besondere Auszeichnung, gab es doch in der großen Monarchie keine andere Polizeidirektion, deren Leiter den Titel Polizeipräsident führte.

Le Monnier konnte sich dieser Ehrung jedoch nicht mehr erfreuen, er verstarb am 17. Juni 1873, also zwei Wochen, bevor seine Ernennung in Kraft treten sollte.

1870

Der Filzhut der neuen Sicherheitswache erwies sich schon nach kürzester Zeit für die Mannschaft als nicht sehr zweckmäßig und wurde durch das „französische Käppi" ersetzt. Auch ein halbmondförmiger Ringkragen aus Metall mit ausgestanzter Dienstnummer wurde Bestandteil der Sicherheitswache-Uniform.

Der so adjustierte Wachmann galt bei den Wienern, vor allem aber bei den Wienerinnen, als Inbegriff des „Feschaks". Dieser Eindruck wurde oft durch die damals modische Barttracht im Stile Napoleons III. noch bewusst verstärkt.

Die alte Polizeiwache.

Na wart Sakrmenski! Wern me dich schon mures lernen!

Die neue Sicherheitswache.

Nicht hineinmischea, Bruder; diese Menschen sind uns zu gemein!

Karikatur aus der satirischen Zeitschrift „Kikeriki" vom 21. März 1870

1871

Der Unterschied zwischen der neuen Sicherheitswache und der alten Militär-Polizeiwache war natürlich auch für die Karikaturisten jener Zeit ein willkommener Anlass. Vor allem der Bildungsanspruch und die fesche Adjustierung wurden immer wieder aufs Korn genommen (siehe Seite 83).

Kaum war die neue Uniform der Sicherheitswache eingeführt (1869), gab es auch schon die ersten Veränderungen. So hatte sich, wie bereits erwähnt, der Filzhut nicht bewährt. Es war vorgekommen, dass bei einer Ausweiskontrolle der Perlustrierte dem Wachmann kurzerhand den Hut über die Augen gezogen und im Moment der Hilflosigkeit des Polizisten das Weite gesucht hatte. Das Käppi nach französischem Vorbild sollte solche Vorkommnisse in Zukunft verhindern.

Aber auch dieses war nicht unumstritten, in den Wintermonaten häuften sich die Beschwerden der Wache über diese Kopfbedeckung, da sie bei Schnee und Regen zu wenig Schutz bot. Die Uniform wurde also um eine am Mantel befestigte Kapuze erweitert.

Bei dieser Kopfbedeckung ergaben sich jedoch wegen der schlechten Sicht und mangelhaften Beobachtungsmöglichkeit für die Sicherheitswachmänner neue Probleme, die prompt von der spitzen Feder der Karikaturisten aufgegriffen wurden, wie die Abbildung unten zeigt.

Kapuzen-Nachtheile.

Wenn so ein Wachmann kleine Störungen der öffentlichen Sicherheit nicht bemerkt, — wer hat die Schuld? Die Kapuze!

Karikatur aus der satirischen Zeitschrift „Kikeriki" vom 11. Dezember 1871

1872

Die Wiener Weltausstellung des Jahres 1873 warf bereits im Jahre 1872 ihre Schatten voraus. Wien war zu einer einzigen Baustelle geworden und unzählige Arbeitskräfte aus allen Teilen der Monarchie waren in die Hauptstadt geströmt. Das Pratergelände – Schauplatz der künftigen Weltausstellung – war durch die Errichtung der riesigen Rotunde und zahlreicher Pavillons im Zentrum des Geschehens.

Dementsprechend war in verstärktem Maße auch eine polizeiliche Präsenz erforderlich, da neben den fleißigen Bauarbeitern auch zahlreiche Glücksritter im scheinbar goldenen Wien ihr Glück suchten.

So entstand ein eigenes Polizeikommissariat Prater, das jedoch bald wegen des schlechten baulichen Zustands des Amtsgebäudes, eines alten, schuppenähnlichen Holzbaus, auf herbe Kritik in der Öffentlichkeit stieß.

Es sollte jedoch noch Jahre dauern, bis durch die Errichtung eines neuen Kommissariatsgebäudes in der Ausstellungsstraße dem Übel abgeholfen werden konnte.

Das Kommissariat Prater wurde erst Jahrzehnte nach der Weltausstellung wieder dem Bezirkspolizeikommissariat Leopoldstadt einverleibt.

Das ursprüngliche Polizeikommissariat Prater im Jahre 1872

1872

Die Polizei und die Weltausstellung.

(Für den auf Urlaub befindlichen Hofrath *Lemonnier* gar erbaulich zu lesen.)

Die Weltausstellung rückt mit Riesenschritten näher, und mit ihr Fragen der verschiedensten Art.

Hunderte von Uebelständen bestehen in unserer Kaiserstadt, von denen jeder einzelne an und für sich geeignet ist, uns vor den auswärtigen Nationen, deren Vertreter sich hier versammeln werden, zu blamiren, und vorläufig geschieht noch nicht das Geringste, damit denselben noch rechtzeitig abgeholfen werde.

Die Klagen über die Unzulänglichkeit der Sicherheitswachmannschaft häufen sich von Tag zu Tag: in einer Großstadt von nahezu einer Million Einwohner genügen eben 700 schlecht gezahlte und schlecht unterrichtete Leute nicht, um den Anforderungen des wogenden Verkehres und der öffentlichen Sicherheit zu entsprechen.

Wie sieht es nun mit der Sicherheitswache schon heute aus? Einige Artikel, die wir diesfalls bereits veröffentlichten, haben die Verhältnisse derselben gekennzeichnet, und wir haben wahrlich nicht Grau in Grau gemalt.

Aber der Herr Hofrath *Lemonnier* möge den Muth nicht verlieren — es wird schon noch — — ärger werden! Glauben sie denn an maßgebender Stelle wirklich, daß man für den aufreibenden Dienst während der Weltausstellung Individuen in hinreichender Anzahl und von entsprechender Fähigkeit finden wird, welche sich der in Aussicht stehenden Dienstüberbürdung unterziehen?

Schon ist es so weit gekommen, daß die Inspektoren täglich mit der Befürchtung zu Bette gehen, am nächsten Morgen *keinen Sicherheitswachmann mehr in ihrem Rayon zu finden.*

Glaubt mann denn wirklich, daß halbwegs anständige und intelligente Leute es lange aushalten werden um einen Lohn, der dem eines *Straßenkehrers* gleichkömmt, einen aufreibenden, der Zeit nach unbeschränkten Dienst zu verrichten, der noch dazu Takt und Umsicht erfordert, und mit einer bedeutenden Verantwortlichkeit verbunden ist?

Herr Hofrath, halten Sie einmal Umfrage bei den Polizeileuten, aber inkognito, und Sie werden erfahren, daß die Hälfte der Wachmänner — um uns deren eigenen Ausdruckes zu bedienen — *„am liebsten davonlaufen"* möchten!

Die Weltausstellung ist nahe, man braucht Sicherheitswachmänner so nothwendig wie das tägliche Brod, und man läßt die vorhandenen hungern; der Verkehr wird sich verzehnfachen und die Sicherheitswache wird sich dezimiren!

So sieht es aus mit unserer Polizei am „Vorabende" der Weltausstellung! *Wie wird man den Verkehr überwachen, wie wird man das Eigenthum schützen* zu einer Zeit, wo Tausende und aber Tausende nach Wien strömen, wo aber auch die hervorragendsten Gauner der Welt in Wien einen rentablen Schauplatz ihrer Wirksamkeit finden dürften?

Mit einem Worte: *wann werden bei der Polizei endlich Vorbereitungen für die Weltausstellung getroffen?*

Diese Frage Herr Hofrath, wollen Sie uns freundlichst beantworten, sobald Sie von Ihrem Urlaub zurückgekehrt sind.

Offener Brief an den Wiener Polizeidirektor (Polizeipräsidenten) Le Monnier zur Situation des Sicherheitswesens in Wien am Vorabend der Weltausstellung aus dem „Illustrierten Wiener Extrablatt" vom 25. August 1872

Der neue Zellenwagen.

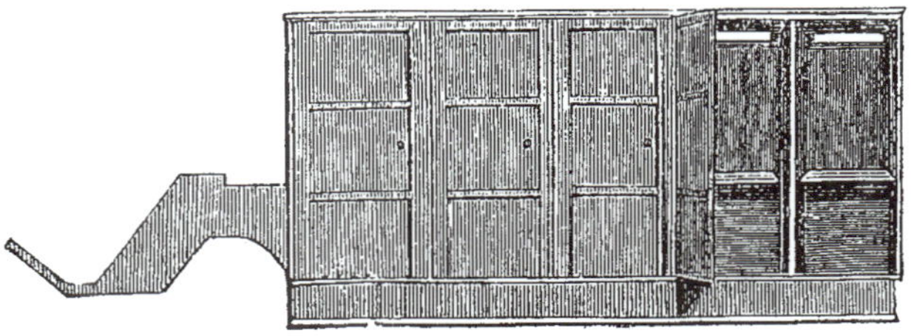

„Ihr Fuß ist halt nicht auf diese Stiefel gemacht!“ sagte uns einst ärgerlich ein Schuster, als er uns ein Paar Stiefel ungefähr um die Hälfte zu klein gemacht hatte.

Der vorstehende Zellenwagen ist wieder etwas zu groß, resp. zu hoch ausgefallen, denn man kann nicht damit in's Polizeihaus hineinfahren, das Polizeihaus ist eben nicht „auf den neuen Zellenwagen gemacht“ . . .

Wir haben früher den Herrn Hauptmann Paßler als Konstrukteur dieses Wagens genannt; dem ist jedoch nicht so, und indem wir hiemit das Herren Paßler zugedachte zweifelhafte Kompliment feierlichst zurückziehen, lassen wir dem k. k. Polizei-adjunkten Herrn Alexander Kabath gerne die ihm gebührende Ehre der Autorschaft.

Abgesehen jedoch von dieser etwas „zu hohen Höhe“ ist der Wagen an sich recht sinnreich gearbeitet und wird, wenn der Fehler korrigirt ist, der Zweck desselben, nämlich der Transport der Gefangenen bei strenger gegenseitiger Absonderung, vollkommen erreicht werden.

Der Bemühung des Herrn Kabath verdankt die Polizei ferner, daß der Kosten-preis des Wagens sich nur auf 950 fl. stellt, während mehrere Fabrikanten 14—1600 fl. für die Herstellung desselben forderten.

Die Kastenlänge des Wagens beträgt 9 Schuh 10 Zoll, die Radhöhe der Vorderräder 3 Schuh, und die der Hinterräder 3 Schuh 6 Zoll, die Breite von Achse zu Achse 8 Schuh 10 Zoll, die Kastenhöhe 6 Schuh, die Fensterbreite 14 Zoll, Höhe 4 Zoll. Der ganze Wagen hat ein Gewicht von 21 Zentnern und ist mit 2 Pferden bespannbar.

Der innere Raum ist zu jeder Seite mit fünf verschließbaren, abgesonderten Zellen versehen in welchen von unten Ventile angebracht sind. Der Raum zwischen den Zellen ist für die Wachmannschaft bestimmt, welche durch die Luken die Gefangenen überwachen können.

In Folge des Kommissionsbefundes wird nunmehr die oben angebrachte Galerie beseitigt, und das Gepäck mittelst Riemen und Stricken befestigt werden — dann wird der Wagen es vielleicht doch erleben, in das Paradies des Polizeihauses einzugehen.

Dieser Sträflings-Omnibus wird nur auf den Linien Polizeihaus — Landesgericht, Polizeihaus — Bezirksgerichte 2c. verkehren. Die Fahrtaxe ist sehr billig gestellt, man fährt ganz umsonst.

Bericht des „Illustrierten Wiener Extrablattes“ vom 18. Juli 1872

1873

Die enormen Investitionen des Staates für die Wiener Weltausstellung 1873 führten bereits im selben Jahr zu drastischen Einsparungen auf allen Gebieten des öffentlichen Lebens, die natürlich auch vor dem Sicherheitswesen nicht haltmachten.

So war auch der Gedanke aufgetaucht, aus Einsparungsgründen jeweils für zwei berittene Sicherheitswachmänner nur ein Pferd einzustellen, da man davon ausging, dass sehr selten die ganze berittene Mannschaft gemeinsam ausrücken müsse.

Dieser Vorschlag rief natürlich sofort die Karikaturisten dieser Zeit auf den Plan und so erschien in der satirischen Zeitschrift „Kikeri" am 26. Juni 1873 die unten abgebildete Karikatur.

„Ersparung im Staatshaushalte" —

das ist ein Lieblingsgedanke unserer National-Oekonomen;

Unter dem Titel „Die rettende That" veröffentlichte das „Illustrierte Wiener Extrablatt" vom 15. Oktober 1873 unten stehendes Bild. Im begleitenden Text wird berichtet, dass „die Kindsmagd Theresia Hess" mit zwei „pflegebefohlenen" Kindern den Praterstern queren wollte und fast von den scheuenden Pferden einer Equipage niedergetrampelt bzw. überfahren worden wäre, wenn nicht ein „muthiger und umsichtiger" Sicherheitswachmann zur Stelle gewesen und im letzten Moment den Pferden in die Zügel gefallen wäre.

Das Ereignis und der Bericht über die Lebensrettung boten in der Presse aber auch Gelegenheit, über den immer dichter werdenden Verkehr in Wien im Allgemeinen und am Praterstern im Besonderen bittere Klage zu führen.

Das Getriebe der Weltausstellung, aber auch die Auf- und Abbauten im Rotundengelände hatten gerade in diesem Bereich Wiens zu einem so starken Anwachsen des Verkehrsstromes geführt, dass die polizeilichen Kräfte offensichtlich überfordert waren.

1873–1882

WILHELM MARX FREIHERR VON MARXBERG
PRÄSIDENT DER POLIZEIDIREKTION 1873–1882

Der 1815 in Mähren geborene Wilhelm Marx trat 1838 in den Dienst der Polizeioberdirektion in Wien und begann so seinen langen Dienstweg, der ihn u. a. als Polizeidirektor nach Kaschau und Prag führte. Der Posten in der böhmischen Hauptstadt galt als Bewährungsprobe für „höhere Weihen" und so wurde Marx zum Nachfolger des plötzlich verstorbenen Le Monnier in Wien ernannt – bereits mit dem Titel eines „Präsidenten der Polizeidirektion".

Die untadelige Amtsführung hatte 1875 die Erhebung in den Ritterstand und 1881 in den Freiherrnstand zur Folge, ein Zeichen besonderer kaiserlicher Wertschätzung, da Adelserhebungen nicht von der Regierung, sondern nur vom Kaiser verfügt werden konnten.

Wilhelm von Marx konnte nicht nur viele, von seinem Vorgänger begonnene, Reformen fortsetzen, sondern auch den vorgezeichneten Weg erfolgreich weiterführen. In seiner Amtszeit wurde das ehemalige „Hotel Austria" am Schottenring 11 für die Polizei erworben und als Polizeidirektion adaptiert.

Seine Amtszeit nahm jedoch ein jähes Ende, da man ihn für die unkoordinierten Polizeimaßnahmen bei der schrecklichen Katastrophe des Ringtheaterbrandes (1881) mitverantwortlich machte, und er wurde im Jänner 1882 in den Ruhestand versetzt.

Illustriertes Wiener Extrablatt,
25. April 1874

Die Resultate der Thätigkeit der Wiener Polizei-Direktion.

Einige vor kurzer Zeit in ziemlich rascher Aufeinanderfolge vorgekommene schwere Verbrechen gegen die Sicherheit des Lebens und des Eigenthumes haben in den Tagesblättern stürmische Angriffe gegen die Wiener Polizeidirektion und ihre Organe hervorgerufen, ja es ist hie und da die dringende Nothwendigkeit einer totalen Reorganisirung dieser Behörde als ganz selbstverständlich bezeichnet worden.

Statistische Daten geben in dieser Beziehung wohl die beste und sicherste Basis für eine gerechte Beurtheilung, und diese lassen, wie sich aus Nachfolgendem zeigen wird, das Wirken der Wiener Sicherheitsbehörde in einem keineswegs ungünstigen Lichte erscheinen, geben zudem auch über die zweckentsprechende Organisation derselben wohl hinlängliche Beruhigung.

Eine Zusammenstellung der während eines Zeitraumes von zehn Jahren im Wiener Polizeirayon vorgekommenen Raubmorde, und das Resultat der hierüber gepflogenen polizeilichen Amtshandlungen liefern einen sprechenden Beleg für die vorhin ausgesprochene Ansicht. Daher wird auch diese Fälle, hier zusammengestellt, wiedergeben.

Am 22. April 1865 wurde an der Trödlerin Wilhelmine Obrist ein Raubmord versucht. In Folge polizeilicher Vorkehrungen wurde der Thäter in der Person des Josef Biringer am 23. desselben Monates in Fischamend verhaftet. Er wurde von dem hiesigen Landesgerichte abgeurtheilt

Am 3. Februar 1866 verübte Josef Wagner einen Raubmordversuch an der Perlenhändlerin Marie Gries am Lugeck. — Als er im Begriffe war, sich zu flüchten, wurde er von einem Polizeisoldaten angehalten. Seine Verurtheilung erfolgte durch das hiesige k. k. Landesgericht.

Am 10. Juni 1867 wurde die Stieftochter des Lorenz Wimmer, Namens Elise Kolb, in Mariahilf ermordet und beraubt. Obwohl keine Inzichten gegen eine bestimmte Person vorlagen, so wurden dennoch, u. z. schon am 15. Juni die Thäter, Adalbert Troll und Katharina Petersilka auf Grund der im Indagationswege konstatirten Verdachtsgründe arretirt. Sie wurden von dem hiesigen Landesgerichte zur lebenslänglichen Kerkerstrafe verurtheilt. In eben diesem Jahre wurde von der Wiener Polizeidirektion auch die Ehren-Stiftsdame Julie von Ebergenyi als Thäterin der an Gräfin Chorinsky in München verübten Vergiftung ermittelt und verhaftet, und zur Verhaftung ihres Mitschuldigen, Gustav Grafen Chorinsky, in München Beweismateriale geliefert.

Am 11. Jänner 1868 wurde die Tischlersgattin Marie Henke auf der Landstraße ermordet und beraubt. Der Verdacht fiel auf den Zimmerherrn, der sich unter dem Namen Reinbold polizeilich gemeldet hatte, und nach verübter That flüchtig geworden war. Durch polizeiliche Recherchen wurde sein wahrer Name, Georg Ratkay, ermittelt, und wurde derselbe am 15. Jänner 1868 verhaftet. Er ist zum Tode verurtheilt, und dieses Urtheil auch vollzogen worden.

Am 19. Februar 1868 wurde Frau Johanna Schmöger in der Leopoldstadt ermordet und beraubt. Am 23. Februar wurde in Folge vielfacher Nachforschungen der Thäter in der Person des Schuhmachergesellen Johann Kalausek verhaftet. Das hiesige Landesgericht hat ihn verurtheilt.

Am 23. Mai 1869 wurde der Bauwächter Josef Pechota auf der Wieden ermordet und beraubt. Der Thäter Franz Richter, Maurer, wurde noch an demselben Tage ermittelt, er wurde auch vom Strafgerichte abgeurtheilt.

Am 2. November 1869 wurde Ignaz Hecht vergiftet und beraubt. Durch die gepflogenen Recherchen wurden Inzichten gegen den Mediziner Moriz Schochet gewonnen. Derselbe wurde am 12. November 1869 arretirt und des Verbrechens des Raubmordes überwiesen.

Am 12. Februar 1870 wurde am Neubau die Pfründnerin Theresia Thümel ermordet und beraubt. Ein dringend Verdächtiger wurde ermittelt und von dem Landesgerichte in Haft genommen, jedoch bei der Schlußverhandlung für nichtschuldig erklärt.

Am 26. März 1870 wurde die Schneidergesellensgattin Marie Kollarz auf der Landstraße erdrosselt, und aus deren Wohnung mehrere, den Bettgehern gehörige Kleidungsstücke gestohlen. Auch hier wurde ein dieses Mordes Verdächtiger verhaftet; bei der Schlußverhandlung jedoch für nichtschuldig erklärt.

Am 1. Oktober 1870 wurde der Handelsakademiker August Brezina im Dornbacher Walde ermordet und beraubt. Obgleich keine Inzichten gegen eine bestimmte Person vorlagen, so wurden durch vielfache Nachforschungen Verdachtsgründe gegen den Privatbeamten Johann Zobner gewonnen; derselbe wurde verhaftet und abgeurtheilt.

Am 11. März 1871 wurde Marie Naderer in Hernals ermordet und beraubt.

Am 18. März wurde der Thäter Mathias Hauer in Folge polizeilicher Recherchen zu Voitelsbrunn bei Nikolsburg ermittelt, dort verhaftet und vom hiesigen Strafgerichte abgeurtheilt.

Am 9. August 1873 wurde Rudolf Brey als vermißt angezeigt. Durch polizeiliche Erhebungen wurde konstatirt, daß Brey mit einem Infanteristen im Bezirke Roßau verkehrte, und daß ihm von diesem ein Leid zugefügt worden sein dürfte. Es wurde binnen 8 Tagen der Infanterist in der Person des Anton Stöger ermittelt, und nachdem er geständig wurde, daß er den Brey nach Entlockung einer Uhr in den Donaukanal gestoßen habe, wo dieser den Tod fand, so wurde er dem Militärgerichte eingeliefert.

1874

Illustriertes Wiener Extrablatt,
25. April 1874

Am 22. Dezember 1873 wurde die Brunnenmachersgattin Katharina Pollak in Meidling ermordet und beraubt. Der Thäter, Franz Skaryd, wurde durch die Polizei noch an demselben Tage ermittelt, verhaftet, und wurde vom Strafgerichte auch abgeurtheilt.

Am 21 Jänner 1874 wurde die Handarbeiterin Katharina Kr[illegible]n in Währing ermordet und beraubt. Der Thäter wurde bis jetzt nicht ermittelt.

Am 26. Jänner 1874 wurde in Mariahilf die Magd Viktoria Moldaschl ermordet, und wurden deren Dienstgeber Anton Lencig mehrere Pretiosen aus der Wohnung gestohlen. Ein dieses Verbrechens Verdächtiger wurde durch die Polizei dem Landesgerichte eingeliefert, von dort aber nach einiger Zeit auf freien Fuß gesetzt.

Am 1. April 1874 wurde an der Agentensgattin Theresia Bondy in der Leopoldstadt ein Raubmord verübt. Durch polizeiliche Nachforschungen wurde die Thäterin Hedwig Ruß zu Karlstein in Niederösterreich ermittelt und am 8. d. M. dort verhaftet. Dieselbe war der That geständig.

Am 7. April 1874 wurde der Amtsdiener Karl Blatt in seiner Wohnung am Neubau von Engelbert Wallmüller überfallen und durch Hackenhiebe schwer verletzt. Der Thäter flüchtete sich, hat sich jedoch, durch polizeiliche Verfolgung bedrängt, am 8. d. M. dem hiesigen Landesgerichte selbst gestellt.

Im Ganzen erscheinen hiernach die Resultate der Thätigkeit der Wiener Polizeidirektion durchaus nicht ungünstig und brauchen gewiß einen Vergleich mit den Erfolgen der Sicherheitsbehörden anderer Großstädte nicht zu scheuen. — Einen weiteren Beleg dafür gibt auch der Leitungsausweis des Polizeiagenten-Instituts für das Jahr 1873, denn es wurden, wie man aus diesen Ausweisen ersieht, von Organen des gedachten Instituts im Laufe des vorigen Jahres an unbekannten oder flüchtigen Thätern strafbarer Handlungen ausgeforscht und zur Haft gebracht und sonach den Strafgerichten eingeliefert:

wegen	Mord (Stöger, Skaryd)	2
„	Raub	11
„	Todtschlag	7
„	Verbrechens der schweren körperlichen Verletzung	12
„	Verbrechens der gefährlichen Drohung	8
„	Erpressung	14
„	Nothzucht	2
„	Unzucht	1
„	Schändung	1
„	Entführung	2
„	Brandlegung	1
„	Einbruchdiebstahls	107
„	Taschendiebstahls	91
„	Gesellschaftsdiebstahls	147
„	Diebstahls	622
„	Verbrechens der Diebstahlstheilnahme	84
„	Veruntreuung	206
„	Betruges (Darunter 41 Kosaken wegen Falschspielens.)	353
„	Uebertretung der Kuppelei	3
„	verbotener Rückkehr	49
„	Falschmeldung	29
„	Betruges, verbotenen Spieles, Diebstahls und Veruntreuung	285
„	bedenklichen Verkaufsanbotes	73
„	Ankauf gestohlenen Gutes	40
„	Desertion	32
	Summa	2179

Die große Proportion der von diesen Eingelieferten durch die Strafgerichte Verurtheilten gibt einen sehr erfreulichen Beweis von der Klugheit und Umsicht, mit welcher der Dienst im Allgemeinen vollzogen wird, und es gewährt auch gewiß nicht geringe Genugthuung, daß im Laufe des ganzen Jahres nicht eine einzige Klage gegen das Agenten-Personale wegen Uebergriffe im dienstlichen Wirkungskreise vorgekommen ist; wohl der beste Beweis, daß der Dienst eben ehrlich und ohne Anwendung gesetzwidriger Mittel vollzogen wird.

Schwierigkeiten begegnet derselbe übrigens fortan nach den verschiedensten, ja geradezu nach allen Richtungen, und sind diese wohl zunächst und zumeist Folgen des leider noch tiefwurzelnden Argwohns eines großen Theiles der Bevölkerung gegen Polizeiorgane und deren Thätigkeit überhaupt.

Diese Organe müssen sich eben, und werden sich gewiß auch fortan immer mehr Vertrauen zu erringen suchen, und damit wird auch ihr Wirken immer erfolgreicher werden.

Vor der Hand ist wenigstens der Widerstand, welcher bisher leider nur zu oft dem Einschreiten der Sicherheitswache entgegengesetzt wurde, in fortwährender Abnahme, es werden sowohl wörtliche, als thätliche Wachebeleidigungen immer seltener, und während im Jahre 1871 noch 55, und im Jahre 1872 noch 54 Mann in Ausübung ihres Dienstes bei Excessen u. s. w. verwundet wurden, sind im Jahre 1873 nur 33 solche Verwundungen vorgekommen.

Wie umfangreich übrigens der Dienst der Sicherheitswache ist, zeigen nachstehende, dem Leistungsausweise dieser Wache für 1873 entnommene Zahlen:

Es erfolgten durch dieselbe im vorigen Jahre: Verhaftungen und Anzeigen wegen Verbrechen 2719, wegen Vergehen und Uebertretungen im Sinne des Strafgesetzes 27.439, wegen Ueberschreitung polizeilicher, fiskalischer, magistratischer ꝛc. Vorschriften 94.130. — Eskortirungen besorgte sie 166.261; Zustellungen 135.772, Assistenzleistungen 12.694, Inspektionen 35.138, Ausforschungen 94.790, sonstige Amtshandlungen im Meldungswesen 85.377, Hilfeleistungen bei körperlichen Verletzungen, Unglücksfällen u. s. w. in 6546 Fällen.

Dabei haben Mitglieder der Sicherheitswache den ganzen polizeilichen Telegraphendienst versehen, welcher für das letztabgelaufene Jahr 432.582 Depeschen ausweist.

Die neue Polizeidirektion

Für die Weltausstellung im Wien des Jahres 1873 war eine Vielzahl großer Hotels errichtet worden, die nach dem Ende der Ausstellung anderen Zwecken zugeführt wurden. So auch das Hotel „Austria" am Schottenring 11.

Das Hotel wurde 1874 vom Ärar gekauft und als Polizeidirektion adaptiert, da der alte Polizeisitz Am Peter völlig ungenügend geworden war.

Der neue Standort hatte aber auch eine symbolische Bedeutung: Das Haus fügte sich am Ring in die Reihe der offiziellen Regierungs- und Repräsentationsbauten. Die Polizei war nicht mehr eine Institution wie im Vormärz, als im Geheimen entschieden und zu nächtlicher Stunde Konfidenten über dunkle Hintertreppen eingelassen wurden, sondern eine Behörde mit einem klaren gesetzlichen Auftrag, die dem Gemeinwohl diente und derer man sich nicht zu schämen brauchte.

All dies wurde mit dem neuen Standort verbunden.

Mit Ausnahme des Gefangenenhauses und der Sicherheitswache hatten alle Dienststellen im „Hotel Austria" Aufnahme gefunden, jedoch sollte sich auch hier bereits wenig später Platzmangel bemerkbar machen, da die polizeilichen Aufgaben immer umfangreicher wurden.

Das Haus am Schottenring 11 wurde bei einem der letzten Bombenangriffe auf Wien im Jahr 1945 fast völlig zerstört.

Der neue Polizei-Palast auf dem Schottenring.

Zeitgenössische Pressedarstellung der neuen Polizeidirektion am Schottenring, „Illustriertes Wiener Extrablatt", 24. September 1874

1874

Das als „Hotel Austria" 1872 von Wilhelm Fraenkel errichtete Gebäude am Schottenring 11, das ab 1874 bis zu seiner Zerstörung im Jahr 1945 als Polizeidirektion diente

Die Übersiedlung der Polizeidirektion Wien vom Platz Am Peter in das ehemalige „Hotel Austria" am Schottenring 11 führte im Jahre 1874 immer wieder zu hämischen Karikaturen, wie die auf der rechten Seite abgebildete Zeichnung aus der Zeitschrift „Kikeriki" vom 4. Oktober 1874 zeigt.

Der Hintergrund war, dass der Sicherheitswache seitens der Behörde ein bürgerfreundliches Verhalten befohlen wurde und andererseits das elegante Hotel als Polizeidirektion den Eindruck erweckte, als ob Straftäter hier wie Hotelgäste behandelt würden.

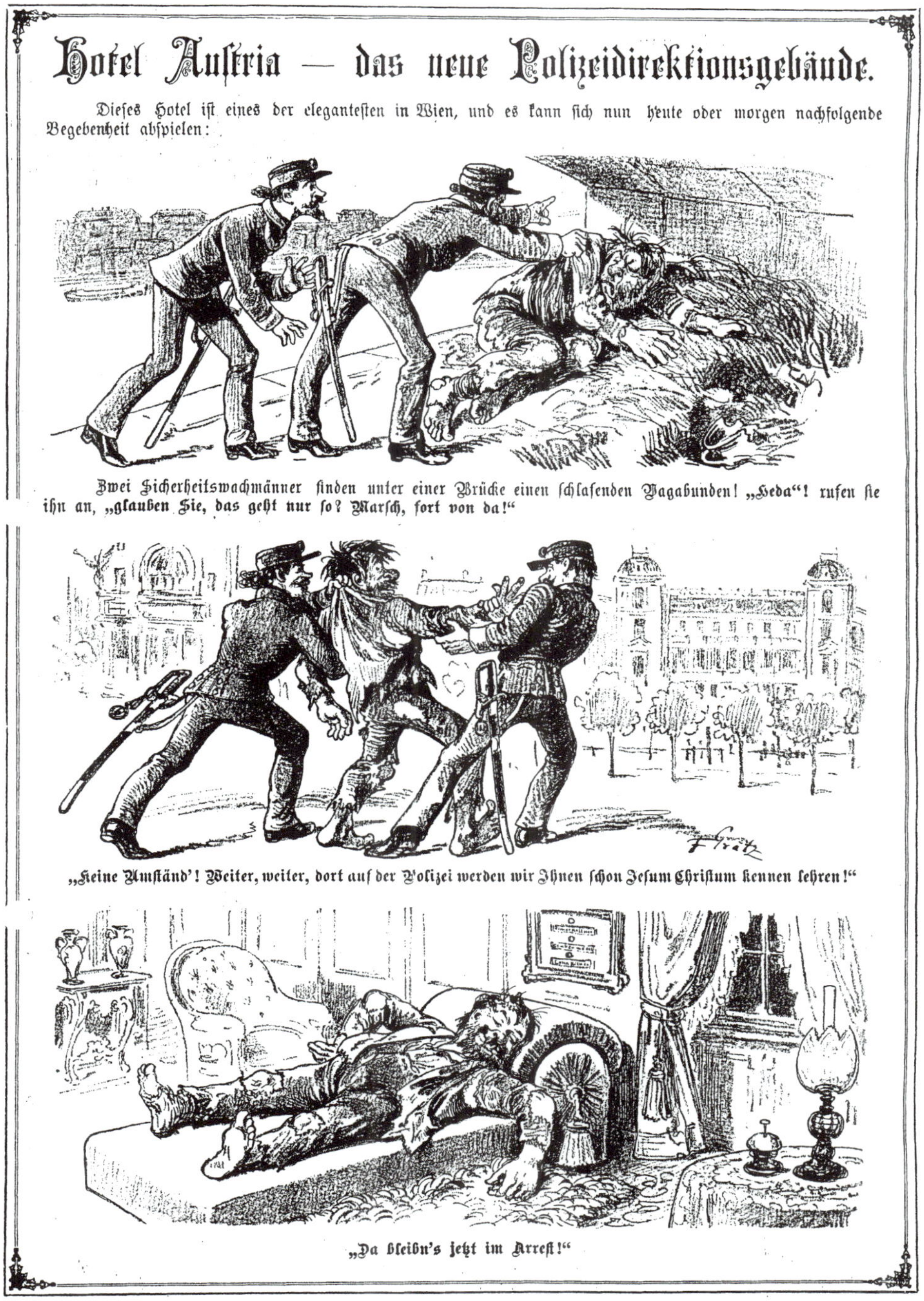

1875

Anfang Oktober 1875 ereignete sich in Hernals Unerhörtes: Ein Fleischhauer hatte an seinem Stand auf dem Hernalser Markt seine Fleischprodukte weit unter den bei den nahe gelegenen Fleischern üblichen Verkaufspreisen angeboten. Die Käufer stauten sich vor dem Marktstand und die Fleischhauereien von Hernals blieben leer.

Die Fleischer der Vorstadt rotteten sich also zusammen und zogen vereint zum Markt, um dem Tun ihres günstigen Kollegen Einhalt zu gebieten. Der jedoch wollte den Verkauf zu Billigpreisen fortsetzen und so entstand in kürzester Zeit zwischen den rivalisierenden Fleischern eine gewaltige Schlägerei, an der sich auch parteiergreifende Hausfrauen kräftig beteiligten.

Erst der Sicherheitswache gelang es mit harter Hand, der Rauferei ein Ende zu setzen.

An nächsten Tag war das Marktleben aber wieder in Ordnung. Der verprügelte Fleischhauer hatte seine Preise angehoben und jedermann – außer den Konsumenten – war zufrieden.

„Illustriertes Wiener Extrablatt", 7. Oktober 1875

Zur Regelung der Prostitution.
Verdächtige Nachtschwärmerin, Sie sind verhaftet!
Entschuldigen Sie, ich bin ein Gewölbwachter!

Karikatur aus der satirischen Zeitschrift „Kikeriki", 2. Dezember 1875

Die Bevölkerungszunahme Wiens führte in den 70er Jahren des 19. Jahrhunderts auch zu einem starken Anstieg der Prostitution. Die Polizei musste rigoros gegen „verdächtige Nachtschwärmerinnen" vorgehen. Eine Vorgangsweise, die natürlich sehr oft, wie hier im Bild, Anlass zu ironischen Betrachtungen gab.

1876

(Von der Polizei.) Aus bester Quelle erfahren wir, daß man im Ministerium des Innern an einer Vorlage arbeitet. wodurch der Wiener Polizeirayon bedeutend erweitert werden soll. Laa, Inzersdorf, der Wienerberg und die Gegend bis Schwechat würden hiernach dem Wiener Polizeirayon einverleibt werden. Die jüngsten Vorfälle in der Umgebung von Wien haben wahrscheinlich Anlaß zu dieser Rayonerweiterung gegeben. Auch steht die Umwandlung des Revierinspektorates Penzing und der Polizei-Expositur in Simmering in Kommissariate bevor. Der Polizeipräsident soll jüngst Gelegenheit gehabt haben, in einem längeren Vortrage dem Minister des Innern darzulegen, daß das schwierige und außerordentlich langsame Avancement der Polizeibeamten auf ihre Thätigkeit geradezu lähmend einwirke. So gibt es in Wien Beamte, welche 20 und 23 Jahre lang in der subalternen Kommissärsstelle sich befinden. Mit dem 1. Jänner dürfte eine Massenpensionirung der über 40 Jahre dienenden Räthe und Oberkommissäre und in dessen Folge ein ausgiebiges Avancement der subalternen Polizeibeamten stattfinden. Unter den Beförderten werden der Bezirksinspektor Wachler, der Kommissär Dr. Beck, der Inspektionskommissär am Franz Josephs-Bahnhofe, Völkert, der Inspektionskommissär am Südbahnhofe, Rohrweck (wegen seiner außerordentlichen Thätigkeit bei der Eruirung Francesconi's), Inspektionskommissär am Westbahnhofe, Wohl ꝛc. ꝛc. genannt. Zugleich soll eine starke Versetzung von Beamten stattfinden und wird als zukünftiger Leiter des Kommissariates Neubau ein sehr verdienstvoller Oberkommissär, der zugleich zum Polizeirath avanciren würde, bezeichnet. Auch in der Organisation der Sicherheitswache werden Reformen, zunächst eine Vermehrung des Mannschaftsstandes vorbereitet, wie auch die Zahl der Mitglieder des Detektivekorps auf 120 erhöht werden soll.

(Sicherheitswache für den Zentral-Friedhof.) Zur Aufrechthaltung der Ordnung auf dem Zentral-Friedhofe während der Tage am Sonntag den 29. Oktober, dann am 1. und 2. November, namentlich gegenüber den zahlreich verkehrenden Wagen aller Art wird für diese eine Abtheilung der Sicherheitsmannschaft dahin verlegt werden. Die Kommune wird die der Polizeidirektion hierüber verursachten Auslagen bis zum halben Betrage decken.

Pressebericht zur Situation der Wiener Polizei

„Illustriertes Wiener Extrablatt", 24. Oktober 1876

Gesicht eines Sicherheitswachmannes,

der bei 18 Grad Kälte und bei Schneegestöber durch vier Stunden am luftigen Schwarzenbergplatz Wachdienst gehabt hat.

Der vierstündige Straßendienst der Sicherheitswache und die unzureichende Winterausrüstung waren Anlass zu dieser satirischen Betrachtung in der Zeitschrift „Kikeriki"

Die Ermordung des Geldbriefträgers Johann Guga durch den jungen Italiener Enrico von Francesconi im Azienda-Hof am Graben am 18. 10. 1876 veranlasste die Wiener Polizei, neue Sicherheitsmaßnahmen für Geldbriefträger zu überlegen.

Das satirische Blatt „Kikeriki" machte sich offenbar ebenfalls Gedanken über die Sicherheit der Briefzusteller. Der Karikaturist der auflagenstarken Zeitschrift brachte diese Gedanken mit spitzer Feder zu Papier. Das Resultat fand der schmunzelnde Leser am 22. Oktober 1876 und soll auch unseren Lesern nicht vorenthalten werden.

Die Sicherheit in Wien.

Wie von nun an die Geldbriefe zugestellt werden müssen.

1877

Eine Betheilung im Polizeigebäude.

Um 10 Uhr Vormittag bietet der Hof der Polizeidirektion einen eigenthümlichen Anblick. Eine Menge von Menschen, denen man es ansieht, daß sie keine Kunden einer Fabrik feuerfester Kassen sind, umringt den Beamten, Herrn Stasny, der den Armen sodann einen gelben und einen weißen Zettel einhändigt, worauf sich die Betheilten still-vergnügt entfernen.

Diese beiden Zettel, welche in den Suppen- und Theeanstalten als Marken dienen, bedeuten soviel, als Suppe und Brod. Leute, welche jeden Mittag zu der Suppe noch ein saftiges Stück Fleisch und eine treffliche Mehlspeise haben, werden schwer die Freude Jener begreifen, die sich mit diesen Zettelchen glücklich fühlen. Man muß eben bitterarm sein und der Wind muß durch die zerrissenen, dünnen Hosen pfeifen, um die ganze Wonne, welche der Genuß einer warmen Suppe einflößt, zu verstehen.

Der werkthätig menschenfreundliche Polizei-Präsident hat verfügt, daß täglich eine bestimmte Anzahl von Suppen- und Theemarken an arme Leute vertheilt werde. Der Andrang wurde m der Zeit ein so starker, daß das kleine Bureau i ersten Stocke nicht ausreichte, und man verleg daher die Vertheilung in den großen Hof, d seinerzeit, als das Gebäude noch „Hotel Austri war, als Speisesalon diente. So ist der Hof al seiner ursprünglichen Bestimmung wieder zugef worden, wenn auch die Gäste nicht so vorn sind, als seinerzeit im Hotel.

„Illustriertes Wiener Extrablatt",
März 1877

1877

Sparerlässe, geringe Besoldung und fehlende Mitarbeiter – all das war für wenige Stunden im Korps der Wiener Sicherheitswache vergessen, als man für den 3. März 1877 zum großen „Fest der Sicherheitswache" in Schwenders Colosseum lud.

Diese erste Ballveranstaltung der Polizei hatte einen wohltätigen Zweck als Hintergrund. Ein Revierinspektor Stransky hatte einen „Witwen- und Waisenversorgungsfonds der Sicherheitswache" gegründet und durch den Reinerlös des Festes sollten Mittel für den Fonds aufgebracht werden.

Der Ball war ein durchschlagender Erfolg. Rund 8.000 Gäste füllten die gewaltigen Säle des Colosseums, in allen Räumen spielten Kapellen oder auch kleine Ensembles, Vortragskünstler, Chöre und Musikvirtuosen jeder Art produzierten sich. Wegen der Menschenmassen war zeitweise der Verkehr auf der Mariahilfer Straße lahmgelegt und schließlich mussten wegen Überfüllung die Eingänge geschlossen werden. Höhepunkt aber war die Uraufführung eines von Philipp Fahrbach für Polizeipräsident Marx komponierten Festmarsches, den der Komponist persönlich dirigierte.

Dieses erste „Fest der Sicherheitswache" am 3. März 1877 sollte so zum Beginn einer großen Tradition gesellschaftlicher Polizeiveranstaltungen werden.

1878

Der ermordete Sicherheitswachmann Silvester Taucher, eines der vielen Opfer dienstlicher Pflichterfüllung

Opfer der Pflicht

Nicht nur in jüngerer Zeit wurden und werden Polizeibeamte nur allzu häufig Opfer ihres Berufs und ihrer dienstlichen Pflichterfüllung. Auch der Polizist aus der Frühzeit des Wachkorps war, vielleicht noch häufiger als heute, in seiner dienstlichen Tätigkeit ständig an Leib und Leben gefährdet. Oft musste unbebautes Gelände der Vorstädte und -orte bestreift werden und die Fußpatrouillen hatten meist kein anderes Hilfsmittel als die Trillerpfeife, um auf eine Bedrohung hinzuweisen. Erst durch die dichtere Bebauung des Wiener Stadtgebiets und die Entwicklung der mobilen Funk- bzw. Telefoneinrichtungen hat sich dieser Gefährdungsbereich reduziert.

Die Zeichnung oben zeigt den Sicherheitswachmann Silvester Taucher. Er hatte die Aufgabe gehabt, den in Österreich „abgeschafften Vagabunden Anton Slama" als Schubbegleiter an die Grenze zu bringen. Wochen später begegnete er demselben Mann auf der nächtlich einsamen Himberger Straße wieder. Der zurückgekehrte Schübling widersetzte sich der Festnahme und stach den Sicherheitswachmann mit einem Messer nieder. Slama konnte im Dunkel der Nacht entkommen.

1879–1882

JOSEPH ROTH
ZENTRALINSPEKTOR 1879–1882

Zum Nachfolger Rauschers als Zentralinspektor wurde am 1. Februar 1879 der bisherige Bezirksleiter (Stadthauptmann) des Kommissariates Ottakring, Joseph Roth, bestellt. Seit 1843 in Staatsdiensten, hatte er bereits seit 22 Jahren diesen damals größten Bezirk des Polizeirayons Wien geleitet. Es eilte ihm der Ruf großer Strenge, aber auch konsequenter Gerechtigkeit voraus und er genoss große Popularität und Beliebtheit bei seiner Mannschaft und in der Bevölkerung. Seine Ernennung zum Ehrenbürger der autonomen Kommune Ottakring war dafür ein deutliches Zeichen.

Wohl nicht nur aus Altersgründen, auch als Folge der Aufarbeitung der Schuldfrage rund um den Ringtheaterbrand (8. 12. 1881) wurde Joseph Roth nach nur drei Dienstjahren als Zentralinspektor mit 30. April 1882 in den Ruhestand versetzt.

1879

Wegen der ja auch ständig bemängelten niedrigen Besoldung der Sicherheitswache gewann das Unterstützungsinstitut (UI) in allen sozialen Härten bei der Wache und den Angehörigen immer mehr an Bedeutung.

Allerdings stellte die finanzielle Abhängigkeit der in Not geratenen Polizisten von unreellen Geldverleihern oft ein gewaltiges Problem dar. So entschloss man sich, im Rahmen des UI eine „Vorschusskasse" für die Sicherheitswache ins Leben zu rufen. Und die Presse, von der diese Anregung gekommen war, berichtete mit Recht voll Stolz darüber.

Eine Vorschußkasse für die Sicherheitswache.

(Original-Bericht des „Ill. Wiener Extrablatt".)

Als die große Bewegung gegen die Wucherer begann und die Geldgeber der Sicherheitswache als erste Opfer der Ausweisungsmaßregel aus Wien weggewiesen wurden, haben wir schon damals in dem Berichte darauf hingewiesen, daß eine gründliche Rettung der schlecht besoldeten Wachen aus den Händen der sie arg bedrängenden Wucherer nur durch Errichtung einer Vorschußkasse für Wachen und Inspektoren ermöglicht werden könne. Wir wiesen zugleich auf das Unterstützungsinstitut der Sicherheitswache hin, welches einen großen Fonds besitzt und leicht in der Lage wäre, einen Theil desselben für Darlehenszwecke abzugeben.

Mit großer Befriedigung erfüllt es uns, daß diese zuerst im „Extrablatt" angeregte Idee auf fruchtbaren Boden gefallen ist.

Schon am 7. d. M. wird die neue Vorschußkasse der Sicherheitswache ihre Thätigkeit beginnen.

Der Ausschuß des Unterstützungsinstituts begab sich sofort, nachdem in unserem Blatte die bezügliche Anregung enthalten war, zu dem Polizeipräsidenten Ritter von Marx und der humane Leiter unserer Sicherheitsbehörde erklärte sich im Prinzipe sofort für die Errichtung der Vorschußkasse, bat jedoch um Vorlegung des organischen Statuts. Dies geschah bald darauf und der heutige Tagesbefehl der Sicherheitswache enthält bereits die Genehmigung zur Errichtung der Vorschußkasse.

Der Befehl lautet:

„Der Herr k. k. Polizeipräsident hat im Sinne des § 30 des Statuts des Unterstützungsinstitutes der k. k. Sicherheitswache nach Anhörung des Ausschusses eine theilweise Aenderung dieses Statutes, betreffend die Errichtung einer Vorschußkasse genehmigt.

Die Vorschußkasse wird am 7. d. M. ihre Thätigkeit beginnen. Die Vorschußkasse wurde errichtet, um Inspektoren und Sicherheitswachen, welche unverschuldet in eine Nothlage gerathen sind, Darlehen unter möglichst billigen Bedingungen zukommen zu lassen und dieselben auf diese Art vor Bewucherung zu bewahren. Ich gebe mich der Hoffnung hin, daß die Wache den Werth dieser Institution erkennen und dieselbe in keiner Weise mißbrauchen wird.

Der Zentralinspektor:
Roth.

* * *

Illustriertes Wiener Extrablatt, 5. Juni 1879

1879

Der Alltag eines Sicherheitswachmannes in den Wiener Straßen, nach einer zeitgenössischen Skizze von Hans Schließmann

1880

In der Kunstmappe „Gallerie moderner Meister" findet sich unter dem Titel „Aus dem Wiener Leben" auch diese Federzeichnung von R. Röhringer. Sie zeigt einen Sicherheitswachmann mit einem „Strizzi", wie man im alten Wien einen Kleinkriminellen nannte.

Am 4. August 1880 berichtete die Wiener Presse über den Auftrag der Statthalterei an die Wiener Polizeidirektion, eine Straßenpolizei-Ordnung zu verfassen. Dies kann als die Geburtsstunde des modernen städtischen Verkehrswesens in Wien angesehen werden.

Aber auch die Karikaturisten nahmen sich der Sache an, wie die Zeichnung rechts vom 6. August 1880 zeigt.

(Eine Straßenpolizei-Ordnung.) Die Statthalterei hat die Polizei-Direction aufgefordert, behufs Regelung des Straßen- und Trottoirverkehres, sowie behufs der Erhaltung der Reinlichkeit und der Ordnung auf den öffentlichen Straßen, Wegen und Plätzen, den Entwurf einer systematischen, allgemeinen *Straßen-Polizei-Ordnung*, wie solche in vielen Städten Deutschlands und namentlich in Berlin bereits besteht, für die Stadt Wien im Einvernehmen mit dem Magistrate unter Bedachtnahme auf die gegenwärtigen Verhältnisse zu verfassen und vorzulegen. Zugleich wurde bemerkt, daß auf die Erlassung eines allgemeinen Verbotes des Lastentragens auf den Trottoirs bei dem Umstande, als durch eine solche Maßregel nicht nur die persönliche Sicherheit der Lastträger selbst im Verkehre auf der Fahrstraße gefährdet würde, sondern auch dem Kleingewerbe und dem Handel mannigfache Hindernisse bereitet werden würden, unter den gegenwärtigen Verhältnissen umsoweniger eingegangen werden kann, als der Begriff „Last" ein sehr unbestimmter und ein solches Verbot in Anbetracht der Local-Verhältnisse ohne Störung eines Straßenverkehres undurchführbar wäre.

1881

Der Brand des Ringtheaters

Hatte das Jahr 1881 für die Wiener Polizei recht erfolgreich begonnen – zum Polizeiball im März waren nicht nur 10.000 Besucher, sondern auch Ministerpräsident Graf Taaffe erschienen –, so warf gegen Jahresende ein schreckliches Ereignis seine Schatten über die Stadt, aber auch über die Wiener Polizei und die öffentliche Verwaltung.

Am 8. Dezember 1881 brach im Ringtheater, gleich neben der Polizeidirektion gelegen, ein Brand aus, der fast vierhundert Menschen das Leben kostete. Zahlreiche Schuldzuweisungen, dass nach dem Ausbruch der Feuersbrunst nicht die richtigen Schritte ergriffen wurden, belasteten nicht nur die Feuerwehr, sondern auch die Wiener Polizei und es kam in der Folge zu entsprechenden strafrechtlichen und dienstrechtlichen Verfahren.

Durch eine technische Panne bei der Zündung der Gasbeleuchtung im Theater kam es vor Beginn der Abendvorstellung zu einem unkontrollierten Gasaustritt im Bühnenraum. Als sich schließlich das Licht flammen ließ, entzündeten sich auf der Bühne leicht brennbare Dekorationsteile und das Personal und die in den Zuschauerraum strömenden Besucher bemerkten Brandgeruch. Ein Bühnenarbeiter wollte Frischluft zuführen und öffnete die Pferderampe im Hintergrund der Bühne. Erst dadurch kam es zu einem Aufflammen der glosenden Teile und der riesige Theatervorhang ging geradezu explosionsartig in Flammen auf. Brennende Vorhangteile entzündeten die Verkleidung des Zuschauerraumes und wenig später stand das Haus in Flammen. Der größte Teil der Opfer dürfte jedoch bereits durch die starke Rauchgasentwicklung sein Leben verloren haben.

Als Antwort auf die Katastrophe wurde in Österreich eines der strengsten Theatergesetze verabschiedet, das bis heute genauest durch polizeiliche Präsenz in allen Theatern exekutiert wird. Der Ringtheaterbrand war aber auch Anlass für die Entstehung der Wiener Rettungsgesellschaft. Hans Graf Wilczek und Jaromír Baron Mundy schufen bereits am Tag nach dem Großbrand durch die Gründung einer Stiftung die entsprechenden Voraussetzungen.

1881

Im Hof der neben dem Ringtheater gelegenen Polizeidirektion, Schottenring 11, wurden die Opfer der Katastrophe zur Identifizierung durch die Angehörigen gesammelt.

Die Bestattung der meisten Toten erfolgte in einem Ehrengrab am Zentralfriedhof.

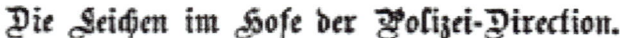

Die Leichen im Hofe der Polizei-Direction.

Das „Zentral-Meldungs-Amt"

1881

Im Zentral-Meldungs-Amte der k. k. Polizei-Direktion in Wien.

Am 23. Oktober 1881 brachte das „Neuigkeits-Welt-Blatt" diese Darstellung des Alltags im Meldeamt der Wiener Polizei.

Die menschlichen Schicksale, die zur Suche nach einem Abgängigen führten, stellen ein eindrucksvolles Zeitbild aus dem alten Wien dar, das in den Tagen nach dem Ringtheaterbrand durch die immer noch nicht abgeschlossene Suche nach möglichen Opfern um eine tragische Dimension erweitert wurde.

1882–1885

KARL KRTICZKA RITTER VON JADEN
PRÄSIDENT DER POLIZEIDIREKTION 1882–1885

Der 1824 in Prag geborene Krticzka von Jaden war mit Unterbrechungen in unterschiedlichen Verwaltungsstellen des Reiches, zunächst meist im Dienste der niederösterreichischen Landesregierung und Statthalterei, tätig.

Nach dem unerwarteten Abgang von Polizeipräsident Marx wurde Krticzka zu seinem Nachfolger bestellt.

Seine Tätigkeit als Wiener Polizeichef sollte jedoch nur wenige Jahre dauern, er wurde 1885 ein Opfer der in Wien grassierenden schwarzen Blattern.

In der Wachstube

1882

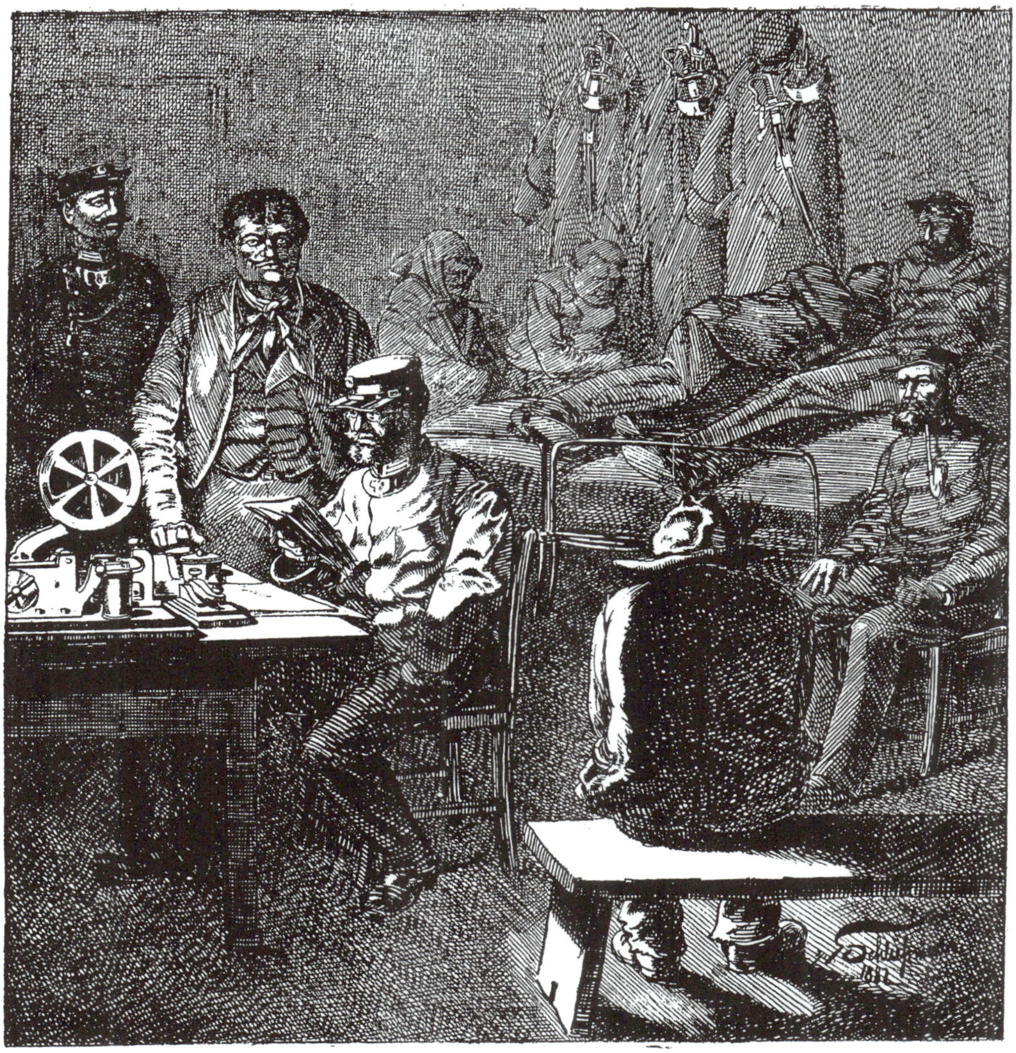

In eindrucksvoller Weise wird im „Neuigkeits-Welt-Blatt“ vom 7. 9. 1882 in Wort und Bild die nächtliche Situation in einem Wiener Polizeiwachzimmer im Jahre 1882 dargestellt. Es wird hier von den zu kleinen und dumpfen Räumen des Wachzimmers gesprochen, in denen sich diensthabende und vor sich hindösende Wachleute ebenso wie Festgenommene um den vor dem Telegraphen-Apparat sitzenden Wachkommandanten scharen. Durch solche Presseberichte sollte das Bewusstsein der Öffentlichkeit für die Notwendigkeit polizeilicher Präsenz verstärkt werden, da in den frühen 80er Jahren des 19. Jahrhunderts die Kriminalität und das „Plattenunwesen“ gefährlich zugenommen hatten.

1882

„Sperrstund is …"

In der Regel lag die Sperrstunde bei den zahlreichen Wiener Gaststätten in diesen Jahren um 22 Uhr. In den Vorstädten und im Weichbild der Stadt hielt sich jedoch kaum ein Wirt der meist „Beisel" oder „Czecherl" genannten Schankwirtschaften an diese Sperrstunde, waren die Lokale doch meist auch Zufluchtsstätte für das menschliche Strandgut der Großstadt. Einige Glas Fusel und ein kurzer Schlaf auf der hölzernen Bank der warmen Wirtsstube ließen die kommende Nacht voll Kälter und Hunger leichter überstehen.

Für die Männer der Sicherheitswache war es oft keine leichte Aufgabe, solche Lokale zu räumen. Waren doch unter den Menschen, die auf die Straße gewiesen wurden, nicht nur Strolche und Vagabunden. So manch ein ehrbarer Handwerker, der wirtschaftlich gescheitert und durch das Schicksal in der Gosse gelandet war, befand sich unter den Opfern der polizeilichen Maßnahmen – zur nächtlichen Stunde und weit draußen in der winterkalten Vorstadt …

„Die Polizei ist da!"

Das neue Polizei-Gefangenenhaus

1882

Aus dem neuen Polizeihause.

Eindrücke aus dem neuen „Polizeihaus", Illustriertes Wiener Extrablatt, 10. Oktober 1882

Im September 1882 wurde nach langer Vorbereitungsarbeit und unter dem immer stärker werdenden Druck der Verhältnisse das neue Polizei-Gefangenenhaus seiner Bestimmung übergeben. Es handelte sich um das ehemalige Karmeliterkloster in der Theobaldgasse 2, ein mächtiger Gebäudekomplex, der für seine neue Funktion jahrelang umgebaut und saniert wurde.

Da die sanitären Verhältnisse im alten Polizei-Gefangenenhaus in der Sterngasse immer bedrohlicher geworden waren und das Haus ein ständiger Seuchenherd war, erschien die Beschleunigung der Arbeiten in der Theobaldgasse dringend notwendig.

Das neue Gefangenenhaus – man nannte es im Sinne der liberalen Bürgerfreundlichkeit nur mehr „Polizeihaus" – verfügte über viele Errungenschaften der neuen Zeit. So gab es eigene Badezimmer, für obdachlose Familien kleine Wohnungen und für unbotmäßige Fiaker spezielle „Fiakerzimmer" – eine wohl etwas mildere und gemütlichere Anhaltung als bei anderen Häftlingen, da Fiaker meist nur wegen der „Überschreitung der Taxe" bis zu 48 Stunden im Polizeiarrest waren.

1882

Marodezimmer, Besonderes Zimmer und Familienzimmer im neuen Polizeihaus, Illustriertes Wiener Extrablatt, 17. Oktober 1882

Auf einer Grundfläche von 6.700 m² befanden sich auf vier Etagen 187 größere und kleinere Säle, Küchen und Ausspeise-Säle, Reinigungs- und Desinfektionsräume, Frauen- und Männer-Abteilungen, Krankenstuben und gesonderte Räume für „unreine Häftlinge".

Das Haus war außerdem in zwei Abteilungen unterteilt: die „staatliche" Abteilung der k. k. Polizeidirektion und die „magistratische" für „Verwaltungshäftlinge" der Stadt Wien.

Schon im Spätherbst 1882 gab es allerdings bereits Beschwerden über die Zustände im neuen Haus, die man aber rasch behob. So wurde nach einem Kontrollbesuch des liberalen Wiener Bürgermeisters Eduard Uhl eine Beleuchtung der Hafträume veranlasst, eine Trennung der Häftlinge auch nach dem Alter durchgeführt und die Untersuchung von weiblichen Gefangenen nur durch weibliche Aufseher angeordnet. Das neue Polizeihaus hatte so einen Standard erreicht, der sich auch international sehen lassen konnte.

Bis 1904 diente das ehemalige Kloster in der Theobaldgasse als Polizeihaus – dann war die für das Jahr 1882 fortschrittliche Einrichtung überholt und das einst so bejubelte Gefangenenhaus fiel der Spitzhacke zum Opfer.

Die Penzinger Au hatte ursprünglich als der ideale Ausflugsort für Familien gegolten. Dies hatte sich ab den 1870er Jahren allerdings geändert und das Gebiet stellte nun ein Problem für die Polizei dar, da es in der stillen Aulandschaft immer wieder zu Übergriffen auf Leib und Leben von einsamen Wanderern kam.

Dies musste auch der Hausknecht Josef Pichler leidvoll erfahren, der Opfer eines solchen Überfalls geworden war.

Das Illustrierte Wiener Extrablatt vom 19. November 1882 berichtete über diesen Kriminalfall und brachte auf der Titelseite die oben abgebildete Darstellung, welche die in dieser Zeit übliche kriminalpolizeiliche Vorgehensweise am Tatort zeigt. Der Polizeiagent – mit Gehrock, karierter Hose und Homburg – gibt den Männern der Sicherheitswache Weisung, wie sie den Toten zu untersuchen hätten.

Ein interessantes und eindrucksvolles Bild aus der Frühzeit des Wiener Sicherheitsbüros.

1882–1894

ALBIN NESWADBA
ZENTRALINSPEKTOR 1882–1894

Wesentlich länger als sein Vorgänger übte Albin Neswadba die Funktion des Zentralinspektors der Wiener Sicherheitswache aus, nämlich fast dreizehn Jahre.

Neswadba, am 9. Dezember 1827 geboren, hatte bereits 1852 als Konzipient in der Polizeidirektion Brünn Aufnahme gefunden. Nach diesen „Lehrjahren" erreichte er seine Versetzung in die Polizeioberdirektion Wien, wo er ab 1859 als Konzeptsbeamter Dienst versah. 1865 wurde er Kommissär, 1869 Bezirksinspektor in der neuen Sicherheitswache und bereits Stellvertreter des Zentralinspektors (Rauscher). Nach dem dramatischen Jahr 1881 wurde Neswadba 1882 Zentralinspektor und erhielt den Titel eines Oberpolizeirates. Ende 1894 trat der verdienstvolle Beamte in den Ruhestand.

In die Amtszeit Neswadbas fallen viele Ereignisse, bei denen eine besonders umsichtige Vorgangsweise der Sicherheitswache gefordert war. So stellten die Sicherheitsmaßnahmen im Zusammenhang mit der Anarchistenverschwörung der Jahre 1883–84 hohe Anforderungen an die polizeilichen Kräfte, wie es auch 1889 während des großen Straßenbahnerstreiks der Fall war. Auch die erste sozialdemokratische Maikundgebung am 1. Mai 1890 fiel in diesen Zeitraum. Die Eingemeindung der Vororte (Bezirke X–XIX) und zahlreiche Polizeireformen stellten auch polizeiintern hohe Anforderungen an Zentralinspektor Albin Neswadba.

Mit der Zunahme der Bevölkerung stieg auch die Zahl der Armen in der Reichshauptstadt. Bereits 1880 gab es rund 15.000 periodisch aus der Stadtkasse unterstützte Wiener und es wurden ständig mehr. Das Problem stellten allerdings die nach Wien Zugewanderten dar, da sich die periodische Unterstützung nur auf gemeldete Wiener Bürger bezog.

Stellvertretend für diese Problematik berichtete das „Neuigkeits-Welt-Blatt" am 2. März 1883 über ein Ereignis in der Brigittenau, das es mit dem Bild unten illustrierte.

In der Treustraße wurden im Freien in einem Haufen von Holzspänen zwei schlafende Vagabunden aufgegriffen. Die Obdachlosen wurden in das nächste Wachzimmer gebracht und – wie das Blatt kritisch vermerkte – in das Bezirksgericht zur Aburteilung überstellt. Die Zeitung fragte daraufhin, ob nicht unverschuldete Armut das Recht hätte, „vor ein anderes Tribunal gestellt zu werden, vor das Tribunal der wohltätigen Menschenliebe".

1883

Die Prämierung der Lebensretter

Nicht nur strafende Gerechtigkeit, sondern auch tätige Hilfe wurde im alten Wien mit dem Begriff Polizei verbunden.

Im Jahre 1883 wurden wieder 159 Sicherheitswachmänner ausgezeichnet und erhielten vom Polizeipräsidenten für ihre Leistungen in der Kaserne in der Igelgasse (heute Johann-Strauß-Gasse) nicht nur eine Belobigung, sondern auch ein Geldpräsent überreicht. Es hatte sich hauptsächlich um Lebensrettungseinsätze gehandelt.

Die Geldprämie fiel allerdings recht bescheiden aus, was die Presse, als sie darüber berichtete (siehe Bild unten), zu der zynischen Bemerkung „Es steckt viel Ehr in einem Glas Wein“ veranlasste.

Für alle 159 Mann wurde insgesamt nur ein Betrag von 1.500 Gulden ausgeschüttet. Für jeden Lebensretter, der auch sein eigenes Leben aufs Spiel gesetzt hatte, wenig mehr als 9 Gulden. Manch einem der Ausgezeichneten wäre wohl – um an das Zitat anzuknüpfen – etwas „weniger Ehr und etwas mehr Wein“ lieber gewesen.

1884

Die neue Adjustirung der Wiener Sicherheitwache.

Die Uniformirung der k. k. Sicherheitswache ist seit dem Bestehen dieses Korps bereits mehrmals als nicht allen Anforderungen vollkommen entsprechend bezeichnet worden und man hat sich schon mehrfach mit einer Aenderung derselben beschäftigt, ohne daß dieselbe bisher zur Thatsache geworden wäre. Unter den Mängeln, welche sich bemerkbar machten, war es insbesondere die Leichtigkeit und Widerstandsunfähigkeit der Kopfbedeckung (Kappe), welche nicht im Stande war, das Haupt gegen einen Hieb oder Steinwurf ausreichend zu schützen und sich deshalb als für den Dienst vollkommen ungeeignet erwies.

Ebenso trat auch der Umstand zu Tage, daß die Passepoils und Paroli der Uniformen, in pompadourrother Farbe hergestellt, den Witterungseinflüssen, der Sonne und dem Regen, leicht unterlagen und — wie man im Volke sagt — zu „schießen" pflegten.

In diesen beiden Richtungen wurde denn auch in erster Linie eine Aenderung der Adjustirung angestrebt und ist dieselbe nun auch schon ihrer Verwirklichung so nahe gerückt, daß wir in der Lage sind, unsere zahlreichen freundlichen Leser darüber genau informiren zu können.

Der Zeichner des „Welt-Blatt" hat denn auch in dem vorstehenden Bilde ein Tableau zusammengestellt, welches alle zur Einführung kommenden Veränderungen in anschaulichster Weise ersichtlich macht und auf Grund von Informationen, welche an kompetentester Stelle von uns eingeholt wurden, angefertigt ist.

Wie unsere verehrten Leser sofort bemerken werden, ist Schnitt und Farbe der Montur dieselbe geblieben. Die Waffenröcke der Mannschaft und der Beamten hatte vorher Aufschläge von der Farbe des Rockes, nun erhalten sie solche von krapprother Farbe.

(Schluß im 8. Bogen.)

Ausrüstung und Uniformierung der Wiener Sicherheitswache wurden 1884 wieder einmal verändert. An die Stelle von Hut oder Kappe trat ein Helm in der Art der preußischen „Pickelhaube", der mögliche Kopfverletzungen der Wachmänner reduzieren sollte. Das leichte und damit auch dünne Blech des Helmes bot jedoch nur wenig Schutz und so wurde die Reform von Anfang an sehr kritisch betrachtet, sodass wenige Jahre später auch die klassische Militärkappe als Alternative gestattet wurde.

1884

Der Mädchenmörder Hugo Schenk

Der mehrfache Mädchenmörder Hugo Schenk

In der Nacht zum 10. Jänner 1884 wurde von Polizeiagenten und Männern der Sicherheitswache im Haus Sturzgasse 1 ein gewisser Hugo Schenk festgenommen. Der im Schlaf überraschte Mann war einer der gefährlichsten Verbrecher seiner Zeit. Er hatte gemeinsam mit einem Komplizen namens Karl Schlossarek und seinem Bruder Karl gutgläubige Dienstmädchen angeworben, beraubt und ermordet. In vier Fällen wurde er später des Mordes, in zwei Fällen des Mordversuches für schuldig befunden. Auch in vielen weiteren, ungeklärten Fällen fiel der Tatverdacht auf die Bande, jedoch konnte mangels ausgereifter kriminaltechnischer Hilfsmittel keine stichhaltige Anklage geführt werden. Die vier Morde reichten jedoch für ein Todesurteil und Hugo Schenk und Karl Schlossarek endeten am Galgen des Wiener Landesgerichtes.

Der Festnahme der Bande war eine fast ein Jahr dauernde, intensive polizeiliche Arbeit vorausgegangen, die letzten Endes von Erfolg gekrönt war.

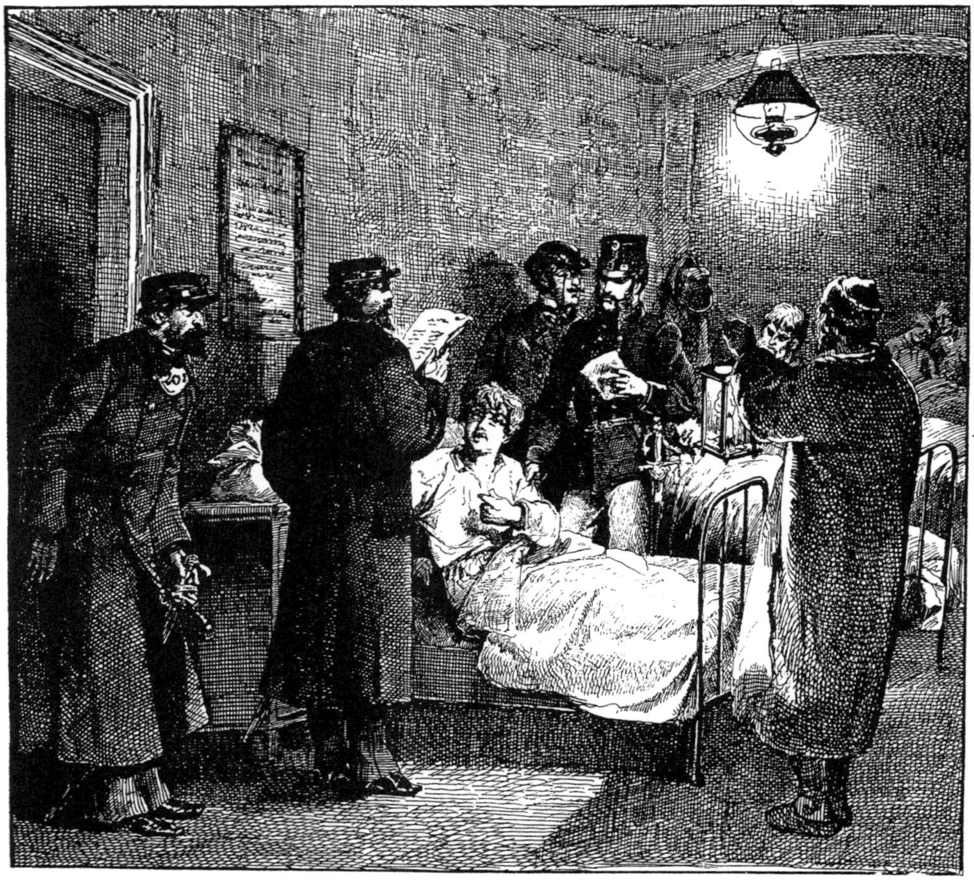

Die Festnahme von Hugo Schenk, zeitgenössische Presseillustration

Nicht nur mit dramatischen oder tragischen Ereignissen war die Sicherheitswache in den einzelnen Wachzimmern befasst. Auch skurrile Ereignisse konnten von Chronisten schmunzelnd vermerkt werden.

So war Anfang Mai 1885 das Gerücht entstanden, dass im Prater ein frei laufendes Krokodil sein Unwesen treiben würde. Unzählige unternehmungslustige Deutschmeister, die sich im Wonnemonat mit ihren Liebsten im tiefen Gras der Praterauen vergnügen wollten, zückten ihre Bajonette, da sie die hingebungsvolle Zuneigung ihrer verängstigten Partnerinnen gefährdet sahen.

Es galt also, den bedrohlichen Störenfried der lauschigen Stunden möglichst schnell zu finden – und alles machte Jagd auf das gefährliche Ungeheuer.

Die Treibjagd blieb erfolglos, doch ein harmloser Spaziergänger wurde schließlich zum Bewahrer der gestörten Liebesstunden. Er hatte das Krokodil in einer Wiese entdeckt und in ein Taschentuch gewickelt in das Polizeikommissariat Prater gebracht. Es war ein ganz kleines Reptil, das aus einer Schaubude entwendet und vom Dieb ausgesetzt worden war.

Ganz Wien lachte in diesen Tagen über die Praterjagd nach dem „gefährlichen Ungeheuer". Der Finder aber war unwissend zum Retter trauter Zweisamkeit geworden und erntete den ungeteilten Beifall aller Betroffenen.

1885-1892

FRANZ FREIHERR VON KRAUSS
PRÄSIDENT DER POLIZEIDIREKTION 1885-1892

Der 1837 in Laibach geborene Franz von Krauß war ab 1858 in der niederösterreichischen Verwaltung bei verschiedenen Bezirkshauptmannschaften tätig und wurde 1885 vorerst zum Leiter der Polizeidirektion Wien ernannt. Erst 1886 erfolgte seine Ernennung zum Wiener Polizeipräsidenten.

Bis zu seinem Abschied 1892, als er Landespräsident der Bukowina wurde, hatte Krauß als Wiener Polizeichef eine Reihe besonders heikler Aufgaben zu erfüllen.

Einerseits fielen in seine Amtszeit die besonders gefährlichen Aktivitäten der „Anarchisten", die in dieser Zeit des ausklingenden Liberalismus großes diplomatisches Einfühlungsvermögen erforderten, andererseits stellte die Behandlung des tragischen Ereignisses von Mayerling (1889) große persönliche Anforderungen an den Polizeipräsidenten. Franz von Krauß wurde nach der Auffindung der Leichen des Kronprinzen und seiner Begleiterin persönlich vom Kaiser mit den Erhebungen betraut. Er war dadurch wahrscheinlich die einzige Person, die Einblick in die genauen Tatumstände der Tragödie hatte.

1894 wurde Baron Krauß als Landespräsident der Bukowina altersbedingt pensioniert. Er hatte nie von seinem Wissen über die Ereignisse von Mayerling Gebrauch gemacht. Eine wohl vorbildliche Persönlichkeit.

1885

Das Bändigen scheuender Pferde war eine besonders wichtige und gefährliche Aufgabe der Sicherheitswache. Immer wieder ereigneten sich verhängnisvolle Unfälle, wie jener am 27. Jänner 1885 in der nächtlichen Alser Straße.

Das Pferd eines Einspännerkutschers war ausgebrochen und auf eine Fußstreife der Sicherheitswache zugaloppiert. Die Männer versuchten, dem Pferd in die Zügel zu fallen, als es ihnen plötzlich die Hinterhand zuwendete und den dienstführenden Wachmann Karl Rudorfer mit einem gewaltigen Hufschlag niederstreckte. Als Wachinspektor Rudorfer einige Tage später in Hernals zu Grabe getragen wurde, begleitete den Sarg eine große Menschenmenge. Zentralinspektor Neswadba legte einen Kranz, auf dessen Schleife die Worte „Ein Opfer seines Berufes" standen, auf die letzte Ruhestätte seines pflichtbewussten Wachmannes. Wohl wissend, dass eine Frau und zwei Kinder einer traurigen und schweren Zukunft entgegengehen würden und es keine Möglichkeit der Hilfe gäbe.

1886

Die neuen Polizei-Wachhäuser

Unter dem Titel „Die neuen Polizei-Wachthäuser" wurde im Illustrierten Wiener Extrablatt vom 22. März 1886 die neue Unterkunft für die Sicherheitswachposten an den Donaukanal-Brücken vorgestellt.

Die alten Wachthäuser waren nur aus Eisenblech und ein ständiger Stein des Anstoßes gewesen. Im Sommer herrschte in ihnen drückende Hitze und im Winter waren die Blechhütten kaum zu beheizen. So war der Dienst am Donaukanal bei der Mannschaft geradezu gefürchtet.

Jetzt aber, im Jahre 1886, hatte sich das grundlegend geändert. Die neuen Häuschen waren Backsteinbauten und wiesen, wie vermerkt wurde, auch im Inneren „einen gewissen Comfort" auf. Ein weiterer Schritt zur menschenwürdigen Behandlung der Sicherheitswachmannschaft war gesetzt.

Polizei zu Pferd

1886

Schon bald nach der Einführung des Polizeihelmes (1884), nach deutschem Muster „Pickelhaube“ genannt, stellten sich die Unzulänglichkeiten dieser Kopfbedeckung heraus. So war der Helm bei brütender Hitze ebenso wie bei bitterer Kälte kaum zu tragen. Also griff man bei ungefährlichen Einsätzen nach wie vor zur alten Polizeikappe und die unten abgebildete Darstellung eines berittenen Sicherheitswachmannes aus dem Jahre 1886 zeigt den wackeren Reiter in der alten Adjustierung, als ob es keine Neuuniformierung gegeben hätte. Es sollte noch etliche Jahre dauern, bis der neu adjustierte und „behelmte“ Wachmann zum gewohnten Straßenbild zählte.

Berittene Sicherheitswache!

1887

Der Freund und Helfer

In einer Pressemeldung aus dem Jahre 1887 wird berichtet, dass die Wiener Bevölkerung mit dem Begriff der Sicherheitswache immer mehr die Sicherheit auf den Straßen und den eigenen Schutz verbinde und die „alte“ Polizei mit den missliebigen „Zaruck-Männern“ zunehmend in Vergessenheit gerate.

Solche Worte konnten nur als großes Kompliment für die uniformierte Polizei empfunden werden und man hat den Eindruck, dass dieses Lob wohl noch mehr Ansporn zu bürgerfreundlichem Verhalten war, als dies schon bisher „weisungsgebunden“ der Fall war.

Und tatsächlich war es so, dass die Sicherheitswache nicht nur strafende Gerechtigkeit ausübte, nicht nur Leben aus den Fluten des Stromes rettete, wilde Pferde bändigte oder bei spektakulären Kriminalfällen Assistenz leistete. Es war vielmehr der Alltag der kleinen Leute, in dem man in immer stärkerem Maße den „uniformierten Freund“ als solchen erkannte, schätzte und brauchte.

Wien wäre nicht Wien, wenn man diesen Umstand nicht durch ein Bild untermauert hätte, das dem Leser nicht vorenthalten werden soll. Nach einer weinseligen Nacht wird ein wankender Zecher sicher von einem Wachmann in die Geborgenheit seines Hauses gebracht. Ein Bild, das Bände spricht und wohl auch einen treffenden Einblick in das Polizeiwesen der kaiserlichen Reichshauptstadt vermittelt.

Mit unwiderstehlicher Gewalt greift es uns in's Herz, wenn wir von einem Schiffe hören, das mastenlos auf dem wildbewegten Ocean umhertreibt, oder wenn wir die Kunde vernehmen, eine Karawane habe sich in der sonnendurchglühten Wüste verirrt. Ein Gefühl unsagbaren Mitleids beschleicht uns aber, wenn wir einem Kinde uns gegenüber befinden, das in der Großstadt, in dem Straßengewirre von Wien, seine Eltern sucht. Weitgeöffnet starren die Augen in's Weite … sie forschen und spähen nach den geliebten Eltern, in deren Armen man gar wohlig und süß ruhen kann. „Vater, theurer Vater — Mutter — gute Mutter — wo seid Ihr", kommt es ächzend hinter den bleichen Lippen hervor, die sich sofort fest zusamenschließen, um den Schmerz der Trennung zu verbeißen. Die Straße ist voll von Menschen, doch die Wenigsten kümmern sich um das zitternde Kind, das hin- und herirrt auf der Suche nach der trauten Heimat. Das vorstehende Bild veranschaulicht einen in Wien häufig sich ereignenden Vorfall. Ein Kind hat sich verirrt und hat erst nach bangen Stunden Hilfe, wenn auch nicht Ersatz für die verlorenen Eltern, gefunden. Diese nahte sich in Gestalt eines Wächters der öffentlichen Ordnung. Unsere Sicherheitswachmänner bethätigen bei solchen Anlässen eine schon oft gewürdigte Liebenswürdigkeit und Herzensgüte. Mit zutraulichen Worten flößen sie dem armen „HaschERL" Muth ein und bald ist die Spur entdeckt, die heim führt zum Elternhaus.

Unter dem Titel „Verirrt in Wien" veröffentlichte das Illustrierte Wiener Extrablatt am 23. Februar 1888 diese Zeichnung. Dem erklärenden Text ist wohl nichts mehr hinzuzufügen.

1888

In letzter Minute

Ende der 80er Jahre des 19. Jh. gab es in Wien noch zahlreiche, kaum verbaute Flächen, wo einerseits fast ländliche Verhältnisse herrschten, die aber andererseits ein bevorzugtes Betätigungsfeld krimineller Elemente waren.

Die Schmelz, damals großes, unverbautes Exerzierfeld der Armee und doch eigentlich mitten in der Stadt liegend, war so ein Gebiet. Hier waren Streifungen der Sicherheitswache nur zu Pferd sinnvoll und oft auch erfolgreich, wie die meisterhafte Grafik unten zeigt.

Anfang Jänner 1888 war zu nächtlicher Stunde ein Schuhmachergeselle von Fünfhaus nach Neulerchenfeld unterwegs. Um die Wegstrecke zu verkürzen, überquerte er die Schmelz. Plötzlich tauchte aus dem Dunkel ein Mann auf und schlug auf den Schuster ein, der gellende Hilferufe ausstieß.

Eine in der Nähe reitende Streife der Sicherheitswache hörte die Hilferufe und konnte den Überfallenen rechtzeitig retten, der Täter ergriff die Flucht.

Ein kleines Beispiel des polizeilichen Alltags des Jahres 1888, aber doch stellvertretend für viele polizeiliche Amtshandlungen jener Zeit.

Mit dem Wachsen der Stadt nahm auch die Prostitution in einem Maße zu, dass dringend notwendige Gegenmaßnahmen zu ergreifen waren.

So setzte Polizeipräsident Krauß einen ungewöhnlichen Schritt. Er verfügte den „Kaffeesieder-Erlass“, der u. a. besagte, dass Kaffeehäuser „der unteren Kategorie“ keine weibliche Bedienung mehr beschäftigen dürften.

Dass es hier zu Konflikten und „Grenzüberschreitungen“ zwischen den Kategorien kam, war zu erwarten und konnte auch durch besonders vorsichtige Formulierungen nicht ganz verhindert werden.

Der Kaffeesieder-Erlaß des Polizei-Präsidenten.

(Original-Bericht des „Ill. Wr. Extrablatt“.)

Der Bericht unseres vorgestrigen Blattes, in dem wir die Lage der Kaffeesieder in Folge des jüngsten Polizei-Erlasses geschildert haben, hat nicht verfehlt, in den Kreisen der betreffenden Geschäftsleute freudige Aufregung hervorzurufen und sind uns zahlreiche Dankschreiben, aber auch sehr viele Beschwerden über Maßregelungen und Bestrafungen von Kaffeesiedern zugekommen. Heute sind wir nun in der Lage, unseren Lesern den Wortlaut des betreffenden Erlasses des Polizei-Präsidenten mitzutheilen. Derselbe ist in mehrfacher Beziehung interessant.

In erster Linie ersieht man daraus, daß der Herr Baron Krauß das Hauptaugenmerk der Sicherheitswache auf die Kaffeehäuser, in denen Prostituirte verkehren und weibliche Bedienung eingeführt ist, gerichtet haben will. Bestraft sind bisher jedoch fast ausschließlich Kaffeesieder geworden, die nicht in diese Kategorie gehören. Es erscheint nämlich selbstverständlich, daß in den obbezeichneten Cafés der Besitzer darauf achten wird, die Sperrstund-Verfügungen gewissenhaft einzuhalten, indeß der Cafétier mit einem bürgerlichen Geschäfte, im Bewußtsein, kein sonderliches Unrecht zu begehen, seine Gäste, die ruhig ihren Mocca trinken, spielen oder lesen, nicht aus dem Locale entfernen will.

In einem Wiener Vergnügungs-Etablissement ersten Ranges mußten vor einigen Tagen die Gäste das Local verlassen, obwol noch die Champagnerflaschen nicht geleert waren, ein Kaffeesieder am Schottenring erhielt eine Geldstrafe von 0 fl. dictirt, weil er zehn Minuten nach der Sperrstunde sein Local noch offen hatte und in den Vororten kam es in Kaffeehäusern wiederholt zu turbulenten Scenen, weil die Gäste, die noch Getränke vor sich hatten, sich weigerten, das Local zu verlassen..

Der Erlaß des Polizei-Präsidenten, der eine Belästigung der Besitzer von Kaffeehäusern für bürgerliche Gäste gar nicht im Auge hat, lautet:

„In letzter Zeit kommen zahlreiche Beschwerden über das Treiben in den Kaffeehäusern unteren Ranges vor. Es wird darüber geklagt, daß Prostituirte daselbst ihr Unwesen treiben, daß Kaffeehäuser weit über die erlaubte Sperrstunde offen und im Betriebe bleiben und daß die Musik-Productionen und der Gesang oft bis in die spätesten Frühstunden fortgesetzt werden. Auch kommt es vor, daß das Local zwar gegen Morgen geschlossen wird, Gäste, Musikanten und Prostituirte aber in dem rückwärtigen Theile der Locale anwesend bleiben und sich erst entfernen, wenn das Local Morgens wieder geöffnet wird.

Namentlich finden solche Unfüge in jenen Localen statt, in welchen weibliche Bedienung verwendet wird.

Ich beabsichtige, diese Unfüge sofort und gründlich abzustellen.

Zunächst muß mir ein Verzeichniß vorgelegt werden, aus welchem ersichtlich ist, und zwar nach dem Stande vom 31. d. M.:

1. Wie viele Kaffeehäuser in jedem Bezirke überhaupt bestehen.

2. In wie vielen weibliche Bedienung a) ausschließend, b) theilweise verwendet wird.

Wenn nur eine Cassierin oder alternirend mit einer zweiten in Verwendung steht, fällt ein solches Kaffeehaus nicht unter die Kategorie jener sub 2 lit. b.

3. Wie vielen Cafetiers der Kategorien 1, 2a und 2b, und zwar alle 3 Kategorien getrennt, die Erlaubniß zum längeren Offenhalten und bis zu welcher Stunde ertheilt worden ist.

4. Wie viele Marqueure in den Cafés ad 2a und 2b in Verwendung stehen.

Jetzt schon finde ich weiter behufs Erzielung eines gleichmäßigen Vorganges anzuordnen, wie folgt:

1. Neue Licenzen zum längeren Offenhalten sind Kaffeehaus-Besitzern, welche weibliche Bedienung oder mehr als eine oder zwei Cassierinnen halten, nicht mehr zu ertheilen.

2. Kaffeehausbesitzern, welche weibliche Bedienung haben und welche die Licenz zum längeren Offenhalten bisher erhielten, darf selbe in Hinkunft nur insolange ertheilt werden, als in diesen Cafés Ungehörigkeiten nicht vorkommen und wenn sie ihre Locale nur bis zur erlaubten Stunde offenhalten.

3. Cafetiers, welche ihr Local über diese Stunden offenhalten oder welche die vorderen Localitäten zwar sperren, aber den Geschäftsbetrieb in den rückwärtigen Localitäten oder überhaupt über die erlaubte Stunde fortsetzen, ist die Licenz gleich nach dem ersten Falle zu entziehen.

Schließlich bemerke ich, daß ich diesem Zweige der polizeilichen Thätigkeit meine besondere Aufmerksamkeit zuwende.

Krauß.“

Die seit Bekanntmachung dieses Erlasses vorgenommenen Bestrafungen und Licenz-Entziehungen scheinen daher nur in einem Mißverstehen dieser behördlichen Verfügung ihren Grund zu haben und eine Belehrung an die Sicherheitswache, daß ein Kaffeesieder, wo im Locale weder Musik stattfindet, noch weibliche Bedienung eingeführt ist, noch Prostituirte verkehren, nicht mit der Uhr in der Hand zu controliren sei, würde diese Mißverständnisse leicht beheben.

1889

Die langen und strengen Winter im alten Wien brachten für Wachmann und Pferd immer wieder gewaltige Strapazen und oft auch gesundheitliche Schäden mit sich.

Das Stadtgebiet war gerade in seinen Randzonen nach Eingemeindungen noch oft unverbaut und nur dünn besiedelt und die Polizeistreife zu Pferd hatte auch in unwegsamem Gelände und meterhohem Schnee ihre Aufgabe zu erfüllen. Es kam nicht selten vor, dass außen liegende Stallposten eingeschneit und oft tagelang unzugänglich waren. Die mangelhafte Ausrüstung der Mannschaft führte so oft zu tragischen Fällen von dauernder Invalidität, ausgelöst durch Erfrierungen bei eisigen Nachteinsätzen.

Erst Jahrzehnte später, als der Skilauf üblich geworden war und die Sicherheitswache eine entsprechende Ausbildung erhalten hatte, wurden die Streifungen in den tief verschneiten Gebieten des Wienerwaldes durch Skipatrouillen und nicht mehr zu Pferd durchgeführt.

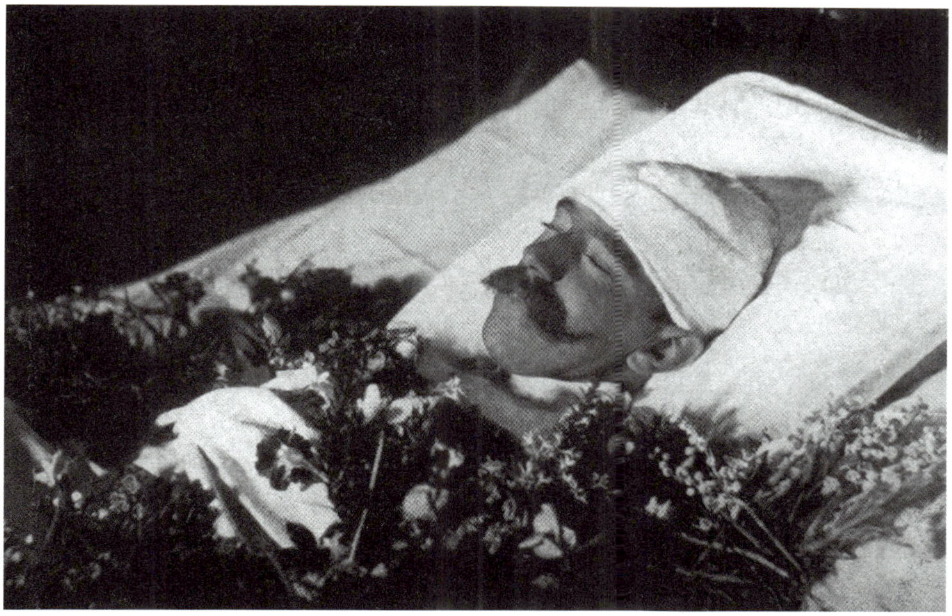

Die Tragödie von Mayerling

Das Drama von Mayerling und die mysteriösen Begleitumstände des Todes von Kronprinz Rudolf stellten an die Wiener Polizeiführung gewaltige Anforderungen, war das tragische Ereignis doch auch von immenser staatspolitischer Bedeutung.

Polizeipräsident Franz von Krauß und seine engsten Mitarbeiter wurden persönlich vom Kaiser mit den Ermittlungen betraut, hatten den Tatort zu untersuchen und die Nachforschungen mit Taktgefühl und größter Verschwiegenheit durchzuführen. Nur dem Kaiser und dem Ministerpräsidenten wurden die Ergebnisse der polizeilichen Untersuchungen vorgelegt.

Die erste Version der Todesursache des Kronprinzen war die eines Jagdunfalls, bereits wenige Stunden später wurde in der Presse von einem Schlaganfall berichtet. Erst in den nächsten Meldungen – die ersten Versionen erschienen offenbar nicht haltbar – war wahrheitsgetreu von einem Selbstmord die Rede. Ein medizinisches Gutachten bestätigte dem Kaiser die „geistige Verwirrung des Kronprinzen zum Zeitpunkt der Tat". Von der ebenfalls ums Leben gekommenen Begleiterin Rudolfs, Mary Vetsera, durfte natürlich nichts in der Öffentlichkeit bekannt werden.

Die zweite große polizeiliche Herausforderung war die reibungslose Abwicklung der Sicherheitsmaßnahmen für das kurzfristig angesetzte Staatsbegräbnis, bei dem höchste Staatsgäste aus aller Welt, die alle im „Fadenkreuz" der in diesen Jahren noch sehr aktiven Anarchisten standen, teilnahmen.

1889

Der große Streik

Zu den wohl schwierigsten, gefährlichsten und ungeliebtesten Einsätzen der Sicherheitswache zählte in jenen Jahren der Ordnungsdienst bei politischen Auseinandersetzungen und gewaltsamen Demonstrationen.

So stellte diesbezüglich auch das Jahr 1889 an die Wiener Polizei hohe Anforderungen, war es doch das Jahr des großen „Tramwaystreiks".

Die Straßenbahnkutscher waren wegen ihrer schwierigen und unsozialen Arbeitsbedingungen und der zu geringen Besoldung in den Ausstand getreten und es war immer wieder zu blutigen Zusammenstößen zwischen demonstrierender Bevölkerung, Streikbrechern und den streikenden Kutschern gekommen. Nur durch den massiven Einsatz der Sicherheitswache – meist der berittenen Abteilung – konnte meist größerer Schaden verhindert werden.

Stellvertretend für diese Einsätze soll hier ein Bild aus dem Illustrierten Wiener Extrablatt vom 24. April 1889 stehen.

Unter dem Titel „Der Wachmann im Dienste“ brachte das „Interessante Blatt“, eine auch vom Kaiser mit großer Begeisterung gelesene illustrierte Zeitung jener Tage, am 11. Dezember 1890 einen Bildbericht über die Tätigkeit der Wiener Sicherheitswache in Wien.

Die Untertitel lauteten: Die Verhaftung eines Verbrechers, Ein Ertrinkender wird von einem Wachmanne gerettet, Scheue Pferde werden aufgehalten, Ein Wachmann führt ein verlassenes Kind in ein Asyl, Die Auffindung einer Selbstmörderin.

Die Bilder bedürfen wohl keiner weiteren Erläuterung, zeigen aber wohl die Einstellung der Wiener zu ihrer Polizei.

1890

Der Fluchthelfer

Anfang Oktober 1890 kam es in Hernals zu einer besonders dramatischen polizeilichen Amtshandlung, die allerdings in jenen Tagen nicht ohne ein gewisses Schmunzeln vermerkt wurde.

Die Polizei hatte in Hernals eine flächendeckende Razzia durchgeführt, da man einen gefährlichen Verbrecher, den als „Hernalser Grasel" bekannten Franz Grünböck, bei einem der vielen „Branntweiner" vermutete.

Tatsächlich glaubte man den Gesuchten in einer Branntweinschenke entdeckt zu haben. Als der Mann die Polizisten sah, flüchtete er auf die Straße. Drei Gäste des Lokals folgten ihm und riefen ihm zu, er solle sich im Haus Lessingstraße 18 verbergen. Er lief jedoch in eine andere Richtung und war für die verfolgenden Wachmänner plötzlich verschwunden. Auch die drei Männer flohen, konnten jedoch in der Lessingstraße eingeholt werden und ließen sich widerstandslos festnehmen. Sie wurden nur wegen der Einmengung in eine Amtshandlung belangt, also ein geringes Delikt. Der gesuchte Grünböck aber war und blieb verschwunden.

Bei der näheren Befragung der drei „Fluchthelfer" im Kommissariat gab es allerdings eine Überraschung: Ein Wachmann erkannte in einem der „harmlosen Fluchthelfer" eindeutig den gesuchten „Hernalser Grasel". Wie sich herausstellte, hatte der Verbrecher bei der Verfolgung durch die Wache einfach mit einem der Fluchthelfer „getauscht", während sich einer der drei Burschen verbarg. Grünböck hatte gehofft, wegen des harmlosen Delikts nur einige Stunden im Arrest zu verbringen, um dann als freier Mann das Polizeigefangenenhaus verlassen zu können.

Die Veränderungen der Stadt im Laufe der Jahrzehnte brachten auch immer neue und unterschiedlich gelagerte Aufgaben für die uniformierte Polizei in den Straßen Wiens. So führte die steigende Mobilität immer mehr ortsunkundige Personen ins Gewirr der Großstadt. Der Wachmann war deshalb als Auskunftsperson gefordert, die nicht nur lokale Kenntnisse besitzen, sondern auch die wichtigsten Sprachen der Monarchie zumindest ansatzweise beherrschen sollte. Eine neue Zeit war angebrochen.

1892

Die zweite Wiener Stadterweiterung hatte auch die bisherigen Vororte betroffen, die Stadtgrenzen waren weit hinaus in unwegsames und unverbautes Gelände verschoben worden. Wie schon erwähnt, führte dies auch zu einem erweiterten Streifungsbereich der Polizei, großteils durch berittene Kräfte.

Durch die Stadterweiterung wurde jedoch auch die damals noch bestehende „Verzehrsteuer-Grenze", die bisher beim leicht kontrollierbaren Linienwall gelegen war, in unüberschaubares Gelände verlegt. Finanzposten mussten die Einhaltung dieser, zum Schutz der Wiener städtischen Wirtschaft geschaffenen, Steuermaßnahmen an den Zufahrtsstraßen überwachen. Manch ein biederer Bauer aus Niederösterreich versuchte jedoch mit seiner Ware das neue Stadtgebiet zu erreichen, indem er einfach querfeldein ging und sich so der unangenehmen Steuerleistung entzog.

Immer wieder wurde ein Schmuggler bei seinem Vorhaben jedoch von der Sicherheitswachepatrouille aufgegriffen und dem Finanzposten übergeben, wie das Bild vom 16. Dezember 1892 anschaulich vermittelt.

Am 9. Juli 1892 ereignete sich an der Südbahnstrecke in Wien ein dramatischer Vorfall.

Ein Bahnstreckenwärter hatte die Polizei verständigt, dass sich in der Nähe der Gleisanlage zwischen Meidling und Hetzendorf ein gefährlicher Gewalttäter herumtreibe, der kurz zuvor einen Gastwirt überfallen hätte.

Die Sicherheitswache schwärmte nun im fraglichen Gebiet aus und tatsächlich konnte der Sicherheitswachmann Johann Becker den Gesuchten auf dem Bahnkörper entdecken. Der „Zuckerlmann", wie der Täter in einschlägigen Kreisen genannt wurde, leistete Widerstand und schlug den Wachmann nieder. Der Polizist konnte jedoch wieder auf die Beine kommen und seine Dienstwaffe ziehen. Nach einem neuerlichen tätlichen Angriff machte Becker von seiner Waffe Gebrauch und verletzte den weiter angriffsbereiten Verbrecher leicht.

Ein Eisenbahner aus einem vorbeikommenden Lastzug erkannte die Situation, brachte den Zug zum Stillstand und leistete mit anderen Eisenbahnern Hilfe bei der Festnahme des rabiaten „Zuckerlmannes".

Es war dies wohl der einzige Fall, dass ein von der Polizei festgenommener Verbrecher mittels eine Lastzuges der k. k. Staatsbahn abtransportiert wurde.

1892–1897

FRANZ RITTER VON STEJSKAL
PRÄSIDENT DER POLIZEIDIREKTION 1892–1897

Franz Stejskal, 1829 in Mähren geboren, trat gleich nach Abschluss seines Jus-Studiums in den Dienst der Wiener Polizei, wo er als Konzeptsbeamter die unterschiedlichsten Funktionen bekleidete. Bereits 1874 in den Ritterstand erhoben, wurde Stejskal 1881 Wirklicher Hofrat und Polizeidirektor in Prag. Die im polizeilich so schwierigen Prag erworbenen Verdienste führten 1892 zu seiner Bestellung als Präsident der Polizeidirektion Wien, eine Funktion, die er bis zu seiner altersbedingten Pensionierung im Jahre 1897 innehatte.

Ein Tag aus dem Leben eines Wachmannes.

Mehr als alle Worte zeigt diese Presseillustration aus dem Jahre 1893 den Alltag eines Wiener Wachmannes jener Jahre.

Wie sehr sich die Zeit gewandelt hat, wird so mancher Betrachter denken. Wie wenig sich die Aufgaben gewandelt haben, wenn man die Zeitumstände berücksichtigt, wird allerdings auch erkennbar. Die Regelung des Verkehrs – natürlich nicht mehr mit Pferd und Wagen – ist auch heute eine vorrangige Aufgabe, die Rettung Lebensmüder ebenso wie unterschiedliche Hilfestellungen für die Bevölkerung. Das Bild ist heute ein anderes, die polizeilichen Aufgaben sind aber auch in unseren Tagen die gleichen geblieben.

1894

Groß angelegte Razzien stellten immer einen besonders wichtigen Teil der vorbeugenden Kriminalitätsbekämpfung in der stetig wachsenden Stadt dar. Die kleinen Gasthäuser und Weinschenken in den Vorstädten und Vororten boten oft dunklen Existenzen Unterschlupf und diesen Lokalen galt deshalb auch die verstärkte polizeiliche Aufmerksamkeit.

Darstellungen wie diese vom 22. Dezember 1894 vermitteln nicht nur uns ein eindrucksvolles Zeitbild. Sie verfolgten damals den Zweck, unliebsame Personen von der Stadt fernzuhalten, da man durch solche Presseillustrationen und -berichte die ständige Präsenz der Polizei demonstrieren wollte. Der drohende Finger des Staates war unübersehbar.

RUDOLF VON GÖTZ
ZENTRALINSPEKTOR 1894–1901

Ganz im Schatten des bedeutenden Polizeipräsidenten Johann von Habrda (1897–1907) stand der am 24. Februar 1836 geborene Rudolf von Götz, der vom 25. November 1894 bis 23. Oktober 1901 die Funktion des Zentralinspektors der Wiener Sicherheitswache ausübte.

Bald nach seinem Amtsantritt war Götz mit den gewaltsamen Ausschreitungen des Ziegelarbeiterstreiks (1895) oder den Tumulten im Zuge der Badenischen Sprachenverordnungen (1897) konfrontiert. Auch die Feierlichkeiten zum 50-jährigen Regierungsjubiläum Kaiser Franz Josephs (1898) stellten gewaltige Anforderungen an die Sicherheitswache.

Bescheiden trat Götz immer einen Schritt zurück, wenn kaiserliches Lob und Ehrungen für den gelungenen Ablauf der Veranstaltungen ausgesprochen wurden. Entweder Präsident Habrda oder den Vertretern der Mannschaft wurden diese Auszeichnungen zuteil, bei Zentralinspektor Rudolf von Götz schien die reibungslose Organisation als selbstverständlich vorausgesetzt worden zu sein.

1895

Am 19. April 1895 traten die Inzersdorfer Ziegelarbeiter in den Ausstand. Nachdem es zu schweren Auseinandersetzungen mit Streikbrechern gekommen war, wurde die Polizeidirektion verständigt und eine Einheit der berittenen Sicherheitswache zum Schauplatz der Tumulte entsandt. Es kam zu schweren Zusammenstößen, die Wache musste vom Säbel Gebrauch machen und es gab auf beiden Seiten Verletzte. Ein polizeilicher Einsatz, der in den Vorstädten nicht gerade zur Beliebtheit der Sicherheitswache beitrug und mit dem sich so mancher Wachmann wohl nicht immer identifizieren konnte.

Anfang September 1895 ereignete sich im sonst so ruhigen Bezirk Hietzing ein Exzess, der zeigt, wie gefährlich die Lage in Wien unter der Decke der prächtigen und scheinbar so sicheren Metropole war.

In einem Gasthof in der Auhofstraße war es zu einer wüsten Rauferei gekommen und die herbeigeholte Wache war eingeschritten. Die Haupträdelsführer wurden herausgegriffen und in das nahe gelegene Wachzimmer gebracht. Es dauerte aber nicht lange, bis die übrigen Gäste des Wirtshauses, mit Stöcken und Werkzeugen bewaffnet, vor das Wachzimmer zogen und grölend die Freilassung der Inhaftierten verlangten. Als die Wache dies ablehnte, flogen Steine und die Menge versuchte das Wachzimmer zu stürmen. Als die belagerten Polizisten einen „Ausfall" wagten, gelang es, die Meute zurückzudrängen, aber erst nach dem Eintreffen einer Verstärkung war die Sicherheitswache wieder Herr der Lage.

1896

Hoch zu Ross

Der Sicherheitswachmann, hoch zu Ross und mit gezücktem Säbel, erweckte bei der Wiener Bevölkerung nicht immer nur angenehme Gefühle, war man sich dieses Bildes doch auch bei so mancher politischer Demonstration gewärtig.

Als am 20. November 1896 ein Wachmann in gestrecktem Galopp und mit gezogenem Säbel die Straßen des dritten Wiener Gemeindebezirkes durchquerte, galt es jedoch nicht, an einer Straßenschlacht teilzunehmen oder eine Demonstration aufzulösen. Es war vielmehr ein Hund, ein mittelgroßer Setter, dem der martialische Polizeieinsatz galt. Der Hund hatte ein fünfjähriges Kind sowie ein Pferd und zwei Hunde gebissen und alle Anzeichen von Tollwut gezeigt.

Dem galoppierenden Polizeireiter folgten aufgebrachte Wiener mit Schaufeln und Gabeln, um sich an der Jagd nach dem gefährlichen Tier zu beteiligen. Mit Erfolg – in der Eyzinggasse konnte der Hund getötet werden. Die Gefahr war gebannt und man erkannte, dass der Wachmann zu Pferd doch auch sein Gutes hatte.

Der Viehtreiber Albert Bäuchl war aus Wien „abgeschafft", er hatte wegen zahlreicher Straftaten im Stadtgebiet Aufenthaltsverbot.

Da er jedoch weiterhin seinen unlauteren Geschäften nachgehen wollte, verkleidete er sich als Frau und entkam so leicht allen Kontrollen. Er trieb sich meist in den Gasthäusern von Favoriten herum, die entsprechenden Hinweise erreichten die Polizei aber immer zu spät und die „alte Frau" hatte das Lokal bereits verlassen, bis die Polizeiagenten eintrafen.

Ein wackerer Wachmann ließ jedoch nicht locker. Und Anfang Februar 1896 hatte er Erfolg: Bei einem Rundgang durch ein Wirtshaus entdeckte er tatsächlich eine verdächtig erscheinende „alte Frau". Ein rascher Griff zum Kopftuch – der Fall war gelöst und Albert Bäuchl gestellt.

1897

Zahllos waren die Lebensrettungseinsätze der Wiener Sicherheitswache. Die Jahre des ausgehenden 19. Jh. waren durch die soziale Situation dieser Zeit geradezu dramatisch. Einerseits war die Bevölkerungszahl sprunghaft angestiegen, anderseits fehlte das soziale Netz. Manch ein verzweifeltes Dienstmädchen hoffte, den Problemen dieser Welt durch einen Sprung in die Fluten der Donau oder des Donaukanals zu entkommen.

So auch im Jänner 1897, als eine Frau in selbstmörderischer Absicht auf das immer dünner werdende Eis der Alten Donau zuging, um bei Einbruch des Eises im Wasser zu versinken. Das Eis brach auch, aber nur teilweise und so blieb die Frau mit dem Oberkörper in den Schollen hängen. Ihre verzweifelten Hilferufe wurden von einem Sicherheitswachmann gehört, dem es nur unter Einsatz seines eigenen Lebens gelang die Frau zu bergen.

Für uns heute unvorstellbar, gab es im Wien der Vergangenheit ungemein strenge Winter mit oft meterhohem Schnee.

Auch am 23. Jänner 1897 tobten gewaltige Schneestürme über Wien und es gelang kaum, die Verkehrswege frei zu halten. Die Polizeistreifen mussten jedoch ordnungsgemäß weitergehen und waren in einer solchen Katastrophensituation auch besonders wichtig.

Am Tag nach dem großen Schneefall überquerte eine berittene Patrouille der Sicherheitswache die Schmelz, das große unverbaute Paradegelände im 15. Gemeindebezirk. Die Schneemassen waren so gewaltig, dass die Pferde versanken und nicht mehr vorwärtskamen. Den beiden Wachleuten gelang es erst nach Stunden, zu Fuß geräumtes Gelände zu erreichen, um dann später mit Hilfe der Feuerwehr Rudolfsheim die Pferde zu bergen.

Dass Polizisten mitten in der Großstadt im Schnee versinken, dürfte bei unseren klimatischen Verhältnissen wohl endgültig der Vergangenheit angehören.

Die im Schnee versinkende Polizeipatrouille auf der Schmelz im Katastrophenwinter 1897

1897–1907

JOHANN FREIHERR VON HABRDA
PRÄSIDENT DER POLIZEIDIREKTION 1897–1907

Josef Habrda, 1846 in Wien geboren, trat 1872 als Rechtspraktikant in den Dienst des Wiener Landesgerichtes. Hier und an anderen Standorten der Justiz blieb er bis 1873 und wechselte dann als Konzeptspraktikant in die Polizeidirektion.

In der Wiener Polizeidirektion stieg er langsam in der Hierarchie auf, bis er 1896 Stellvertreter und schließlich 1897 Präsident der Polizeidirektion Wien wurde.

1901 wurde Habrda in den Ritterstand, 1907, im Jahr seiner altersbedingten Pensionierung, in den Freiherrnstand erhoben.

In die Jahre seiner Präsidentschaft fielen viele polizeiliche Erneuerungen und Veränderungen, so wurde unter Habrda die Daktyloskopie eingeführt (1902), das Polizeihaus auf der Rossauer Lände/Berggasse errichtet (1904) und das Polizeimuseum gegründet (1899).

1898

Im Jahre 1898 rückte die Wiener Polizei und damit auch die Sicherheitswache in den Mittelpunkt des öffentlichen Interesses. Da polizeigeschichtliche Ausstellungen bis dahin in Österreich absolut unüblich waren, stand der Polizeipavillon bei der Kaiser Jubiläums Ausstellung im Rotundengelände im Prater bald im Zentrum der Aufmerksamkeit.

Der Ausstellungspavillon zeigte die verschiedenen Bereiche polizeilicher Arbeit und wurde von fast 3 Millionen Menschen besucht. Auch der Kaiser war von Gestaltung und Material dermaßen beeindruckt, dass bereits wenige Monate später das Statut für die Errichtung des „k. k. Polizeimuseums" erlassen wurde. Das dann 1899 eröffnete Museum bestand in fast unveränderter Form bis 1939. Durch Verlagerung, Kriegseinwirkung und Besatzungsablieferung von wertvollen Exponaten ging der Großteil des Materials verloren, aus den geringen Resten entstand in den letzten Jahrzehnten das Museum der Sicherheitswache in der Marokkanerkaserne und das Wiener Kriminalmuseum in der Großen Sperlgasse.

Maler, Grafiker und Bildhauer waren aufgerufen, für den Polizeipavillon der Kaiser Jubiläums Ausstellung des Jahres 1898 Werke zum Thema „Wiener Polizei" zu liefern.

Neben vielen Gemälden und Grafiken entstanden auch Skulpturen, wie die hier abgebildete mit dem Titel „Der Lebensretter". Bedauerlicherweise ist die beeindruckende Plastik nicht mehr erhalten.

1898

Neuigkeits Welt-Blatt

Herausgeber: August Kirsch.

Illustrirte Nebenausgabe, erscheint täglich. Zu haben in allen Verschleißstellen. Einzelne Nummer 4 kr.

Nummer 110. Redaktion und Administration: VII. Kaiserstraße 10. Telefon 1967. Wien, Samstag, den 14. Mai 1898. Stadt-Bureau: I. Grünangergasse 1. Telefon 1925. 25. Jahrgang.

Bilder von der Polizei-Ausstellung im Prater.

(Text hiezu im 3. Bogen.)

Die große Kaiser Jubiläums Ausstellung im Rotundengelände des Praters war eine österreichische Leistungsschau vieler unterschiedlicher Gebiete.

Auch der Wiener Polizei wurde ein Pavillon gewidmet, in dem man drei Bereiche rund um das Thema Polizei präsentierte:

Sicherheits- und Polizeiwesen aus der Sicht zeitgenössischer Künstler

Erkennungsdienstliche Behandlung tatverdächtiger Personen

Tatwerkzeuge aus verschiedenen Bereichen.

Der große Zuspruch, den die Polizeiausstellung seitens der Bevölkerung fand, und die besonders lobende Anerkennung durch den Kaiser führten ein Jahr später zum „Statut zur Errichtung eines k.k. Polizeimuseums in Wien".

Die Visitation

Für die große Polizeiausstellung im Rotundengelände entstand auch dieses Pastell mit dem Titel „Die Visitation". Es zeigt die Durchsuchung eines weiblichen Polizeihäftlings durch eine Polizeibedienstete.

Dieses Beispiel zeigt, dass immer mehr Frauen im Polizeidienst tätig waren. Es sollte gar nicht mehr so lange dauern, bis man erstmals ernsthaft an die Aufnahme „weiblicher Sicherheitswachmänner" dachte (1912).

1899

Der Exzess in der Bierhalle

Nicht nur bei in vielen Fällen dramatischen Lebensrettungsaktionen waren die Sicherheitswachmänner jener Zeit immer wieder an Leib und Leben gefährdet. Auch bei Einsätzen in den unzähligen Wiener Bierhallen, Weinschenken oder Gasthäusern wurde die Wache häufig tätlich angegriffen. Nachdem der Alkohol die Barrieren gelöst hatte, galt der Angriff auf die Wache oft als eine Art Mutprobe, die jedoch für alle Beteiligten meist mit gefährlichen Folgen verbunden war.

Im Jänner 1899 kam es wieder einmal zu einer äußerst heiklen Situation, als in der Pottenbrunner Bierhalle in der Laxenburger Straße 59 in Favoriten ein Streit zwischen Gästen ausgebrochen war. Der schlichtend einschreitende Sicherheitswachmann sah sich jedoch plötzlich selbst schwersten Angriffen betrunkener Gäste ausgesetzt und konnte nur mit Hilfe des blank gezogenen Säbels seine Haut retten. Erst als die von Passanten gerufene Verstärkung eintraf und die Bierhalle räumte, war die Gefahr für den bedrängten Sicherheitswachmann gebannt.

Wiener Polizeiagenten.

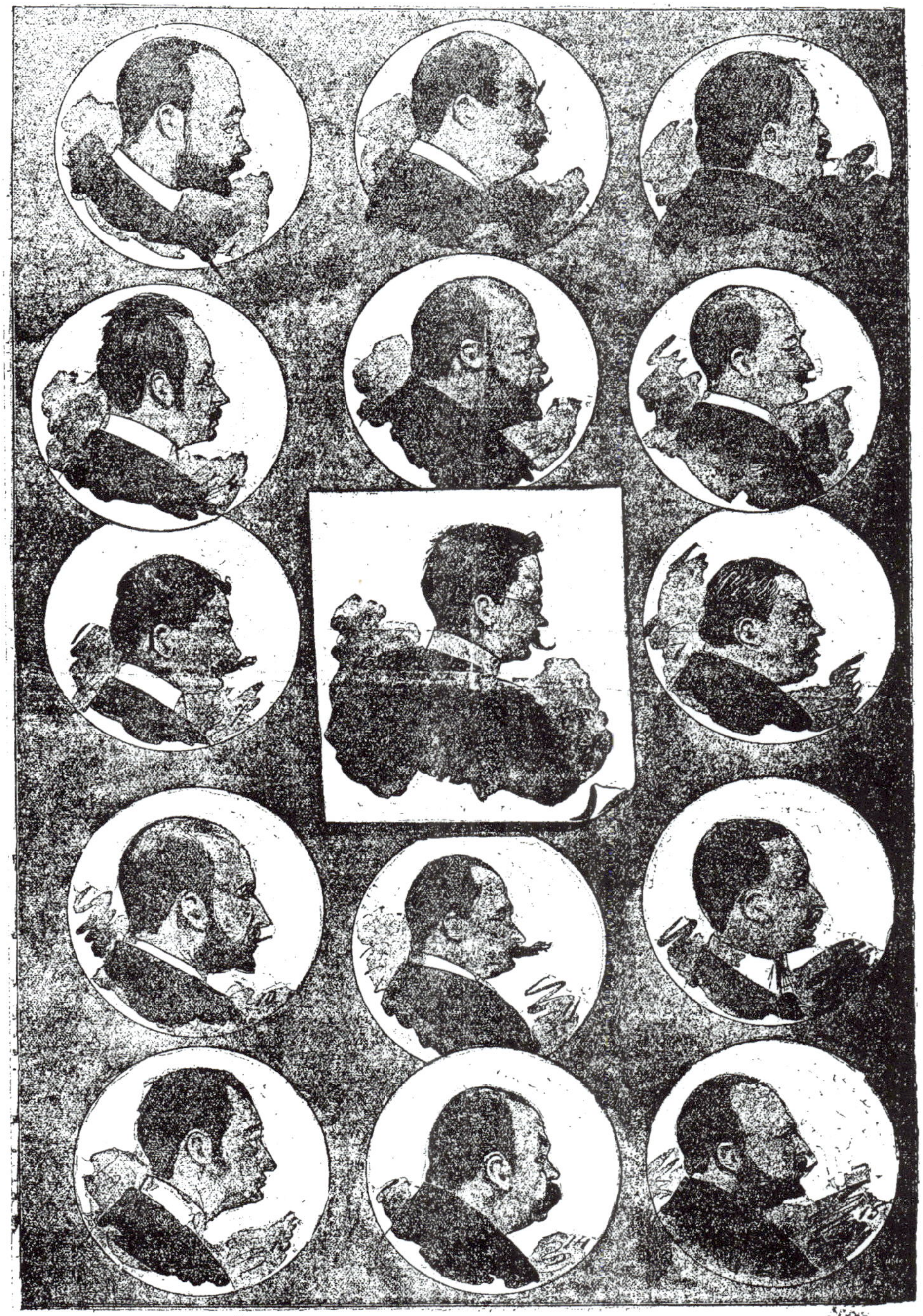

1. Polizeiagent Leberwurst.	2. Agenten-Inspektor Adolf Bauer.	3. Polizeiagent Karl Lenz.
4. „ Franz Pickl.	5. Polizeiagent Ignaz Inquart.	6. „ Josef Küß.
7. „ Franz Fuchs.	8. Oberinspektor Tob. Anger.	9. „ Semmelbauer.
10. „ Josef Suchy.	11. Polizeiagent Franz Schauer.	12. „ Franz Kutschera.
13. „ Johann Straßer.	14. „ Gustav Urbanek.	15. „ August Seß.

1899

Am 8. Juni 1899 veröffentlichte die „Arbeiter Zeitung" ein Blatt mit den Porträts von Wiener Polizeiagenten (später: Kriminalbeamte).

Damit war der Einsatz dieser Männer nicht nur riskant, sondern auch gefährlich, da verdeckte Ermittlungen nicht mehr möglich waren.

Die Zensur ließ zwar das Blatt mit den veröffentlichten Porträts beschlagnahmen, doch die Ausgabe war bereits längst ausgeliefert.

Ein Skandal des Jahres 1899, der nicht nur fähige Kriminalisten eine Zeit lang in den Innendienst zwang, sondern auch junge und noch unerfahrene Kollegen an ihre Stelle treten ließ. Zur Freude so manchen Kriminellen, der nun ein leichteres Spiel hatte.

1900

Kindesweglegungen waren im alten Wien an der Tagesordnung. Für viele junge Mädchen, aus einer fernen Provinz der Monarchie stammend und in der großen Stadt als Stubenmädchen, Haushaltshilfe oder Küchenkraft tätig, war die Geburt eines Kindes oft mit dem Ende ihrer Berufstätigkeit und damit dem Weg in die Armut verbunden. Die teure „Engelmacherin" konnten viele nicht bezahlen und so blieben den Verzweifelten meist nur zwei Möglichkeiten: das Kind nach der Geburt zu töten oder es auszusetzen. Manche wählten den schrecklichen ersten Weg, die meisten jedoch setzten das Neugeborene aus. Meist vor Kirchen oder einer Klosterpforte, sehr oft aber auch auf den Stufen eines Polizei-Wachzimmers. Der Sicherheitswachmann wurde dadurch zum Retter des ungewollten Lebens, wie hier auf dieser sehr wirklichkeitsnahen Darstellung zu sehen.

Der Amokläufer

Eine der gefährlichsten Amtshandlungen des Jahres 1901 ereignete sich am 8. Jänner, wenige Tage nach dem Jahreswechsel, in Favoriten.

Ein aus Wien abgeschaffter Gewalttäter namens Stephan Wanjek war nach Wien zurückgekehrt und bei einem Einbruchsversuch von einer Frau ertappt worden. Wanjek griff zur Waffe und erschoss die Frau kurzerhand. Bei seiner Verfolgung durch Passanten erschoss er auch zwei seiner Verfolger, einen weiteren Mann verletzte er schwer. Auch den sich ihm entgegenstellenden Sicherheitswachmann wollte er erschießen, verfehlte jedoch sein Ziel und schlug daraufhin mit seinem Revolver mit wuchtigen Hieben auf dessen Kopf ein. Es gelang dem Polizisten trotzdem, Wanjek in Gewahrsam zu nehmen.

Wie gefährlich der Mann war, zeigte sich, als er bereits kurz nach seiner Überstellung in das Gefangenenhaus einen Aufseher ermorden wollte. Wanjek wurde zum Tode verurteilt und am 22. Mai 1901 in Wien hingerichtet.

Amokläufer wie Stephan Wanjek stellten zu allen Zeiten eine besonders große Gefahr für die sie verfolgenden Polizeikräfte dar, da diese Täter nichts mehr zu verlieren haben und in ihrer Gewaltbereitschaft bis zum Äußersten gehen. In diesem Fall war der Sicherheitswachmann zwar noch glimpflich davongekommen, in vielen ähnlichen Fällen wurden Polizisten aber zu tödlich getroffenen Opfern ihrer Pflicht.

1901–1908

FERDINAND GORUP VON BESÁNEZ
ZENTRALINSPEKTOR 1901–1908

Gleichsam eine klassische Beamtenkarriere aus dem alten Österreich war die des Zentralinspektors und späteren Wiener Polizeipräsidenten Ferdinand Gorup Freiherrn von Besánez.

Gorup, am 1. Februar 1855 in Saaz in Böhmen geboren, trat nach Militärdienst und Studium im Jahre 1880 als Konzeptspraktikant bei der Niederösterreichischen Statthalterei ein, ab 1882 war er Konzipist in der Polizeidirektion Wien und ab 1888 bereits Polizeikommissär. 1893 wurde er Polizeioberkommissär, 1898 Polizeirat, 1901 Oberpolizeirat und gleichzeitig zum Zentralinspektor der Wiener Sicherheitswache bestellt. In dieser Funktion wurde Gorup 1908 Hofrat und stellvertretender Polizeipräsident. Höhepunkt seiner Karriere war schließlich die Bestellung zum Polizeipräsidenten von Wien, ein Amt, das er bis zu seiner Pensionierung im Jahre 1917 innehatte.

In seiner Amtszeit stellten die großen Wahlrechtskundgebungen der Jahre 1905 und 1906 mit hunderttausenden Teilnehmern gewaltige Anforderungen an die Einsatzbereitschaft der Sicherheitswache und das organisatorische Talent der Führung. Auch die sicherheitspolizeiliche Abwicklung des Kaiser-Huldigungsfestzuges mit seinen nach Wien geströmten Menschenmassen am 12. Juni 1908 lag in den Händen des Zentralinspektors.

Ferdinand Gorup Freiherr von Besánez verstarb am 15. April 1928 in Wien.

Die Wiener Sicherheitswache war immer so etwas wie das „Mädchen für alles" im großstädtischen Leben. Gerade die jüngere Generation der Zeit um 1900, die den Begriff der Polizei nicht mehr mit der alten Militär-Polizeiwache verband, sah im Wachmann auch einen Helfer in ärgster Not. So ist es auch zu verstehen, dass es am 17. Dezember 1901 dem berittenen Sicherheitswachmann Nachtnebel vergönnt war, zwei Menschenleben zu retten. Der Reiter hatte entlang des Donaukanals seine Runde gezogen, als er in der Nähe eine Frau mit einem kleinen Mädchen bemerkte, die sich dem Wasser näherten. Als das Kind des Polizisten ansichtig wurde, löste es sich von der Mutter und lief zum Wachmann, den es weinend um Hilfe bat, da sie die Mutter „mit ins Wasser" nehmen wolle.

Bei der Befragung der Frau wurde die Aussage des Kindes bestätigt und Nachtnebel brachte die verzweifelte, obdach- und mittellose Mutter mit dem Kind auf das Kommissariat. Von dort allerdings wurde die Frau in das Landesgericht und das Mädchen in ein Kinderasyl überwiesen. Zwei Menschenleben waren zwar gerettet, wirkliche Alternativen zur Behebung der Ursachen solcher Verzweiflungstaten jedoch in diesen Jahren noch nicht gefunden.

1902

Es galt als Faustregel bei der Polizei im alten Wien, dass ein einziger Wachmann ohne Schwierigkeiten drei Taschendiebe festnehmen konnte, dass aber drei Wachmänner oft nicht in der Lage waren, auch nur einen Einbrecher festzuhalten.

Dies war auf die Gewaltbereitschaft und den relativ hohen Strafrahmen bei Einbruchsdelikten zurückzuführen, während geringe Diebstahldelikte mit kleinen Strafen meist keinen Widerstand gegen die uniformierte Staatsgewalt hervorriefen.

So ist es zu verstehen, dass bei der Streifung nach gesuchten Einbrechern jeweils ein großes Polizeiaufgebot im Einsatz war, wie auf dem Bild unten vom 16. Oktober 1902 zu sehen. Den fünf bewaffneten und gut ausgebildeten Wachmännern gelang es nur mit großer Mühe, einen berüchtigten Juwelenräuber festzusetzen. Die Mühe hatte sich allerdings gelohnt: Der Mann konnte noch zahlreicher anderer Straftaten überführt werden.

1902

Als 1898 das „Erkennungsamt“ der Wiener Polizeidirektion geschaffen wurde, erfolgte die Identifizierung von Personen mittels der Anthropometrie nach dem System des Franzosen Bertillon. Diese, auf den unterschiedlichen Körpermaßen basierende, Methode hatte allerdings einen großen Unsicherheitsfaktor und die Messaufnahme war in der Anwendung sehr aufwendig.

Bereits in den 1890er Jahren wurde jedoch in England an einem neuen Identifizierungsverfahren gearbeitet – der „Daktyloskopie“. Dieses, auf den Fingerabdrücken eines Menschen basierende, Verfahren wurde ab 1902 in Wien probeweise angewandt und wird seit 1903 nach dem System Galton-Henry offiziell in Österreich als wichtiger Teil der erkennungsdienstlichen Arbeit eingesetzt. Camillo Windt – 1902 noch Polizeioberkommissär – hatte nicht nur die Anthropometrie nach Wien geholt, er war auch zum kämpferischen Wegbereiter der Daktyloskopie in Wien geworden.

Im Dezember 1902 hatte Windt in einem Vortrag vor den Spitzen der Polizei, Justiz, des Militärs und vieler Ministerien die neue Methode erklärt und fand größtes Interesse und Zustimmung. Diese Veranstaltung war der eigentliche Durchbruch der neuen Methode – nicht nur in Wien, sondern darüber hinaus in ganz Österreich.

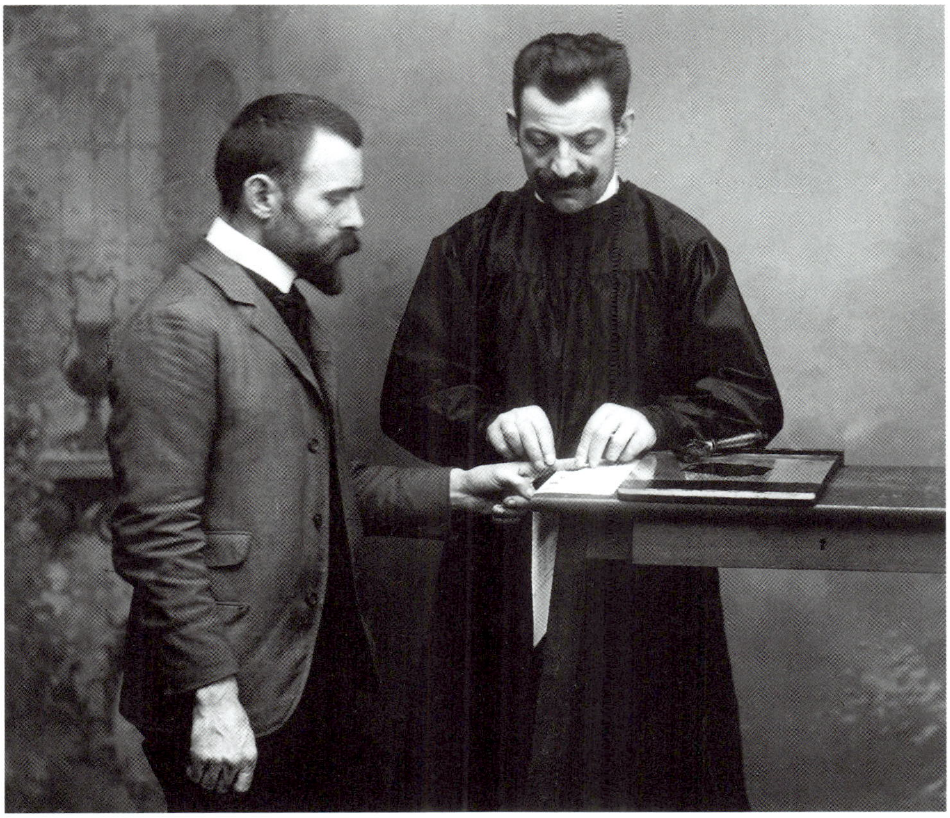

Camillo Windt demonstriert die Abnahme eines Fingerabdruckes

1903

Je dichter der Sicherheitsapparat der Großstadt wurde, umso mehr versuchten kriminelle Elemente an den Stadtrand und in das Grünland des Praters oder des nahen Wienerwaldes auszuweichen. Immer wieder wurden in Wald- oder Parkgebieten sogenannte „Diebsnester" entdeckt, also Erdverstecke mit Diebsbeute. Die Entdeckung von solchen Beutelagern führte in der Regel auch bald zu den Tätern, da diese die geheimen Plätze regelmäßig aufsuchten.

Ein gut im Wald postierter Wachmann oder Polizeiagent war meist erfolgreich, auch wenn diese Aufgabe in eisiger Winterkälte, wie das Bild oben zeigt, wohl nicht zu den angenehmsten Tätigkeiten im Polizeialltag zählte.

Der neue „Polizeipalast“

1904

Nach langen Jahren der Planung und Bauzeit wurde 1904 das neue Polizeigebäude an der Ecke Berggasse/Elisabethpromenade (Rossauer Lände) fertiggestellt. Der „Polizeipalast“, wie das Amtshaus überschwänglich bezeichnet wurde, war sicher eines der modernsten und funktionellsten Polizeigebäude in Europa und wurde bald zum Mekka für Polizeidelegationen aus aller Welt. Besonders die Einrichtungen des Erkennungsamtes, aber auch das Polizeigefangenenhaus erweckten größte Aufmerksamkeit in der Fachwelt.

Gerade hier war auch dringend eine Neuerung notwendig, da das alte Gefangenenhaus in der Theobaldgasse höchst unzulänglich war.

In diesem Jahr 1904 wurden dadurch die Voraussetzungen geschaffen, dass Österreich Jahre später mit Recht den Ruhm in Anspruch nehmen konnte, es hätte „die beste Polizei der Welt“.

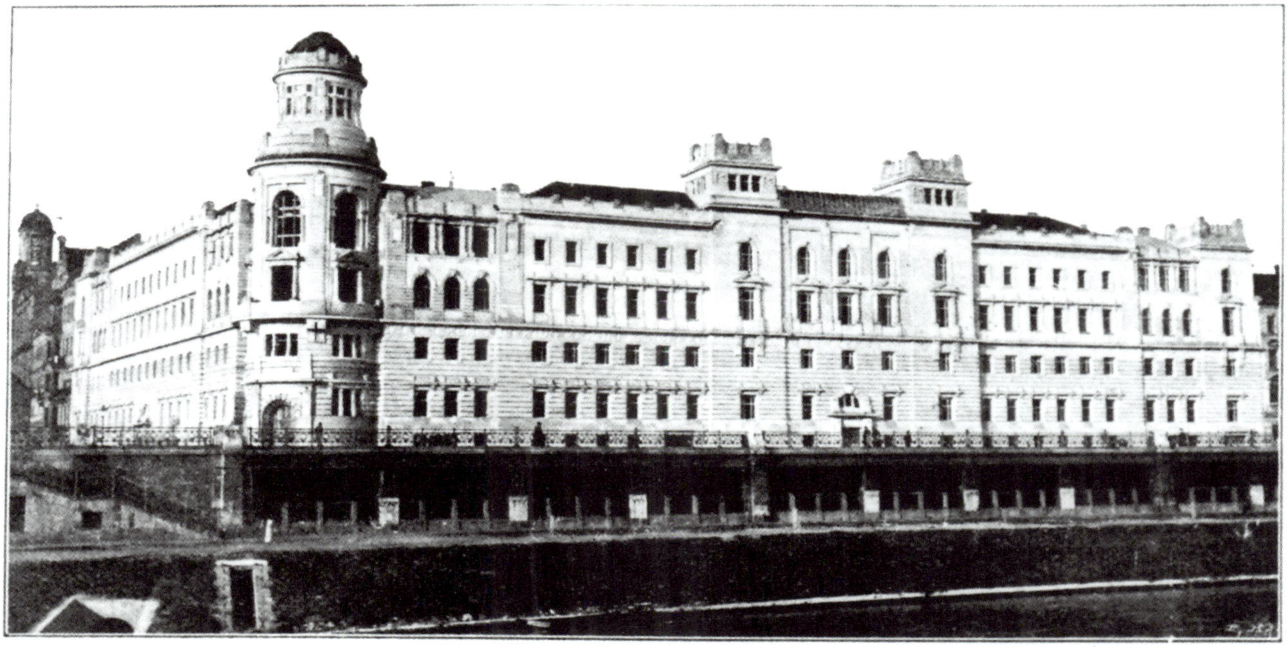

Das neue Polizei-Gefangenhaus in Wien (Elisabethpromenade).

Das 1904 fertiggestellte neue Amtshaus an der Rossauer Lände (Elisabethpromenade), das alle zentralen kriminalpolizeilichen Dienststellen aufnahm (Ermittlungsgruppen, Erkennungsamt, Fotoatelier, Gefangenenhaus und Meldeamt)

1904

Titelblatt der anlässlich der Eröffnung des neuen Polizeigebäudes 1904 erschienenen Festschrift

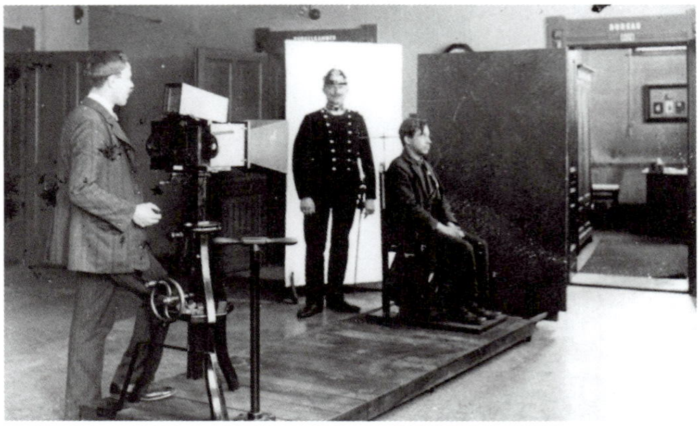

Das erkennungsdienstliche Fotoatelier im neuen Haus

Der Aufnahmeraum

Nicht nur Lebensrettungseinsätze zählten zu den bedeutendsten Aufgaben der Polizei, auch der aktive Tierschutz war ein besonderes Anliegen der Behörde. Es kam ja immer wieder vor, dass Kutscher auf ihre Pferde einprügelten, um völlig überlastete Fuhrwerke bei Glatteis über Steigungen zu ziehen, oder dass Hundefänger mit besonderer Grausamkeit vorgingen. Dies und andere schreckliche Übergriffe gegen die hilflose Kreatur in den Straßen Wiens konnten meist nur durch strenges Vorgehen der Sicherheitswache unterbunden werden.

Die Wiener Tierschutzorganisationen wussten den helfenden Einsatz der Polizei sehr wohl zu schätzen und überreichten immer wieder Prämien an ihre behördlichen Helfer, wie auf der Illustration der Oesterreichischen Kronen Zeitung vom 15. Mai 1905 zu erkennen ist.

1905

Der kaiserliche Dank

Höchste Anerkennung für eine Leistung war in den Jahren der Monarchie das kaiserliche Lob. Oft wurde dies in kaiserlichen Handschreiben zum Ausdruck gebracht, manchmal aber auch – wie hier im Bild – in persönlicher Audienz ausgesprochen.

Die Sicherheitswache-Inspektoren Fritsche und Schupp hatten sich bei der Brandkatastrophe auf der Schottenbastei, die sich am 15. Mai ereignet hatte, besonders ausgezeichnet und dabei Verletzungen erlitten. Dem Kaiser war davon berichtet worden und er ließ die beiden Männer am 26. Juni 1905 zur Audienz vorladen. Neben den freundlichen und anerkennenden Worten des Kaisers überreichte er ihnen auch das Silberne Verdienstkreuz mit der Krone, eine deutlich sichtbare Auszeichnung der kaiserlichen Huld, die fortan voll Stolz getragen wurde.

Die großen Wahlrechtskundgebungen und der nicht immer ganz friedliche Ablauf der Demonstrationen führten naturgemäß auch immer wieder zu massiven Polizeieinsätzen. Zwischen den Kundgebungsveranstaltern und der Polizeidirektion gab es immer wieder Schuldzuweisungen unterschiedlichster Art, wie die Karikatur aus der Zeitschrift „Neue Glühlichter" vom 4. Juli 1906 (Bild oben) zeigt. Das sozialdemokratische, satirische Blatt spielte hier auf die Polizeiaufrüstung dieses Jahres unter dem späteren Zentralinspektor Dr. Ignaz Pamer an, der 1906 Kommandant der berittenen Sicherheitswache war.

Dr. Ignaz Pamer war 1945–46, längst im Pensionsalter, unter dem Innenminister der provisorischen Regierung Renner (SPÖ), Honner (KPÖ), und der Regierung Figl I unter Innenminister Oskar Helmer (SPÖ) Polizeipräsident von Wien.

1906

In der Criminalschule der Wiener Polizei.

Uebungscurse für Polizei- und Wachebeamte.

Das Illustrierte Wiener Extrablatt vom 15. Dezember 1906 brachte einen großen Bericht mit einer Illustration zur polizeilichen Ausbildung in Wien.

Man hatte bereits erkannt, dass fundierte Ausbildung die Grundlage erfolgreicher Polizeiarbeit ist. Noch fehlte in Wien aber eine geeignete zentrale Ausbildungsstätte.

Erst nach dem Ersten Weltkrieg konnte dieser lang gehegte Wunsch der polizeilichen Führung in der Marokkanerkaserne verwirklicht werden.

In den Jahren vor dem Ersten Weltkrieg waren viele Projekte in Planung, die oft erst Jahrzehnte später verwirklicht werden konnten. Nicht nur eine Wiener Untergrundbahn war bereits konzipiert oder das städtische Museum geplant, auch eine weibliche Sicherheitswache wurde, wie das Bild rechts aus der Illustrierten Kronen Zeitung vom 14. Juni 1906 zeigt, überlegt.

Der Erste Weltkrieg, die Not der Zwischenkriegszeit und die Zerstörungen des Zweiten Weltkrieges führten dazu, dass die alten Pläne erst in der Zweiten Republik realisiert wurden. Dies galt nicht nur für städtebauliche Projekte, auch die weibliche Sicherheitswache wurde, wenn auch mit fast 70 Jahren Verspätung, doch noch Wirklichkeit.

1907–1914

KARL FREIHERR VON BRZESOWSKY
PRÄSIDENT DER POLIZEIDIREKTION 1907–1914

Der 1855 in Brünn geborene Karl Brzesowsky begann seine berufliche Laufbahn im Landesgericht Wien und wechselte 1879 als Konzeptspraktikant zur Wiener Polizeidirektion.

Nachdem er langsam und untadelig in der polizeilichen Hierarchie aufgestiegen war, wurde er 1907 zum Hofrat und wenig später zum Präsidenten der Polizeidirektion ernannt.

Gerade in seine Amtszeit – die Jahre zwischen der Wahlrechtsreform und dem Ausbruch des Krieges – fielen neue polizeiliche Aufgaben und Veränderungen, die Brzesowsky erfolgreich umsetzen konnte. So wurde u. a. die polizeiliche Jugendfürsorge geschaffen, der Beginn der Motorisierung erforderte ein vollkommen neues Verkehrskonzept und die polizeiliche Ausbildung wurde der neuen Zeit angepasst. Seine Verdienste wurden mit der Erhebung in den Ritter- und vor seiner Pensionierung 1914 in den Freiherrnstand belohnt.

Nicht nur der Findigkeit der Polizei, auch der Naivität mancher Täter ist nicht selten die Aufklärung eines Kriminalfalles zu verdanken.

So fielen einem berittenen Sicherheitswachmann am 4. Dezember 1907 bei seiner Streife am Flötzersteig zwei Männer in einer eigenartigen Adjustierung auf. Es waren zwei offensichtliche „Pülcher", wie man die Kleinkriminellen in Wien nannte, die allerdings in prachtvolle Herrenpelze gehüllt waren. Auf die erstaunten Fragen des Reiters erklärten die beiden in unverwechselbarem Vorstadtdialekt, dass sie „nur spazieren gehen" würden.

Der Wachmann war sich seiner Sache jedoch sicher und brachte die protestierenden Strizzis zum nächsten Wachzimmer, wo sich das Rätsel der eleganten „Spaziergänger" bald aufklärte. Erst eine halbe Stunde zuvor waren in der Kienmayergasse aus dem Büro eines Industriellen dessen Wintermäntel vom Kleiderständer gestohlen worden. Die beiden Täter hatten in großer Selbstüberschätzung die Mäntel kurzerhand angezogen, da sie annahmen, so werde der Diebstahl am wenigsten auffallen. Sie hatten die Rechnung jedoch ohne den aufmerksamen Polizeireiter gemacht.

Die Moral von der Geschichte aber war, dass Menschenkenntnis zu den hervorragendsten polizeilichen Tugenden zählt – in der Vergangenheit ebenso wie in unseren Tagen.

1907

Die Gründung der späteren Kriminalbeamten-Vereinigung

Illustriertes Wiener Extrablatt, 14. Dezember 1907

Ein Club der Wiener Criminal-Detectives.

Das war eine interessante Versammlung, welche Donnerstag Nachmittags in Eberl's Restauration in der Schloßgasse Nr. 2 in Margarethen getagt hat, eine Versammlung der Wiener Criminal-Detectives. Etwa 150 Personen nahmen an der Versammlung theil, Detectives, welche dem Polizeiagenten-Referate und den verschiedenen Commissariaten zugetheilt sind. Die Criminalgeschichte der Stadt war hier verkörpert. Längst vergessene Verbrechen und Vorfälle aus der Criminalgeschichte Wiens tauchten wieder in der Erinnerung auf. Da war ein Inspector, welcher vor Jahren anläßlich einer Mordaffaire bei der Eruirung des Thäters eine wichtige Rolle gespielt hat, dort wieder ein Polizeiagent, der als Specialist unter den „Schränkern", den Einbrechern, dort wieder Einer, der unter den „Sliberern", den Taschendieben, besonders gefürchtet ist. Dann wieder ein Criminal-Detective, der bei der Festnahme einer Bande von gewaltthätigen Streifwagendieben großen Muth gezeigt, ein Anderer, durch dessen Geschicklichkeit ein Banknotenfälscher eruirt werden konnte.

Die vorgestrige Zusammenkunft der Wiener Criminal-Detectives hatte aber keinen polizeilichen Zweck. Die Versammlung war von dem Polizeiagenten Martin Neuhofer einberufen worden, um einen Club zu gründen, welcher nicht nur die Collegialität der Polizeiagenten fördern, sondern auch dienstliche Vortheile dadurch erzielen soll, daß die praktischen Erfahrungen der einzelnen Organe durch gegenseitige Erörterung auf Alle übertragen und so Mißgriffe mancherlei Art hintangehalten werden können.

Die Statthalterei hat die Statuten der Vereinigung, welche den Titel „Club der Wiener Criminaldetectives" führt, bereits genehmigt. Jede politische Thätigkeit ist ausgeschlossen. Der Zweck des Clubs ist die Förderung der Collegialität, die Pflege der fachmännischen Bildung und die Wahrung und Förderung der Standes- und materiellen Interessen.

Die Mittel zur Erreichung vorstehenden Zieles sind: Vorträge, Vorlesungen und Discussionen über Standes- und Fachfragen, sowie Berathung sonstiger wichtiger Standes-Angelegenheiten mit Ausnahme solcher politischer oder religiöser Natur, und die Errichtung einer Bibliothek, welche vorzugsweise aus Gesetzbüchern, sowie aus rechts- und criminalwissenschaftlichen Werken zu bestehen hat.

Nach einer Begrüßungsansprache durch den Einberufer gaben die Theilnehmer der Versammlung ihrer Befriedigung über die Gründung dieses Clubs Ausdruck. Hierauf wurde die Wahl der Vereinsfunctionäre vorgenommen. Mit Hochrufen auf den Kaiser, den Polizeipräsidenten Brzesowsky und den Chef des Polizeiagenten-Instituts Commissärs Dr. Nickles schloß die Versammlung.

Der Hintergrund für die relativ große Sicherheit in den Straßen des alten Wien war sicherlich das dichte Netz von Polizeistreifen zu Pferd und zu Fuß. Obwohl es auch in Wien zur Bildung von zahlreichen „Platten", wie man kriminelle und gewaltbereite Vereinigungen nannte, kam, erreichte diese Form der Kriminalität nie das Ausmaß anderer europäischer Großstädte.

Typisches Beispiel für die Effektivität der Fußstreifen waren viele Fälle, in denen in einer stillen Vorstadtgasse im entscheidenden Moment ein Wachmann in Rufnähe war, wie dies am 21. Dezember 1907 in der Neuwaldegger Straße der Fall war.

Zwei Einbrecher waren in die Wohnung einer alten Frau eingedrungen und hatten sie bedroht. Die gellenden Hilferufe der Frau wurden von einem patrouillierenden Wachmann gehört und wenig später waren die Täter bereits in polizeilichem Gewahrsam.

Die Illustrierte Kronen Zeitung vom 24. Dezember 1907 veröffentlichte dazu eine meisterliche Illustration (Bild oben).

1908

AUFSTREUEN!
RASCH AUFSTREUEN

Unzählige Male ertönte im alten Wien der Ruf „Holts an Wachmann!". Und tatsächlich war es so, dass der „Wachmann" für alle Bereiche zuständig schien und der Ruf nach ihm immer dann ertönte, wenn man nicht mehr weiterwusste. Seine Autorität half, fast alle Probleme zu lösen.

Ob entlaufenes Haustier, verlorene Schlüssel oder Glatteis auf dem Gehsteig, der „Wachmann" musste „her", wie die Zeichnung der Illustrierten Kronen Zeitung vom 10. Jänner 1908 deutlich zeigt.

Ein Exemplar 2 kr. = 4 h.
IX. Jahrgang Nr. 2928.

Illustrierte
Kronen Zeitung

Monatlich [illegible] Krone
mit Zustellung ins Haus.

Administration: IX/1, Pramergasse 28, Tel. 15744.
Stadtbureau: I., Schulerstraße 19, Teleph. 7927.

Wien, Sonntag, 23. Februar 1908.
Redaktion: Wien, IX/1, Pramergasse 28.
Int.-urb. Tel. 12805. Lokal-Tel. 14330. – Manuskripte werden nicht zurückgestellt.

Monats-Abonnement: (für die Provinz mit täglicher Postversendung) 1 Krone 60 Heller.

Von einem Hunde zerfleischt.

In den Wiener Vorstädten herrschten in den Jahren vor dem Ersten Weltkrieg in manchen Gegenden noch fast ländliche Verhältnisse und es gab viele landwirtschaftliche Betriebe. Auch die dazugehörigen Hofhunde durften natürlich nicht fehlen. Das Zusammentreffen von ländlichen und städtischen Strukturen führte dabei immer wieder zu Unfällen, da die den Hof bewachenden Hunde keinen Unterschied zwischen bettelnden Landstreichern und hausfremden Besuchern der Mietparteien machten.

So ereignete sich am 20. Februar 1908 in der Fünfhausgasse ein tragischer Unfall, als ein elfjähriges Mädchen von einem Hofhund angefallen wurde. Ein Sicherheitswachmann hörte die Schreie und konnte das bereits schwer verletzte Kind im letzten Moment retten.

Bereits wenige Tage später berichtete die Illustrierte Kronen Zeitung über den Vorfall und widmete ihm eine Illustration auf dem Titelblatt (Bild oben).

1908–1910

TOBIAS ANGER
ZENTRALINSPEKTOR 1908–1910

Der am 20. November 1856 geborene Tobias Anger war Kommandant der berittenen Sicherheitswache, wurde am 18. Dezember 1901 zum Stellvertreter des Zentralinspektors Gorup bestellt und nach Ernennung Gorups zum Polizeipräsidenten am 29. Juli 1908 dessen Nachfolger im Amt des Zentralinspektors. Er übte diese Funktion allerdings nur bis 29. Jänner 1910 aus.

In die kurze Amtszeit Angers fielen zwei, bis heute gültige, polizeiliche Neuerungen. Einerseits wurde die Wiener Polizeimusik gegründet, die im November 1909 das erste Mal bei einem Konzert an die Öffentlichkeit trat, andererseits wurde, ebenfalls 1909, der seit Jahren intern und probeweise betriebene Einsatz von Diensthunden offiziell eingeführt.

Tobias Anger verstarb, hochbetagt, am 25. Oktober 1940.

Jahrelang hatte man bei der Wiener Polizei den Einsatz von Hunden für die Polizeiarbeit überlegt und unter Ausschluss der Öffentlichkeit den praktischen Einsatz geprobt. Bereits 1904 war einem Wachinspektor der Wiener Sicherheitswache, der in Josefsdorf am Kahlenberg stationiert war, ein Schäferhund übergeben worden. Der Hund sollte vorerst nur eine reine Schutzfunktion als Begleiter des Wachmannes in unübersehbarem Gebiet haben, dann aber übte man das Revieren und die Mannarbeit. Das Mitführen und Abrichten des Hundes galt aber noch als reine Privatangelegenheit des Wachmannes und erfolgte auf freiwilliger Basis.

Da sich diese Versuche als überaus erfolgreich erwiesen, wurde schließlich 1909 die Errichtung eines Hundezwingers und die offizielle Einsetzung von Hunden für Polizeizwecke bekannt gegeben. Die Diensthundeabteilung wurde dem Zentralinspektorat unterstellt.

1909

Die neue Wiener Sicherheitswachkapelle.

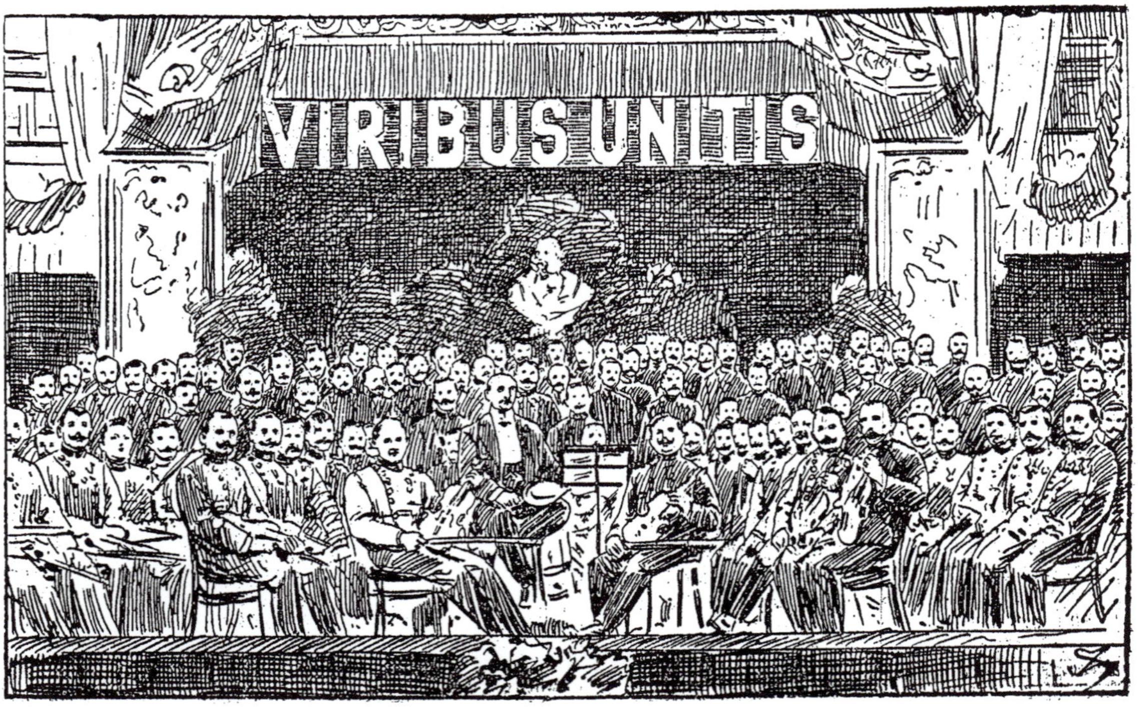

Die neue Musikkapelle der Wiener Sicherheitswache hat am letzten Samstag zum ersten Male bei dem großen Wohltätigkeitsfeste der Wiener Sicherheitswache in Weigls Katharinenhalle öffentlich gespielt. Die Vorträge der neuen Kapelle wurden mit reichem Beifall aufgenommen.

Das Jahr 1909 war für die Wiener Polizei und in Besonderem für die Sicherheitswache sehr ereignisreich. Einerseits feierte man das 40-jährige Jubiläum der Gründung der Sicherheitswache im Jahre 1869, andererseits wurde anlässlich dieses Festes die neu gegründete Polizeimusik mit einem ersten Konzert der Öffentlichkeit präsentiert. In der Illustrierten Kronen Zeitung vom 23. November 1909 und anderen Tageszeitungen wurde diese unter dem Titel „Die erste Produktion der neuen Wiener Polizeikapelle“ in Wort und Bild vorgestellt.

In den Gründungsstatuten wurde festgehalten, dass die Musikkapelle der Sicherheitswache „mit dem Vorbehalt bewilligt wird, dass sie nur der Pflege künstlerischer Eigenschaften der Mitglieder des Wachkorps entsprechen und den Wirkungskreis eines Hausorchesters nicht überschreiten solle …“

Das Fehlen einer großen Zentralkaserne der Sicherheitswache machte eine Anzahl von kleineren Polizeikasernen erforderlich, die über ganz Wien verteilt waren und von wo aus die Mannschaft in die verschiedenen Wachzimmer eingeteilt wurde.

1910 befand sich im Haus Postgasse 7 das Schulkommando und dort war auch der Sitz der Chargenschule, während die „Reserveschule" in der Sonnenfelsgasse 19 untergebracht war.

Im Allgemeinen waren die Polizeikasernen jener Jahre oft bescheidene Unterkünfte, wie man an der Aufnahme einer „Dekorierung" im Hof der Postgasse (unten) oder dem Bild der 1910 neu errichteten Polizeikaserne in Meidling (oben) erkennt. Erst mit der Übernahme der Schwarzenbergkaserne in der Marokkanergasse nach dem Ersten Weltkrieg wurde der räumliche Mangel behoben.

1910

Das erste Jugendheim der Wiener Polizei.

An Gott nicht verzag
das Glück kommt alle Tag

Von dem stetem Bestreben, namentlich die Jugend vor der Kriminalität zu bewahren, Jugendliche vor dem Straucheln, Gestrauchelte vor dem Rückfall zu bewahren, hat Polizeipräsident Brzesowsky, wie bereits gemeldet wurde, eine neue Institution mit kommunaler und privater Hilfe ins Leben gerufen, die sicherlich berufen erscheint, ein weiteres Glied in der Kette der Maßnahmen zu werden, die der Fürsorge für Jugendliche gelten. Die Polizeidirektion ist nämlich in sehr vielen Fällen genötigt, für die augenblickliche Unterbringung jugendlicher Personen, vom zartesten Alter angefangen, zu sorgen. Jugendliche müssen nicht selten oft nur deshalb im Polizeigefangenhause oder bei Polizeikommissariaten längere Zeit bleiben, weil die Intervention der zuständigen Behörden, Krankenanstalten oder privaten Wohltätigkeitsvereine nicht sofort bewirkt werden kann, sondern nur an bestimmte Stunden und bestimmte Bedingungen geknüpft ist. Dies trifft unter anderem bei Jugendlichen zu, die aus dem Elternhause entwichen sind, bei Angehörigen von Auswanderern, die ihren Eltern nachreisen wollen, bei Zugereisten, hier Arbeit oder Stelle suchenden Jugendlichen, dann bei Kindern, deren Erhalter in Haft genommen werden mußten, plötzlich gestorben oder ins Spital gebracht worden sind. Nicht selten bringen, insbesondere an Sonntagen, verirrte Kinder den Kommissariaten arge Verlegenheit. Sie mußten bisher bis zur Eruierung ihrer Eltern auf den Wachzimmern verbleiben und es kam vor, daß sich die Angehörigen oft erst nach mehreren Tagen meldeten. Insbesondere am 1. und 15. eines jeden Monates kommen Mütter mit ihren Kindern spät nachts zu den Kommissariaten und bitten um Obdach im Arrest, da sie nach ihrer mittags erfolgten Delogierung trotz aller Bemühungen oft selbst gegen Zahlung keinen Unterstand finden konnten. Beim Kommissariat Ottakring z. B. sind an solchen Tagen nicht selten dreißig bis vierzig derartige Kinderl Vor einigen Wochen hat ein ungenannt sein wollender Wohltäter die Polizeidirektion in die Lage versetzt, das Heim zu errichten und für einige Jahre zu führen. Mit dem Polizeigebäude auf der Elisabethpromenade kommuniziert das städtische Haus 9. Bezirk, Hahngasse Nr. 8. Auf Ersuchen des Polizeipräsidenten Brzesowsky hat die Gemeinde Wien eine aus fünf Zimmern bestehende Wohnung für dieses Asyl der Zentrale für Jugendfürsorge zur Verfügung gestellt und auf die Zahlung eines Mietzinses Verzicht geleistet. Aus der Spende des Menschenfreundes wurde das Heim mit Bädern, den übrigen Einrichtungen, einem Isolierraum und Schlafstellen versehen. Gestern ist das Heim seiner Bestimmung übergeben worden. Mit der Leitung des Heimes wurde der Leiter der polizeilichen Jugendfürsorge Regierungsrat Windt betraut. Die unmittelbare Aufsicht wird die Polizei-Assistentin für Jugendfürsorge führen.

Das Jugendheim soll, so heißt es in der Hausordnung, die Anhaltung von Kindern und unter Umständen von Jugendlichen bis zum 18. Lebensjahre im Polizei-Arrest überhaupt ausschalten. Von der Aufnahme ausgeschlossen sind Gewalttäter und exzessive Elemente, Plattenbrüder, notorische Dirnen und infektiös Erkrankte. Das Heim soll in der Regel, damit stets Raum bleibt, nur als Zufluchtsort für eine Nacht dienen, bis die Jugendschutzeinrichtungen des Landes, der Stadt Wien oder privater Vereine in Funktion treten können. Zu der gestrigen Vorbesichtigung des Notasyls für Jugendliche hatten sich Polizeipräsident Brzesowsky, sein Stellvertreter Hofrat Freiherr Gorup v. Besanez und Hofrat Jerabek eingefunden. Der Leiter der polizeilichen Jugendfürsorge Regierungsrat Windt geleitete sie durch die Räume des Asyls, das den besten, zweckentsprechenden Eindruck machte. Das vorstehende nach der Natur aufgenommene Bild zeigt ein Zimmer des Jugendheimes. Die Räume sind sehr hübsch und überaus praktisch eingerichtet. Alles ist in weißer Farbe gehalten und wohl die wenigsten der Kinder, welche in dem Jugendheim eine Nacht Unterstand finden, werden es je im Leben so gut gehabt haben, wie hier. Das Jugendheim, in welchem die Kinder liebevoll gewartet und verköstigt, durch Spiele und Lektüre, wie dies in vorstehendem Bilde ersichtlich ist, unterhalten werden, verdient die werktätigste Förderung aller Wohltäter, damit der Bestand dieses Heims für immer gesichert bleibt.

Illustriertes Wiener Extrablatt, 18. Oktober 1910

ROMAN FUCHS
ZENTRALINSPEKTOR 1910–1911

Auch in der kurzen Amtszeit von Roman Fuchs als Zentralinspektor der Wiener Sicherheitswache konnten manche polizeiinterne Reformen umgesetzt werden, es waren aber auch bedeutende sicherheitspolizeiliche Ereignisse zu vermerken. So hatte Fuchs die in dieser Zeit besonders heikle Aufgabe der äußeren Organisation der nach dem 1907 erkämpften „allgemeinen, freien, geheimen und direkten Wahlrecht" abgehaltenen Reichsratswahlen vom 13. bis 20. Juni 1911.

Diese Strapazen der Eindämmung des sehr turbulenten Wahlkampfes und der heiklen Gratwanderung zwischen Obrigkeitsstaat und Demokratie waren scheinbar zu viel der Belastung für den verantwortungsvollen Zentralinspektor. Nach einem langen Arbeitstag wurde er in der Nacht zum 21. Juni 1911 in seiner Wohnung in Gersthof plötzlich von Unwohlsein befallen und verschied wenig später an Herzversagen.

Die Sicherheitswache, aber auch große Teile der Bevölkerung verabschiedeten den beliebten Zentralinspektor bei seinem letzten Weg in einem imposanten Trauerzug, der die Popularität des Verstorbenen deutlich machte.

1911

Die Teuerungsdemonstrationen

Das Jahr 1911 war in der Geschichte Wiens und damit in der Geschichte der Sicherheitswache besonders dramatisch.

Infolge der geringen Ernte des Sommers 1911 und einer verfehlten Agrarpolitik kam es zu dramatischen Preissteigerungen bei Lebensmitteln, sodass eine mehrköpfige Arbeiterfamilie trotz aufrechter Arbeit kaum mehr das Existenzminimum für den Lebensunterhalt erreichen konnte.

Am 17. September 1911 demonstrierten vor dem Rathaus rund 100.000 Menschen gegen diese Lebensumstände. Als es zu den ersten Zusammenstößen zwischen Demonstranten und der Sicherheitswache, die alle Amtsgebäude bedeckte, kam, wurde auch Militär zum Abdrängen der Menge eingesetzt. Es gab Plünderungen und Brandschatzungen, Schulen und Geschäfte wurden gestürmt, wobei große Sachschäden entstanden. Nach weiteren schweren Zusammenstößen in Ottakring waren fünf Tote und mehr als hundert Verletzte zu beklagen.

Wieder einmal gewährt eine Abbildung der Illustrierten Kronen Zeitung im Juni 1911 (unten) den Blick in ein Wiener Polizeiwachzimmer.

Anlass war ein Kriminalfall in der Leopoldstadt. Die Prostituierte Rosa Ertl war in ihrer Wohnung in der Stuwerstraße ermordet und ihres Schmucks beraubt worden. Wenig später hatte der Täter die Beute einem Juwelier angeboten und bald war der Mann in den Händen der Wache, die ihn vorerst in das Wachzimmer Salzachstraße brachte. Der Mörder erkannte die Ausweglosigkeit seiner Situation und erlitt einen Nervenzusammenbruch. Dieser dramatischen Situation verdanken wir diese Darstellung und den interessanten Einblick in den polizeilichen Alltag des Jahres 1911.

Die rasche Lösung des Kriminalfalles erfüllte aber die Wiener Polizei noch aus einem anderen Grund mit Stolz. In diesen Tagen befand sich nämlich eine Polizeikommission aus Berlin zu Gast in Wien, die über die rasche Klärung des Falles höchst erstaunt war. Auf die Frage der Berliner, ob das hier denn immer so rasch gehe, antwortete der damalige Vorstand des Sicherheitsbüros nur bescheiden: „Ja, ja, so macht man das eben bei uns in Wien …“

1911–1923

DR. IGNAZ PAMER
ZENTRALINSPEKTOR 1911–1923

Der am 27. August 1866 in Korneuburg geborene Dr. Ignaz Pamer war wohl eine der eindrucksvollsten Persönlichkeiten der Wiener Polizei, in der sich bereits der Übergang vom alten Österreich zu Zwischenkriegszeit und Zweiter Republik spiegelte. Er war 1892 als Konzeptspraktikant in die Polizeidirektion Wien eingetreten, wurde 1895 Bezirksinspektor und 1909 Polizeirat. Mit 4. September 1911 erreichte Pamer den Rang eines Oberpolizeirates und wurde zum Zentralinspektor der Wiener Sicherheitswache ernannt. 1923 schließlich erfolgte seine Bestellung als Vize-Polizeipräsident unter Johann Schober.

In die Dienstzeit Dr. Ignaz Pamers als Zentralinspektor fielen dramatische Ereignisse. Bereits im September 1911 musste er die Sicherheitswache zu Pferd, mit blank gezogenem Säbel, gegen die Menge der teilweisen gewalttätigen Teuerungsdemonstration vorgehen lassen. Auch die notwendigen Polizeieinsätze des Jahres 1919 zur Rettung der Regierung Renner trugen die Handschrift Pamers. Dies gilt auch für seine letzten Dienstjahre als Zentralinspektor vor 1923.

Das Jahr 1912 brachte auf dem Gebiet des innerstädtischen Verkehrswesens große Veränderungen. So wurden im Sommer dieses Jahres von der Wiener Polizei die ersten Mannschafts-Transportautomobile angekauft und in Dienst gestellt. Vorher mussten allerdings „Polizeifunktionäre des Verkehrsdienstes in die Geheimnisse des Automobilismus eingeweiht werden".

Die neue Beweglichkeit der Polizei war natürlich auch bald Ziel der Karikaturisten, wie die Zeichnung aus der Zeitschrift „Muskete" (rechts) zeigt.

Im September 1912 kam es schließlich zur ersten Kundmachung einer Verkehrsordnung in Wien, in der definitiv der Linksverkehr angeordnet wurde.

Das Wiener Verkehrsregelungsproblem wird an den belebtesten Straßenknotenpunkten durch die Einführung des „lenkbaren Schutzmannes" gelöst.

Eine Neuerung bei der Wiener Polizei.

Die Beamten lernen Automobilfahren.

Bei der Wiener Polizei ist wohl unter dem Eindrucke der Pariser Automobilverbrechen die Neueinrichtung getroffen worden, daß zunächst die höheren Polizeifunktionäre des Verkehrsdienstes theoretisch und praktisch in die Geheimnisse des Automobilismus eingeweiht werden. Zur Erwerbung der notwendigen theoretischen Kenntnisse finden zunächst Exkursionen in die Automobilfabriken statt. Unser Bild zeigt den Beamtenkörper der Verkehrspolizei bei einer dieser Exkursionen, an der auch Erzherzog Franz Salvator teilnahm. Einer der Polizeifunktionäre versucht es gerade, den Motor anzukurbeln.

1913

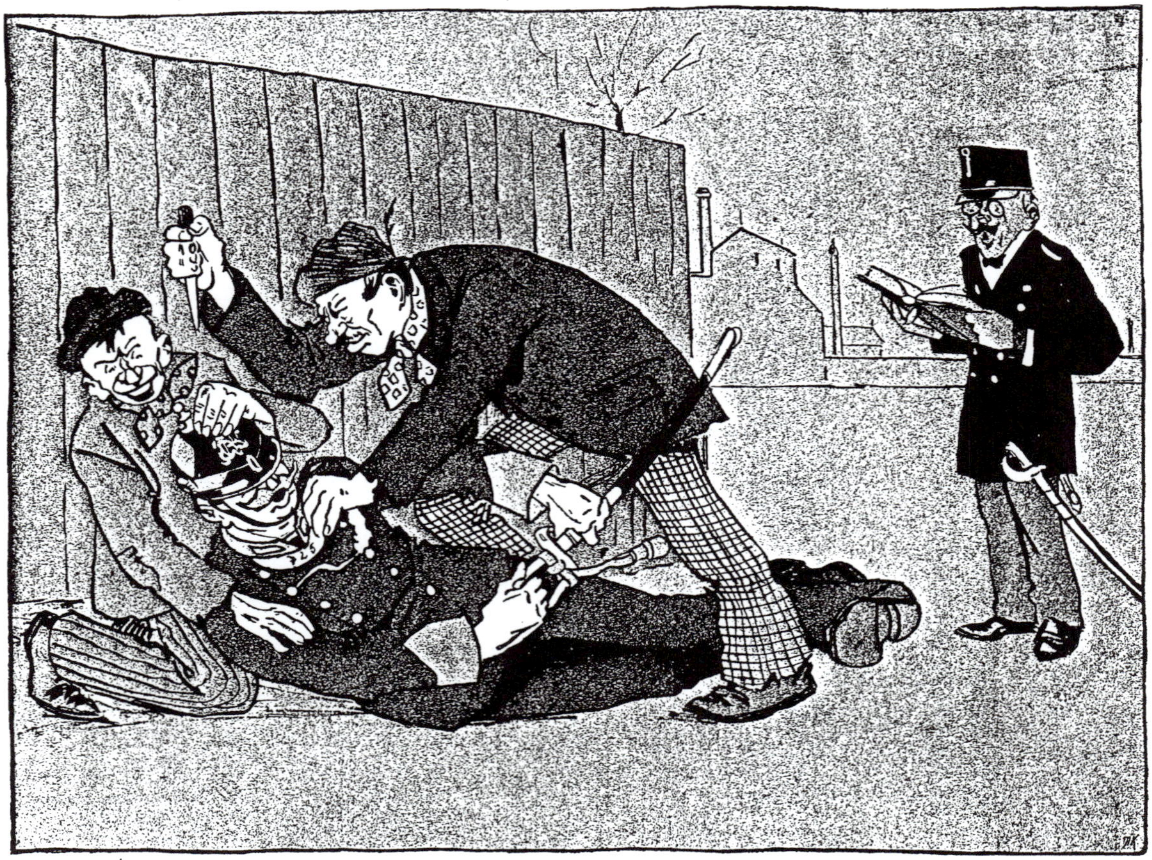

„Halt, Wachmann! Den Säbel dürfen Sie erst dann ziehen, wenn Sie nach gewissenhafter Prüfung des eigentlichen Tatbestandes und reiflicher Überlegung aller Begleiterscheinungen unter sorgfältiger Beobachtung aller einschlägigen Gesetze, Verordnungen und Präsidialkurrenden konstatieren können, daß die Messerspitze bereits Rock und Hemd durchbohrt hat, und sich in unzweifelhaft bedrohlicher Weise einer jener Stellen Ihres Körpers nähert, beziehungsweise schon bei der diesbezüglichen Stelle angelangt ist, auf der das eventuelle weitere Vordringen derselben mit unbedingter Bestimmtheit oder wenigstens mit allergrößter Wahrscheinlichkeit in der Lage ist, eine ernstliche Gefährdung Ihres Lebens beziehungsweise eine schwere Schädigung Ihrer Diensttauglichkeit befürchten zu lassen.“

Da es immer wieder zu massiven Angriffen der Presse und auch im Plenum des Reichsrates wegen des Waffengebrauches der Sicherheitswache kam, wurde seitens der Behörde strengstens auf die Einhaltung der bestehenden Vorschriften geachtet und zusätzlich eine Reihe neuer Einschränkungen für die Einsätze der Wachmannschaft eingeführt. Das Ergebnis war allerdings, dass die Zahl der im Dienst verletzten Polizisten sprunghaft anstieg.

In einer meisterhaften Karikatur in einer Wiener satirischen Zeitschrift wurde diese Problematik aufgeworfen und mit einem entsprechenden Text versehen – beides soll hier wiedergegeben werden, beschränkt sich die Aktualität wohl nicht nur auf das Jahr 1913.

Immer mehr erkannte man, dass soziale und familiäre Geborgenheit die beste Motivation für den Sicherheitswachmann waren. Gerade im Wohnbereich bestanden aber gewaltige Mängel, da in jenen Jahren vor dem Ersten Weltkrieg der Wohnraum immer mehr zum Spekulationsobjekt geworden war und der sehr gering besoldete Polizist mit den Preissteigerungen nicht mehr Schritt halten konnte.

Dies war auch der Grund, dass in Wien eine Reihe von Polizei-Wohngebäuden entstand, wie das oben abgebildete auf der Schmelz (Ecke Heindlgasse/Herbststraße) und in der Pfenniggeldgasse in Ottakring (unten), die im Oktober 1913 fertig gestellt und bezogen werden konnten.

Durch das damals geschaffene, gesetzlich verankerte „Baurecht" konnte der Staat den Mietern aus dem Bereich der Polizei für die Jahre ihrer aktiven Dienstzeit Unkündbarkeit und einen nicht zu erhöhenden, geringen Mietzins garantieren.

Um diese Vorzüge wurde die Polizei heftig beneidet. Allerdings standen bereits vier Jahre später, 1917, durch den „Mieterschutz" diese, bis dahin nur der Polizei gewährten, Privilegien der Allgemeinheit zu Verfügung.

Das neue Polizeiheim in Ottakring.

1914

In den letzten Monaten vor dem Ausbruch des Krieges erreichten die Neuzulassungen von Automobilen in Wien ein bis dahin ungeahntes Ausmaß und dementsprechend erhöhte sich auch das Verkehrsaufkommen.

Der Karikaturist nahm sich dieses Umstandes an und schilderte das Verkehrsgetümmel auf der Reichsbrücke, wenn die Wiener an den Tagen der beliebten Flugvorführungen dem Flugfeld Aspern zustrebten.

Aber auch in der Realität ist der dichter gewordene Straßenverkehr zu erkennen, wie eine Fotografie zeigt, auf der ein Wachmann den bereits dichten Verkehr an der Opernkreuzung noch durch Handzeichen regelt.

So hoffnungsfroh das Jahr 1914 begonnen hatte, so abrupt kam nach dem Attentat in Sarajevo das Ende diese Idylle.

Strömten nach dem 28. Juni zahlreiche Menschen auf die Straßen Wiens, um gegen Serbien zu protestieren, wich das Ziel der immer stärker werdenden antiserbischen Demonstrationswelle bald einer allgemeinen Kriegseuphorie. Alle Kräfte der Sicherheitswache mussten aufgeboten werden, um die Ordnung in den Straßen der Stadt aufrechtzuerhalten. Durch die allgemeine Mobilmachung verschärfte sich die Situation noch, da die Musterungslokale geradezu gestürmt wurden.

Bereits wenige Jahre später musste die Wache wieder gegen Demonstranten einschreiten. Da waren es jedoch nicht mehr die Kriegsbegeisterten, sondern jene Menschen, die durch Hunger, Not und Elend auf die Straße getrieben wurden.

Mannschaft der Sicherheitswache bei der Befehlsausgabe, Juni 1914

1914–1917

FERDINAND GORUP FREIHERR VON BESÁNEZ
PRÄSIDENT DER POLIZEIDIREKTION 1914–1917

Der 1855 im böhmischen Saaz geborene Ferdinand von Gorup genoss das besondere Vertrauen des Kaisers, war er doch als Zentralinspektor in den Jahren 1901–1908 mit der sehr heiklen Handhabung der riesigen Wahlrechtskundgebungen und auch der Veranstaltungen zum Regierungsjubiläum des Kaisers 1908 betraut gewesen und hatte dabei großes Fingerspitzengefühl bewiesen. Auch hatte er sich als Begleiter des Kaisers bei zahlreichen Staatsbesuchen – verantwortlich für die Sicherheit und den reibungslosen Ablauf der Reisen – so bewährt, dass er am 9. Juni 1914, also noch vor Ausbruch des Krieges, zum Präsidenten der Wiener Polizeidirektion ernannt wurde.

In die Amtszeit Gorups fielen nicht nur die dramatische Zeit des Kriegsausbruches, sondern auch alle mit den Kriegsereignissen verbundenen Probleme der Stadt, die er in untadeliger Form erfüllte.

Im Juni 1917, etwas mehr als ein Jahr vor dem tragischen Zusammenbruch des alten Reiches, trat Ferdinand von Gorup in den altersbedingten Ruhestand.

Er sollte das alte Österreich noch fast 10 Jahre überleben – er verstarb am 15. April 1928 in Wien.

Die Kriegseuphorie des Sommers 1914 war bald einer Ernüchterung gewichen, die durch das Ausbleiben großer militärischer Siege und die beginnende Lebensmittelverknappung noch verstärkt wurde. Durch den Kriegseintritt Italiens an der Seite der Gegner Österreich-Ungarns wurde auch die Hoffnung der Bevölkerung auf einen baldigen Sieg und damit den Frieden stark getrübt.

Das Innenministerium beauftragte das Zentralinspektorat der Wiener Sicherheitswache sogenannte „Stimmungsbilder aus der Bevölkerung" anzulegen. Wachleute sollten auf Märkten und bei Menschenansammlungen die Meinung der Wiener zu verschiedenen Themen erkunden. Diese gesammelten Meldungen wurden dann vom Zentralinspektorat an das Ministerium weitergeleitet. Die staatliche Kriegspropaganda konnte so die entsprechenden Gegenmaßnahmen ergreifen.

K.k. P o l i z e i d i r e k t i o n   i n   W i e n .

Zentralinspektorat der k.k. Sicherheitswache.

Wien, am 8. Juli 1915.

S t i m m u n g .

Die siegeszuversichtliche und patriotische Stimmung der Bevölkerung wird durch die in der Ernährung weiter bestehenden Schwierigkeiten merklich beeinträchtigt. Besonders in den durch die Teuerung am schwersten betroffenen armen Bevölkerungsklassen macht sich eine Friedenssehnsucht und Gleichgiltigkeit gegen die kriegerischen Ereignisse bemerkbar.

Das Hinausschieben des Einrückens der älteren Jahrgänge wurde mit Freude aufgenommen, da hiedurch die Beendigung dringender Erntearbeiten ermöglicht wurde; auch schliesst man daraus auf eine günstige militärische Lage unsererseits.

Der Anwesenheit des deutschen Reichskanzlers wird besondere Bedeutung beigelegt und dieselbe mit der rumänischen Frage in Verbindung gebracht.

Die Gerüchte, dass es mit Russland Anfang August zu einem Waffenstillstande kommen und dass mit Serbien und Montenegro bereits diesbezügliche Vereinbarungen bestehen, erhalten sich weiter.

1915

Obwohl schon zur traurigen Routine geworden, trafen die Verwundetentransporte doch noch immer unter möglichstem Ausschluss der Öffentlichkeit ein. Die Polizei musste bei den betreffenden Bahnhöfen vor dem Eintreffen der Lazarettzüge, meist am frühen Morgen, das Bahnhofsgelände von Neugierigen oder Fotografen freihalten. Die Schreckensbilder der oft fürchterlich verstümmelten Kriegsopfer passten eben nicht zur Propaganda eines Krieges voll „Glanz und Glorie".

Die Verwundeten wurden dann von den Bahnhöfen unter Begleitschutz in die vielen Reservelazarette aufgeteilt. Dort war es dann möglich, die auf dem Weg der Genesung befindlichen Soldaten auch einer breiteren Öffentlichkeit vorzustellen.

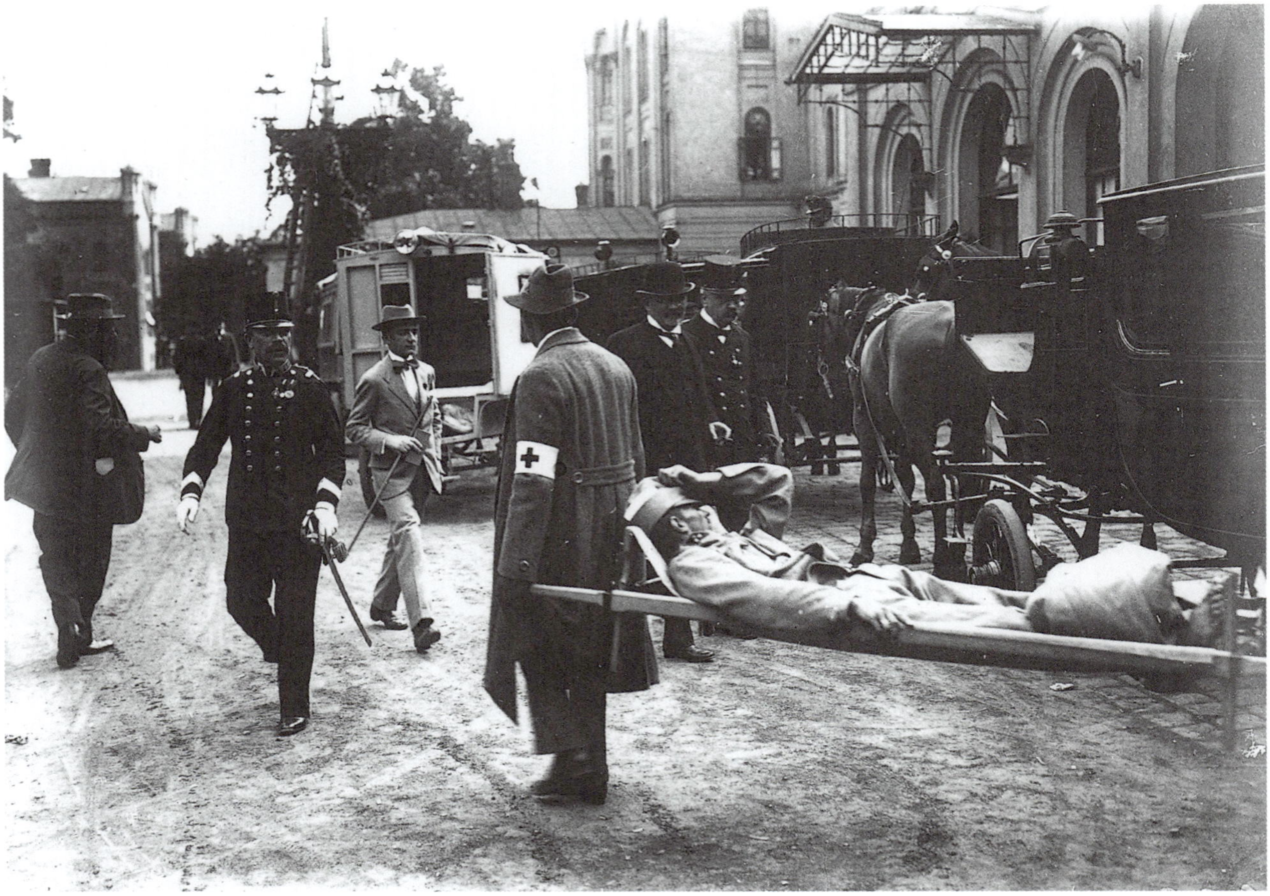

Eintreffen eines Verwundetentransports auf einem Wiener Bahnhof unter polizeilicher Bedeckung

Als am 21. November 1916 der 86-jährige Kaiser Franz Joseph I. starb, war für viele Österreicher das nahende Ende des alten Reiches spürbar. Noch einmal, an der Bahre des verstorbenen Monarchen, wurde die Einheit des Reiches beschworen und noch einmal, am Tag der Beisetzung, glänzten die Uniformen der Garden und auch die der Sicherheitswache, deren Helme ja das gekrönte Monogramm des verstorbenen Kaisers zierte. Aber auch das Feldgrau der Infanteristen beherrschte die Straßen und Plätze, gleichsam ein Symbol für eine neue, aber auch graue Zeit, die kommen sollte.

In die Regierungszeit Franz Josephs war der weite Weg von der alten Militär-Polizeiwache zur neuen Sicherheitswache gefallen. Der alte Kaiser hatte keine Gelegenheit ungenützt gelassen, seine Verbundenheit mit der Wiener Polizei zum Ausdruck zu bringen, und so war es nur zu verständlich, dass so mancher, das Spalier bildende Wiener Sicherheitswachmann an diesem Tag mit Tränen in den Augen seinen Dienst versah.

Das nächtliche Eintreffen des Konduktes Kaiser Franz Josephs I. bei der Überführung von Schönbrunn in die Hofburg

1917

Der neue Polizeihelm mit dem Monogramm von Kaiser Karl I.

Alle Hoffnungen der staatsbejahenden Österreicher richteten sich 1917 auf den jungen Kaiser Karl I., der seinem Großonkel Franz Joseph I. auf den Thron gefolgt war. Neue Führungskräfte, moderne Ideen und eine vorsichtige Föderalisierung des alten Reiches stärkten diese Erwartungen, wenn nicht die Schrecken des Krieges auch im tiefsten Hinterland immer spürbarer geworden wären.

Zwar gelang es im Oktober 1917 der österreichisch-ungarischen Armee unter General Alfred Krauss – mit Unterstützung des Deutschen Alpenkorps, einer bayerischen Hochgebirgseinheit – in der 12. Isonzoschlacht bei Flitsch und Tolmein die Italiener zu besiegen und die Front weit nach Süden vorzuschieben, doch waren offensichtlich die Weichen schon gestellt. Streiks und Hungerdemonstrationen lösten einander in den Großstädten ab und es konnte jederzeit zu einem gewaltigen Aufstand der kriegsmüden und notleidenden Bevölkerung kommen. Dass dies und das damit verbundene gewaltige Blutvergießen verhindert wurde, war wohl in erster Linie den Sicherheitskräften zu verdanken, deren Stand jedoch von Tag zu Tag schwieriger werden sollte.

Ungeachtet des Krieges und trotz Hunger und Not hatte auch in Wien der polizeiliche Alltag weiterzugehen. Die Männer in der Uniform der Sicherheitswache, aber auch die Polizeiagenten, wie die Kriminalbeamten damals noch hießen, waren zwar meist schon älter – die Jungen mussten an die Front –, doch hielt der Sicherheitsapparat trotz höchster Anforderungen auch in dieser dramatischen Zeit stand. War zwar das bis 1914 sprunghaft angestiegene Verkehrsaufkommen kriegsbedingt ins Stocken geraten, so waren politische Kundgebungen an der Tagesordnung und auch die Kriminalität stieg stark an. Das Fehlen der Männer in vielen Haushalten begünstigte geradezu Übergriffe gegen gutgläubige und hilflose Frauen. Sowohl Gewalttätern als auch Wucherern und Spekulanten waren Tür und Tor geöffnet.

Der bedrängte Staat antwortete 1917 durch die Errichtung des „Kriegswucheramtes" – Vorgängereinrichtung der Wirtschaftspolizei – und der gesetzlichen Verankerung des Mieterschutzes. Ein wichtiger Schritt zum wirtschaftlichen Schutz unzähliger Soldatenfrauen und Kriegerwitwen. Den Schutz vor körperlicher Bedrohung hatten aber in erster Linie die Sicherheitsorgane zu gewährleisten: mit immer weniger und älteren Wachleuten bei steigender Anforderung. Ein Teufelskreis, den erst das 1917 bereits heiß ersehnte Ende des Krieges stoppen konnte.

S. B. 842/17.

1000 Kronen Belohnung!

Raubmord.

Am 2. Jänner 1917 gegen 9 Uhr abends wurde die 64jährige Bedienerin Josefine **Sykora** in ihrer Wohnung, III., Khunngasse 5, in ihrem Bette liegend als Leiche aufgefunden.

Wie die Obduktion ergeben hat, ist der Tod von **fremder Hand,** und zwar dadurch herbeigeführt worden, daß der Sykora zwei aus Tüchern hergestellte **Knebel** in den Schlund gepreßt worden sind.

Aus dem Besitze der Josefine Sykora dürften **folgende Gegenstände fehlen:**

1 **altmodische, dicke, goldene Herren-Remontoiruhr** mit Doppeldeckel, eingraviertem Kranz, in der Mitte je ein Schildchen, oben Monogramm **„F. S."**, auf beiden Zeigern je eine Raute;
1 **goldenes Halskettchen,** dünngliedrig, mit goldenem Anhängsel mit Hirschkopf, der das Hubertuskreuz trägt;
1 **lange, dicke, goldene Doppel-Panzerkette** mit goldenem Kleeblatte als Anhängsel;
1 **lange, dicke, goldene Damenkette** (Schieber fehlt);
1 **Gliederarmband,** breit, Glieder in Achterform geflochten, mit Anhängsel in Form einer Münze, darauf gemalt der Kopf eines Tirolers;
1 **Paar goldene Ohrgehänge** mit je einem Brillanten;
1 **goldener Herrenring** mit rotem Stein (Koralle);
1 **goldener Damenring** mit blauem Stein, rechts und links je ein Brillant;
1 **goldener Damenring** mit grünem Stein;
1 **goldener Damenring** mit blauem, ovalem Stein;
1 **goldener Damenring** mit Aufsatz, welcher in eine Raute endigt;
1 **Kettenring;**
1 **Paar neue, schwarze Damenschuhe** mit Lackkappen und niederen Absätzen;
1 **braune, hölzerne Geldschatulle;**
2 **Einsiedgläser,** enthaltend Gänsefett.

Auf Angaben, welche zur Entdeckung des Täters führen, wird eine **Belohnung von 1000 Kronen** ausgesetzt, deren Verteilung sich die Polizeidirektion mit Ausschluß eines jeden Rechtsweges vorbehält.

Mitteilungen über sachdienliche Wahrnehmungen wollen auf **kürzestem** Wege dem **Sicherheitsbureau** der Polizeidirektion (Telephone Nr. 13.404 und 13.406) oder dem nächstgelegenen Kommissariate bzw. **Wachzimmer** gemacht werden.

Wien, am 5. Jänner 1917.

K. k. Polizeidirektion.

1917–1918

EDMUND RITTER VON GAYER
PRÄSIDENT DER POLIZEIDIREKTION 1917–1918

Edmund Gayer wurde 1860 in Mähren geboren und trat 1884 als Konzeptspraktikant in die Wiener Polizeidirektion ein. Er durchlief dann alle Stufen der polizeilichen Hierarchie und wurde 1914 Hofrat und Stellvertreter des Präsidenten.

Am 9. Juni 1917 wurde Gayer zum Präsidenten der Polizeidirektion bestellt, im März 1918 von Kaiser Karl in den Adelsstand erhoben und am 11. Juni 1918 zum Innenminister ernannt.

Edmund von Gayer war der letzte Innenminister der Monarchie. In seine Dienstzeit als Präsident der Polizeidirektion und als Innenminister fielen der dramatische Zerfall der Monarchie und die Auflösung des alten Reiches.

Der sich bereits auf vielen Ebenen abzeichnende Zusammenbruch im inneren des Staatsgefüges zeigte sich auch durch die steigenden Angriffe gegen die Repräsentanten des sterbendes Staates – die Polizei.

Das Bild oben illustriert symbolträchtig die harte Bedrängung von Sicherheitswachmännern durch marodierende Soldaten – gleichsam als Zeichen für eine anbrechende neue Zeit.

Ohne die Standhaftigkeit der Wiener Polizei wäre der weitgehend geordnete Übergang zur demokratischen Republik nicht möglich gewesen und das Jahr 1918 wäre in Blut und Tränen zu Ende gegangen.

1918–1932

DR. H.C. JOHANN SCHOBER
LEITER UND PRÄSIDENT DER POLIZEIDIREKTION 1918–1932

Der 1874 im oberösterreichischen Perg geborene Johann Schober trat nach Beendigung seines Jusstudiums 1898 als Konzeptspraktikant in die Wiener Polizeidirektion ein. Nach Verwendung in den Kommissariaten Rudolfsheim und Innere Stadt erkannte man bald die Fähigkeiten des jungen Polizeijuristen. Da er bei seiner Tätigkeit in der Inneren Stadt auch für die Sicherheit des kaiserlichen Hofes verantwortlich war und diese Aufgabe mit großer Feinfühligkeit erfüllt hatte, wurde Schober in das Innenministerium berufen und trat seine staatspolizeiliche Tätigkeit an.

Nach der Ernennung von Präsident Gayer zum Innenminister wurde Schober am 25. Juni 1918 vom Kaiser als Leiter der Polizeidirektion berufen. Seine Ernennung zum nominellen Präsidenten der Polizeidirektion wurde jedoch übersehen und vom Kaiser erst am Tag vor der Abreise der kaiserlichen Familie nach Eckartsau – allerdings nicht mehr rechtswirksam – nachgeholt.

Erst am 30. November 1918 wurde Schober offiziell vom deutschösterreichischen Staatsrat zum Präsidenten ernannt.

Schobers Dienstzeit als Präsident wurde oftmals vorübergehend durch seine Tätigkeit als Regierungschef und Minister unterbrochen, er kehrte jedoch immer wieder in seine von ihm so geliebte Polizeidirektion zurück.

Schober ist nicht nur der weitgehend unblutige und geordnete Übergang von der Monarchie zur Republik zu danken, er ist auch als Retter der Regierung Renner und der demokratischen Entwicklung bei den beiden kommunistischen Putschversuchen des Jahres 1919 anzusehen. Seine großen internen Polizeireformen und die von ihm initiierte Gründung der INTERPOL, deren Präsident er wurde, brachte ihm internationales Ansehen. Unter seiner Leitung hatte die Wiener Polizei den Ruf, sie wäre „Die beste Polizei der Welt". Ein Zitat, das zwar bombastisch klingt, aber nicht ganz unbegründet war.

Die tragischen Ereignisse um den Polizeieinsatz beim Brand des Justizpalastes im Juli 1927 ließen Schober im Strudel der politischen Auseinandersetzungen zwischen Regierung und Opposition als Sündenbock erscheinen. Dennoch sind die Verdienste Schobers, der als Vater des modernen Polizeiwesens gilt, unbestritten. Johann Schober starb am 19. August 1932 und wurde in seiner Heimatstadt Perg beigesetzt.

Noch ziert den Polizeihelm der Namenszug des alten Kaisers, die kaiserliche Krone ist jedoch bereits mit der rot-weiß-roten Stoffkokarde überdeckt.

Bald wird aber der Helm – als Symbol des untergegangenen Staates – aus dem Wiener Straßenbild endgültig verschwunden sein.

Der Mangel an allem im 5. Kriegsjahr machte auch vor der Wiener Sicherheitswache nicht halt und so wich die alte Uniform immer mehr einer neuen, billigen und aus Ersatzstoffen bestehenden Montur. Der viel geschmähte „Brennnesselstoff" beherrschte am Ende des Umbruchsjahres 1918 langsam das Straßenbild der hungernden Stadt.

Nach der zu späten Umwandlung der österreichischen Reichshälfte in einen Bundesstaat und dem Manifest des Kaisers vom 16. Oktober wurde die Regierungsgewalt vom neuen deutschösterreichischen Staatsrat übernommen und auch die Wiener Polizei, wie die Kundmachung (Bild rechts) zeigt, auf den neuen Staat vereidigt.

Österreich war bis zum 12. November zwar noch eine Monarchie, die Macht des Kaisers stand jedoch nur noch auf dem Papier.

Kundmachung.

Der Staatsrat von Deutschösterreich hat die Polizeidirektion in Wien in seinen Dienst gestellt und heute den Hofrat und Leiter sowie die übrigen Organe der Polizeidirektion in Eid und Pflicht genommen.

Wien, am 1. November 1918.

Dinghofer m. p. **Hauser** m. p. **Seitz** m. p.

Die beste Polizei der Welt

Die Jahre der 1. Republik 1919–1933

Der Zusammenbruch des alten Reiches Ende des Jahres 1918, der verlorene Krieg mit dem ordnungslosen Zurückfluten des ehemaligen österreichisch-ungarischen Millionenheeres und die Infragestellung jeglicher staatlichen Ordnung stellten die Wiener Polizei zur Jahreswende 1918/19 vor schier unlösbare Aufgaben.

Nur der Verlässlichkeit der Mannschaft und Beamtenschaft sowie der konstruktiven Zusammenarbeit zwischen dem neuen Regierungschef Karl Renner und dem Polizeipräsidenten Johann Schober war es zu danken, dass der Stadt Wien ähnliche Ereignisse, wie es sie zu dieser Zeit in anderen Großstädten gegeben hat, erspart geblieben sind.

Da in diesem Chaos der allgemeinen Auflösung die Wiener Polizei die einzige noch funktionierende Ordnungsmacht war, hatte sie in diesen Monaten im wahrsten Sinn des Wortes staatserhaltende Bedeutung.

Besonders nach den zwei kommunistischen Putschversuchen in der ersten Jahreshälfte des Jahres 1919 gegen die Regierung Renner, als es der Polizei nur unter großen Opfern gelungen war, den demokratischen Staat zu bewahren, war klar, dass eine Reform der österreichischen Exekutive dringend notwendig war.

Diese Reform zeigte in allen Bereichen die Handschrift Schobers. Auch gegenüber der Bevölkerung wurde an einem neuen polizeilichen Selbstverständnis gearbeitet. Der bisherige Wachmann oder Polizeiagent wurde nun Beamter, Uniform und Adjustierung wurden der modernen Zeit angepasst und in einer neuen zentralen Ausbildungsstätte, der Marokkanerkaserne, erhielten die frisch angeworbenen Polizeischüler das damals zeitgemäße, nötige Rüstzeug für ihren Beruf.

Das neue Polizeispital (Schoberstiftung), Erholungsheime (Mistelbach), das Polizeibad an der Donau oder erschwingliche Dienstwohnungen in den vielen neu errichteten Polizeihäusern zeigen die soziale Verantwortung für die Mitarbeiter der Behörde.

Immer mehr wurde die Wiener Polizei in ihrer Musterhaftigkeit anerkannt und seit der Gründung der Interpol im Jahre 1923 auch international beachtet. Ebenso verstärkten die kriminalpolizeilichen Erfolge und neuen Ermittlungsmethoden das Ansehen der Wiener Polizei und bald entstand das Schlagwort „Wien hat die beste Polizei der Welt“.

Obwohl diese Formulierung natürlich, wie alle Schlagworte, übertrieben war, zeigte jedoch auch die Wahl Wiens als Ausbildungsort fernöstlicher Polizeioffiziere in diesen Jahren die hohe internationale Wertschätzung unserer Stadt.

Und auch wenn die Wiener Polizei durch die Verkettung tragischer Umstände und fataler Fehler während der Demonstration vor dem brennenden Justizpalast im Jahre 1927 in den Strudel der politischen Auseinandersetzungen gezogen wurde, blieb ihr internationales Ansehen weitgehend ungetrübt und Schober genoss bis zu seinem Tod im Jahre 1932 weltweite Anerkennung.

Der Ruhm, den die Wiener Polizei in den Jahren der jungen Ersten Republik genossen hat, ist ein Teil unserer Geschichte geworden und es wird künftigen Perioden überlassen sein, ihm in jeweils zeitbezogener Art und Weise zu folgen.

Der „Gründonnerstag-Putsch"

DEM ANDENKEN DER AM 17. APRIL 1919 GELEGENTLICH DER UNRUHEN VOR DEM PARLAMENTSGEBÄUDE IN TREUER PFLICHTERFÜLLUNG GEFALLENEN BEAMTEN UND SICHERHEITSWACHLEUTE.

Die polizeilichen Ereignisse des Jahres 1919 sind so vielfältig und umfangreich, dass es unmöglich ist, ihnen in diesem Rahmen gerecht zu werden. Ermöglichte am 17. April und am 15. Juni 1919 der aufopfernde Einsatz der Polizei gegen kommunistische Putschisten die Rettung der Regierung Renner und damit die Erhaltung des neuen, demokratischen Staates, so brachte das Jahr 1919 auch große polizeiinterne Veränderungen. In diesem Jahr, in dem die Sicherheitswache ihr 50-jähriges Bestandsjubiläum beging, wurden die geplanten großen Reformen Schobers zur Aufwertung der Polizei in der staatlichen Hierarchie bereits spürbar und fanden in der neuen Uniform der Sicherheitswache den ersten sichtbaren Ausdruck.

1919

Am 12. November 1919, dem Jahrestag der Ausrufung der Republik, richtete Staatskanzler Dr. Renner einen offenen Brief an den Wiener Polizeipräsidenten Schober. Da dieser Brief wohl am besten die Arbeit der Wiener Polizei in jenem dramatischen Jahr 1919 beleuchtet und die große Wertschätzung Renners für die Behörde und Präsident Schober ausdrückt, soll er im Folgenden wiedergegeben werden.

„Herr Polizeipräsident!

Indem ich am Jahrestage der Proklamation der Republik der Dienste gedenke, die Sie von den ersten Tagen des Zusammenbruches angefangen während gewaltiger Erschütterungen in diesem einen Jahre dem Lande geleistet haben, drängt es mich, Ihnen heute im Namen der Staatsregierung hiefür den aufrichtigsten Dank auszusprechen.

Sie haben im Oktober 1918, als alle öffentliche Autorität zusammengebrochen war, Ihre Dienste sofort der provisorischen Nationalversammlung zur Verfügung gestellt und im Einvernehmen mit den Volksbeauftragten in leitender Stellung mitgewirkt, die Stadt Wien und die Republik vor schweren, wenn auch unter den Umständen begreiflichen Ausbrüchen zielloser Leidenschaft zu beschützen. Mit seltenem Verständnis für die Denkweise und die Gefühlswelt des Österreichers haben Sie den Glauben an den guten, rechtschaffenen und besonnenen Sinn unseres Volkes in den schwersten Prüfungen nie verloren und so die Mittel einer blinden Repression verschmäht. Indem Sie selbst an den Methoden der Gesetzlichkeit festhielten, haben Sie die soziale Einsicht besessen, Ausschreitungen der Verzweiflung oder des wirtschaftlichen Notstandes mit wohlwollender Entschiedenheit und kluger Ausdauer zu begegnen und dadurch ihren Gefahren vorzubeugen. Sie haben so dazu beigetragen, dieses krisenreiche Jahr für uns minder opferreich zu gestalten als für die meisten großen Städte der besiegten Staaten.

Noch steht uns Schweres bevor. Der Ausgang des Krieges hat unser Land von jenen Hilfsquellen abgeschnitten, ohne die kein Staat und kein Volk dauernd existieren kann. Die Bemühungen der Staatsregierung, durch Verträge mit den Nachbarn und durch die Hilfe der siegreichen Mächte unsere Existenz zu sichern, sind nicht von dem gewünschten Erfolge begleitet. Die Staatsregierung und die öffentlichen Körperschaften werden alles aufbieten, was das Land selbst zur Linderung des Notstandes beitragen kann. Dabei rechnet die Republik auf Sie und Ihr bewährtes Korps und erwartet, daß Sie mit der gleichen besonnenen Ausdauer und wohlwollenden Tatkraft über die Sicherheit der Hauptstadt wachen und in ständigem Zusammenwirken mit den Vertrauensmännern des ganzen Volkes Unruhen soweit nur immer möglich durch vorbeugende Klugheit und ohne Gewalt verhüten. Ihre Mitarbeiter, welche in diesem Jahre bewiesen haben, daß sie die republikanischen Freiheiten sehr wohl mit der unerläßlichen Disziplin im Dienste und die strengste Pflichterfüllung mit der gebotenen Achtung vor den Rechten des Bürgers zu vereinigen wissen, werden unter Ihrer Führung das ihrige tun.

Ich versichere Sie, hochverehrter Herr Präsident, des vollen Vertrauens des Kabinettsrates, danke Ihnen für die dem Vaterlande geleisteten treuen und erfolgreichen Dienste und verbleibe

der Ihrige

Wien, am 12. November 1919.

Renner m. p.“

Langsam tauchten in den Straßen Wiens die ersten Sicherheitswachleute in der neuen khakifarbenen Uniform auf. Die Kronen Zeitung hatte bereits 1919 die Neuuniformierung der Sicherheitswache mit folgenden Worten angekündigt:

„Eine neue Adjustierung der Wiener Sicherheitswache"

„Wie wir erfahren, wird die Mannschaft der Wiener Sicherheitswache in Bälde in neuer Uniform den Dienst versehen.

Statt der bisher schwarzen und mit roten Aufschlägen versehenen Uniform erhält die Mannschaft eine kakaobraune Uniform und statt der schwarzen Mütze eine ebenfalls kakaobraune Tellermütze – nach deutschem Muster. Wie verlautet, soll der Säbel bedeutend kürzer werden."

1920

Die immer größer werdende Zahl von im Dienst verletzten Polizeiangehörigen veranlasste den Wiener Polizeipräsidenten Schober im Jahr 1920 zu zwei ungemein wichtigen und weitblickenden Entscheidungen.

Einerseits konnte die ehemalige Schwarzenbergkaserne in der Marokkanergasse für die Polizei als Schulkaserne erworben und damit erstmals eine zentrale und effektive Polizeiausbildung gewährleistet werden (Bild oben).

Andererseits gelang es Schober, die ehemalige Landwehr-Kadettenschule in der Boerhaavegasse als Polizeispital zu widmen (Bild unten). Dadurch konnten der Mannschaft jene Pflege und Geborgenheit nach Verletzungen geboten werden, die in anderen Spitälern nicht möglich waren, da bettlägerige Polizisten immer wieder von Zimmernachbarn insultiert worden waren. Beide Einrichtungen ernteten nach ihrer Inbetriebnahme großes internationales Lob und festigten auch international das Ansehen der Wiener Polizei.

Um die oft nicht einheitlichen Standpunkte der verschiedenen Behördenteile zu koordinieren und auch um eine Brücke zu den Polizeidienststellen in den Ländern zu schaffen, wurde im Sommer 1921 im Auftrag des Polizeipräsidenten Schober die periodische Zeitschrift „Öffentliche Sicherheit" ins Leben gerufen. Da Schober auch für das gesamte Sicherheitswesen in Österreich zuständig war, sah er in der Zeitschrift eine ideale Plattform für seine polizeilichen Vorstellungen, wobei gerade die Sicherheitswache eine übergeordnete Stellung einnahm.

Nummer 1. 1. Jahrgang.

Öffentliche Sicherheit

Polizei-Rundschau

Für die österreichische Bundes-und Gemeinde-Polizei.

Schriftleitung: Wien, I., Schottenring 11 **(Polizei-Direktion).**
Verantwortlicher Schriftleiter: **Dr. Oskar Dreßler.**
Telephon: 13105, 12348, 15991, 19000.

Bezugspreis: jährlich ö. K 1000.—.
Verwaltung: Wien, IX., Roßauerlände (vormals Elisabeth-Promenade) 9 u. 11 **(Polizei-Direktion).**
Telephon: 13105, 12348, 15991, 19000.

INHALT:

Bundesminister Dr. **Leopold Waber:** Polizei und Bevölkerung.

Hofrat Dr. **Heinrich Dehmal:** Was will die „Oeffentliche Sicherheit"?

Hofrat Dr. **Bruno Schultz:** Der Tatort.

Hofrat Dr. **Heinrich Dehmal:** Die Prostitution in Wien.

Regierungsrat Dr. **Oskar Dreßler:** Das polizeiliche Einschreiten in Fällen der Ehrenbeleidigung.

Epigramm.

Staatsbibliothekskonzipist Dr. **Albert Petrikovits:** Kerkerinschriften.

Staatsbibliothekskonzipist Dr. **Albert Petrikovits:** Allerlei Gaunereien.

Verordnungen und Gesetze.

Kurrenden und Steckbriefe.

1921

Im Laufe des Jahres 1921 erfolgte der Einzug der polizeilichen Schulabteilung in die Marokkanerkaserne, da bereits Verwaltungsräume und die ersten Lehrsäle adaptiert waren. Das große Kasernengebäude musste jedoch noch von einer großen Anzahl an polizeifremden Einrichtungen geräumt werden, die sich im leeren Haus eingerichtet hatten, und es sollte noch drei Jahre dauern, bis die Anlage wirklich und ausschließlich in „polizeilicher Hand“ war.

Parallel mit der räumlichen Erweiterung wurde auch das Ausbildungssystem erweitert und intensiviert. Schon 1924 konnte die Grundausbildung der Sicherheitswache auf zwei Jahre angehoben werden. Die Erweiterung wurde in erster Linie durch die Einbeziehung technischer Lehrfächer notwendig, da die Motorisierung bei der Polizei Einzug gehalten hatte. Auch der Menschenbehandlung wurde in der Ausbildung großes Augenmerk gewidmet, hatte Polizeipräsident Schober doch der Schulabteilung gleichsam als Parole das Motto auf den Weg mitgegeben: „Die moderne Polizei braucht nicht nur gut ausgebildete Fachleute, sie braucht auch warmherzige Menschen, die eines guten Willens sind, und vollendete Charaktere.“

Immer mehr häuften sich Verkehrsunfälle mit Fahrerflucht und auch Straftäter bedienten sich in zunehmendem Maße des neuen, schnellen Fortbewegungsmittels. Die polizeiliche Schulung musste dies berücksichtigen. Der künftige Sicherheitswachebeamte hatte ein Automobil praktisch und theoretisch perfekt zu beherrschen.

1922

Das erlernte Wissen auf dem Gebiet des Kraftfahrwesens konnte bald umgesetzt werden, die ersten motorisierten Verkehrsstreifen kamen in den Straßen der Stadt zum Einsatz (Bild oben). Aber auch der Radfahrsteife wurde entsprechende Bedeutung eingeräumt, in der Marokkanerkaserne fanden laufend Radfahrkurse für die in dieser Fertigkeit noch ungeübte Mannschaft statt (Bild unten).

Das Kind zeichnet:

Wiener Wachleute.

Unser Wiener Wachmann ist weltberühmt. Seine stramme Haltung, seine Diensthöflichkeit, seine Obsorge um die öffentliche Sicherheit und Ordnung machen ihn zu einer Respektperson. — Die meisten Wachleute sind kräftig und hochgewachsen. Ihr Kopf läßt sich beiläufig 8 mal vom Scheitel bis zur Sohle auftragen (3 a, 4 a, 3 und 4). — Drittle Genick bis Sohle und Du bekommst ungefähr Ellenbogen — Taille = Nabel, beziehungsweise Oberrand-Knie. — Fußlänge = $^1/_1$ Unterschenkel. — Handlänge = Haaransatz bis Kinn. — Die Kopfhöhe ist in 7 Teile zu teilen. Der Kopf (von vorne gesehen) steckt in einem Rechtecke 7 : 5. — Der Kopf von der Seite hat in einem Gevierte (7 : 7) Platz. Es entfallen 5 Teile auf den Schädelkreis-Durchmesser, 4 Teile auf den Gesichtskreis-Durchmesser. Eine Augenschlitzbreite = $^1/_7$ Kopfhöhe. Zwischen beiden Augen hätte noch ein Auge Platz. So breit ist die Nase unten, der Mundschlitz etwas breiter (1, 2, 1a, 2a). Alles übrige erzählen die beigefügten Zahlen und Hilfslinien.

Aufgaben: Versuche zunächst 1a und 2a recht oft freihändig zu skizzieren. Dann erst triffst Du 1 und 2, und wenn Du es versuchst, sogar eines beliebigen Mannes Gesicht. Hierauf übe oft 3 a und 4 a und darüber hängst Du die Kleidung des Wachmannes. Nun stelle Wachleute in Grätschstellung dar. Laß den Wachmann salutieren, nach rechts oder links schreiten. Wähle andere Armstellungen.

Folge 34

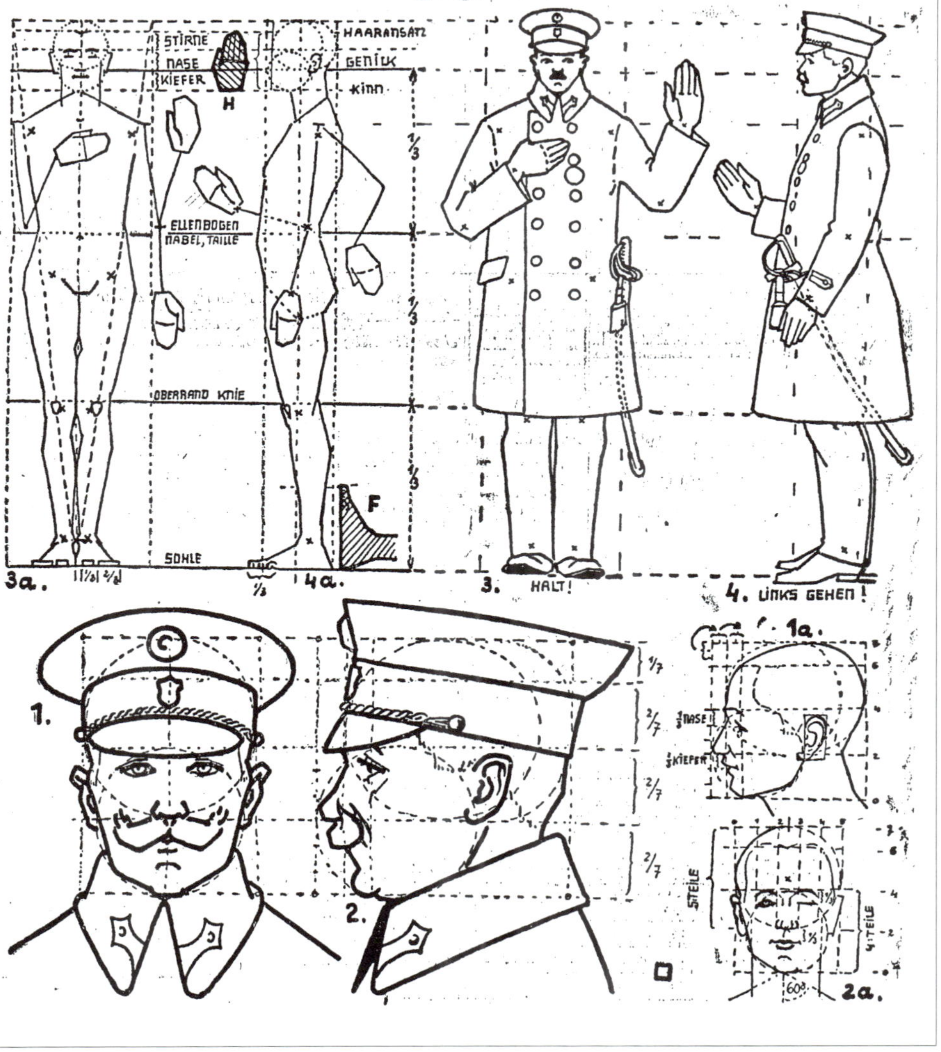

1923

Die Popularität der Wiener Sicherheitswache war im Jahr 1923, als in Wien die INTERPOL gegründet wurde, gerade besonders groß. Ein fast rührendes Beispiel dafür ist der hier wiedergegebene Ausschneidebogen für Kinder und auch der erklärende Text ist lesenswert.

1923–1929

WLADIMIR TAUBER
ZENTRALINSPEKTOR 1923–1929

Nachfolger des neu bestellten Polizeivizepräsidenten Pamer wurde am 24. Mai 1923 sein Stellvertreter, Hofrat Wladimir Tauber. Der am 21. Jänner 1868 geborene Tauber war bereits seit 1894 im Staatsdienst und hatte sich als Kommandant der Sicherheitswache in der Inneren Stadt und in Favoriten durch viele Jahre bewährt. Hatte Tauber als Stellvertreter Pamers viele Polizeiaktionen ab 1920 nur mitgetragen, so lag die alleinige Entscheidung nun bei ihm. Er hatte am 15. Juli 1927 die schwere und traurige Aufgabe, den Auftrag der Regierung an den Polizeipräsidenten zur Auflösung der Großdemonstration vor dem brennenden Justizpalast umzusetzen. Als wegen der blutigen Ereignisse schwere Vorwürfe gegen den Polizeieinsatz erhoben wurden, stellte sich Tauber voll hinter die verunsicherte Mannschaft. Er war einer der Väter des „Wirtschaftsverbandes der Sicherheitswache", der die Interessen der Mannschaft gegenüber dem Dienstgeber wahren sollte.

Wladimir Tauber oblag auch die Aufstellung der Alarmabteilung im Jahre 1928 sowie die Neuadjustierung und Organisationsänderung der Sicherheitswache im Jahre 1929.

Auch nach seiner Pensionierung am 4. September 1929 hielt Tauber regen Kontakt zu „seiner" Sicherheitswache und fehlte bei keiner polizeilichen Veranstaltung.

Am 10. Juni 1934 verschied Dr. Wladimir Tauber an den Folgen eines Herzschlags. Sein Leichenbegängnis wurde zu einer eindrucksvollen Treuekundgebung der Sicherheitswache zu ihrem ehemaligen Kommandanten.

Am 2. Dezember 1923 wurde in einem Wiener Blatt die oben abgebildete Karikatur veröffentlicht. Hinter der lustigen Zeichnung stand jedoch ein nur zu ernster Hintergrund. Immer mehr Sicherheitswachebeamte waren von teilweise noch ungeübten Autofahrern angefahren und verletzt worden. Es kam vor, dass der an der Kreuzung den Verkehr regelnde Wachmann einfach überrollt wurde und auch die Polizeireiter blieben von den Verkehrsrowdys nicht verschont.

Bereits wenige Wochen nach der Häufung derartiger Ereignisse wurde Mitte Dezember 1923 als erste Sofortmaßnahme der „Weiße Ärmel" angekündigt. Der über den rechten Arm des den Verkehr regelnden Wachmannes gestülpte weiße Stoff sollte auf den Träger aufmerksam machen – eine Maßnahme, die als sehr zielführend bezeichnet werden konnte. Allerdings „erweckte der weiße Ärmel das Erstaunen der Passanten", wie die zeitgenössische Presse berichtete.

1923

Die Gründung der INTERPOL

Schon Jahre vor dem Ersten Weltkrieg, wie 1894 in Linz, 1905 in Buenos Aires, 1909 in Madrid, 1912 in São Paulo, 1913 in Washington und 1914 in Monaco, war der erfolglose Versuch unternommen worden, in „Kriminalpolizeilichen Kongressen" eine internationale polizeiliche Plattform zur länderüberschreitenden Verbrechensbekämpfung zu schaffen.

Nach dem Ersten Weltkrieg erlangte das Problem einer internationalen polizeilichen Zusammenarbeit durch das Entstehen vieler neuer Staaten und die steigende Mobilität krimineller Elemente eine neue dringliche Dimension, sodass die Einladung des Wiener Polizeipräsidenten Johann Schober zu einem neuerlichen Kongress, diesmal in Wien, in der Welt auf offene Ohren stieß. Das Ziel des Kongresses sollte die Gründung einer „ständigen Körperschaft unter der Bezeichnung INTERNATIONALE KRIMINALPOLIZEILICHE KOMMISSION sein, die erstmals weltweit Verbrechensbekämpfung und Prävention zu koordinieren hätte".

An dem Kongress, der in Wien vom 3. bis 7. September 1923 stattfand, nahmen 17 Behördenleiter und Delegationen aus aller Welt teil. Am letzten Tag wurde der einstimmige Beschluss zur Gründung der ständigen Kommission, später kurz INTERPOL genannt, gefasst. Der Wiener Polizeipräsident Dr. h. c. Johann Schober wurde zum Präsidenten, der Wiener Dr. Dressler zum Generalsekretär gewählt. Sitz der INTERPOL sollte Wien sein. Damit hatten auch die hervorragenden Leistungen des österreichischen Polizeiwesens unter Johann Schober weltweite Anerkennung gefunden. Die Ziele der neuen Einrichtung waren u. a.:

- Internationale Zentrale zur Bekämpfung der Geldzeichenfälschung
- Aufbau eines Nachrichtendienstes über internationale Verbrecher
- Zentralstelle zur Bekämpfung von Passfälschungen
- Schaffung der Zeitschrift „Internationale Öffentliche Sicherheit" in deutscher und französischer Sprache mit internationalem Fahndungsblatt
- Festlegung eines internationalen „Polizei-Telegraphenschlüssels"
- Aufbau eines weltweiten Polizeifunkwesens
- Die Amtssprache der INTERPOL sollte Deutsch und Französisch sein.

Fast alle Ziele der INTERPOL konnten in den folgenden Jahren auch umgesetzt werden.

Erst der Zweite Weltkrieg unterbrach die fruchtbare Zusammenarbeit und nur mehr auf dem Gebiet der Bekämpfung von Banknotenfälschungen gab es noch eine übernationale Koordinierung, die auch zwischen den kriegführenden Ländern über neutrale Drittstaaten abgewickelt werden konnte. Hier war der spätere Wiener Polizeipräsident Dr. Arthur Klauser federführend.

Nach dem Zweiten Weltkrieg kam es 1946 zu einer Wiederbelebung der INTERPOL mit Sitz in Paris, ab 1966 in Lyon.

1923

Das offizielle Gründungsfoto mit den „Vätern der INTERPOL“:

Polizeidirektor Dr. Bruno Schultz, Vizepräsident Dr. Ignaz Pamer, HR Dr. Victorin, HR Dr. Merta, HR Dr. Reimer, Polizeipräsident Dr. h. c. Johann Schober (v. l. n. r.)

„Sehr geehrter Herr Polizeipräsident!

In Erwiderung Ihres sehr geschätzten Schreibens vom 10. d. M. möchte ich Sie dessen versichern, daß auch mich der Verlauf des Internationalen Polizeikongresses in hohem Maße befriedigt hat. Wenn diese, Ihrer Initiative entsprungene Anregung im Auslande eine so willkommene Aufnahme gefunden, so werden Sie, sehr geehrter Herr Präsident, daran den Grad der Wertschätzung ermessen können, die allenthalben der so vortrefflichen Wiener Polizei und ihrem verdienstvollen Chef gezollt wird, und der Verlauf dieser so gelungenen Veranstaltung berechtigt wohl zur Annahme, daß die Institution der Wiener Polizei an Ansehen und Sympathie im Auslande noch gewinnen wird.

Sie können, sehr geehrter Herr Präsident, auf die schönen Erfolge des Kongresses, worunter ich der Schaffung einer Internationalen kriminalpolizeilichen Kommission mit dem Sitze in Wien ganz besondere Bedeutung beimesse, mit stolzer Befriedigung zurückblicken und es drängt mich, Ihnen aus diesem Anlasse meine herzlichsten Glückwünsche auszusprechen.

Empfangen Sie, sehr geehrter Herr Polizeipräsident, den Ausdruck meiner ausgezeichnetsten Hochachtung

Seipel m. p.

Wien, am 11. September 1923.“

1924

Eine Hochschule für Polizisten.

Errichtung eines kriminalistischen Institutes an der Polizeidirektion.

In Ansehung der außerordentlichen Wichtigkeit einer zeitgemäßen höheren fachlichen Aus- und Weiterbildung der zur kriminalistischen Betätigung berufenen leitenden Polizeibeamten wurde an der Polizeidirektion in Ausführung eines bereits im Jahre 1918 genehmigten Planes unter Bezeichnung „Kriminalistisches Institut" eine Anstalt für hochschulmäßigen Unterricht und wissenschaftliche Forschung auf dem Gebiete der Kriminalistik errichtet.

Dieses Institut soll in erster Linie der wissenschaftlichen Fortbildung der im österreichischen Polizeidienste stehenden Akademiker, dann aber auch der Vermittlung dieser Kenntnisse an sonstige beruflich interessierte, akademisch gebildete Kreise dienen.

Der Lehrplan umfaßt neunzehn Vortragsgegenstände, die interessantesten darunter sind: Erkennungslehre, Handschriftenkunde, Kriminaltaktik, Kriminalstatistik, wissenschaftliche Photographie, gerichtliche Medizin usw. Der Lehrstoff ist auf zwei Jahrgänge (vier Semester) verteilt. Am 10. November 1924 wird mit den Vorlesungen des ersten Semesters begonnen, in welchem die Dozenten: Ordinarius Professor Dr. Beutel, Lektor Dr. Daimer, Ordinarius Dr. Türkel und Ordinarius Professor Ziegler Vorträge halten werden.

Pressebericht der „Illustrierten Kronen Zeitung" vom 19. 10. 1924, der den polizeilichen Wandel in der neuen Zeit deutlich zum Ausdruck bringt

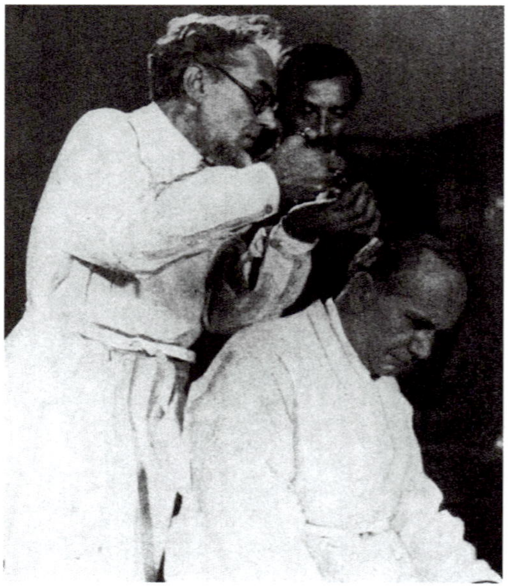

Dr. Alfons Poller demonstriert die Anwendung seiner Abformungen zur Herstellung von Moulagen.

Polizeipräsident Schober hatte Dr. Poller in die Polizeidirektion berufen und ihm die neu geschaffene „Abformabteilung" unterstellt. Die von Poller entwickelten Abformmassen „Regocoll" und „Hominik" brachten hervorragende Ergebnisse, sodass die „Wiener Moulagen" große internationale Anerkennung und Nachahmung fanden.

1925

Nachdem die österreichische Währung stabilisiert und mit 1. Jänner 1925 der Schilling eingeführt worden war, stieg nicht nur das Wirtschaftswachstum, sondern auch der Fremdenverkehr verzeichnete ungeahnte Zuwächse.

An den stark frequentierten Kreuzungen in der Wiener Innenstadt, wo immer noch von Sicherheitswachebeamten der Verkehr händisch geregelt wurde, häuften sich bald die Beschwerden, da auskunftsheischende Touristen den Verkehrsposten ständig mit Fragen überhäuft hatten. Da die Fragenden oft der deutschen Sprache nicht mächtig waren und es so zu einer gravierenden Ablenkung des Polizisten bei der Verkehrsregelung kam, entschloss man sich in der Polizeidirektion zu einem ungewöhnlichen Schritt: Es wurde ein eigener „Auskunfts-Wachmann" an den Kreuzungen postiert, der – gekennzeichnet durch eine Armschleife – ausschließlich den Touristen für Auskünfte zur Verfügung stand. Ein neuer Aspekt der Polizeiarbeit auf Wienerisch, der auf lebhaften Applaus bei allen Gästen in unserer Stadt stieß …

1926

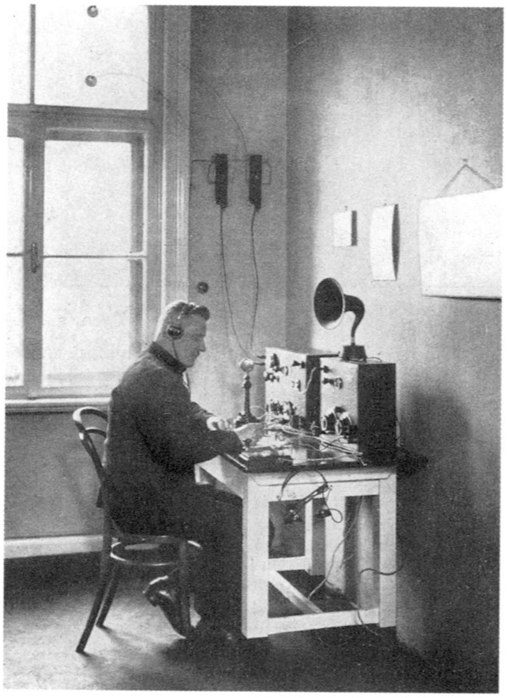

Immer mehr bediente sich die Polizei der neuen Technologie des Rundfunks und konnte dadurch auch sensationelle Erfolge erzielen. Neben einer zentralen Funkstation wurden in den Kommissariaten auch eigene „Radiozimmer“ (links) eingerichtet, die auf dem jüngsten Stand der (damaligen) Technik waren. Das Aufspüren eines gestohlenen Autos mithilfe einer Rundfunkfahndung wurde immer groß in der Presse gemeldet, die Illustrierte Kronen Zeitung widmete ihm sogar am 27. August 1926 ein eigenes Titelblatt (oben).

Am 19. Juni 1926 beherrschte die Polizei die Straßen und Plätze der Wiener Innenstadt. Ein freudiger Anlass war der Grund des großen Aufgebotes: Der „Männergesangsverein der Wiener Sicherheitswache" feierte sein 25-jähriges Jubiläum und aus diesem Anlass zog bereits am Morgen die Polizeimusik mit klingendem Spiel durch die Straßen der Stadt (Bild oben), um die erwartete Delegation der Polizeisänger aus Graz, die mit einem Sonderzug angereist waren, am Südbahnhof zu empfangen.

Nach einer Begrüßung der Grazer Polizeisänger in der Marokkanerkaserne durch Polizeipräsident Schober und den steirischen Landeshauptmann Rintelen setzte sich ein Festzug zur Karlskirche in Bewegung, wo die neue Fahne des Wiener Polizeigesangsvereins (Bild unten) in Anwesenheit des Bundeskanzlers und vieler Regierungsmitglieder geweiht wurde.

1927

Das Jahr 1927 stellte eine tragische Zäsur in den bis dahin so guten Beziehungen zwischen Bevölkerung und Sicherheitswache dar. Das unselige Geschehen vom 15. Juli, als nach dem Urteil im Schattendorfer Prozess die Demonstration vor dem in Brand gesteckten Justizpalast durch die Sicherheitswache mit Waffengebrauch aufgelöst wurde, sollte noch viele Jahre das Verhältnis zwischen Arbeiterschaft und Polizei trüben. Gerade dieses Ereignis und die folgende politische Polarisierung ließen wenige Jahre später viele Angehörige der Wiener Polizei in das äußerste rechte politische Lager abwandern und den Einflüsterungen der Nationalsozialisten erliegen.

1927 – ein Jahr mit einer tragischen Dimension von ungeahnter Tragweite.

Kandelaber vor dem Justizpalast mit den Uniformteilen gefallener Polizisten

1927

15. Juli 1927

✝

Die Polizeidirektion in Wien gibt hiemit geziemend Nachricht von dem in treuer Pflichterfüllung erfolgten Hinscheiden ihrer Beamten

Oberwachmann der Sicherheitswache Michael Schinnerl,

Rayonsinspektor der Sicherheitswache Josef Böck,

Kriminalbeamten-Revierinspektor Ferdinand Strigl und

Bezirksinspektor der Bahngendarmerie Heinrich Grüm,

die bei den schweren Ausschreitungen am 15. und 16. Juli 1927 in der Bundeshauptstadt Wien ihre beschworene Pflicht mit dem Tode besiegelt haben.

Das Leichenbegängnis findet am Donnerstag, den 21. Juli 1927, um $^1/_2$4 Uhr nachmittags von der Gedächtniskirche auf dem Zentralfriedhofe aus statt.

Wien, am 19. Juli 1927.

Die Polizeidirektion.

1928

Vielfältig waren die polizeilichen Veränderungen im Jahre 1928. Einerseits wurden die Uniform und Bewaffnung wieder einmal geändert, aber auch eine neue uniformierte Einheit wurde vorgestellt: die Alarmabteilung.

Die tragischen Ereignisse des Jahres 1927 hatten gezeigt, dass der Wachmann ohne Helm und Gewehr, ohne Gummiknüppel und mit viel zu langem Säbel bei gewalttätigen Demonstrationen nicht effektiv einschreiten konnte. Auch hatte der normalen Sicherheitswache-Mannschaft die notwendige Ausbildung gefehlt, die bei solchen Ereignissen erforderlich ist.

Als Antwort auf die Mängel entstand die Alarmabteilung. Eine polizeiliche Elitetruppe, die in den folgenden Jahren leider nur zu oft zum Einsatz kommen sollte.

Die Alarmabteilung der Wiener Polizei wurde 1928 gegründet.

1928 – das Jahr der Neuerungen und des technischen Fortschritts.

„Patrouillenwagen“ der Polizei und der Maschinenschreibkurs der Schulabteilung – das 20. Jahrhundert war nicht mehr zu leugnen.

1929

Im Sommer 1929 wurde das 60-Jahre-Jubiläum der Wiener Sicherheitswache in besonders feierlicher Form begangen. Einer Feldmesse und Parade auf dem Heldenplatz wohnten Bundespräsident und Regierung bei, die neue Korpsfahne wurde geweiht und ein repräsentatives Buch erschien. Aber auch viele flankierende Veranstaltungen boten in diesem Jahr Gelegenheit, die Neuerungen der Polizei vorzustellen, wobei die neue Uniform und vor allem der Skoda-Polizeipanzer bei der Bevölkerung auf besonderes Interesse stießen.

Die Schatten des Jahres 1927 schienen langsam zu verblassen.

1929–1933

DR. MICHAEL SKUBL
ZENTRALINSPEKTOR 1929–1933

Geboren am 27. September 1877 in Bleiburg in Kärnten, trat Dr. Michael Skubl 1906 als Konzeptspraktikant in den Dienst der Polizeidirektion Wien. Nach seiner Dienstzeit vom Bezirksinspektor zum Kommissär wurde er im Jahre 1912 nach Laibach versetzt und Stellvertreter des Polizeidirektors in der dort neu eingerichteten Polizeidirektion. Nach dem Umsturz kehrte Dr. Skubl nach Wien zurück, wo er dem Zentralinspektorat zugeteilt wurde, nachdem er bereits im Sommer 1918 zum Polizeirat ernannt worden war. Ab 26. 2. 1919 übernahm er das Kommando der berittenen Sicherheitswacheabteilung und leitete in dieser heiklen Funktion bereits die Einsätze gegen die beiden kommunistischen Umsturzversuche des Jahres 1919. Am 16. September 1929 wurde er als Nachfolger von Hofrat Wladimir Tauber mit der Leitung des Zentralinspektorates betraut.

Mit 11. April 1933 wurde Dr. Skubl zum Wiener Polizeivizepräsidenten bestellt und schied damit aus dem Amt des Zentralinspektors. Als Nachfolger des glücklosen Polizeipräsidenten Dr. Eugen Seydel berief die Regierung am 30. Juli 1934 Skubl zum Leiter der Polizeidirektion, mit 29. September als definitiven Präsidenten. Mit 20. März 1937 wurde er Staatssekretär für Sicherheitswesen in der Regierung Schuschnigg IV. Eine Funktion, in der er für wenige Stunden im nationalsozialistischen Übergangskabinett Seyß-Inquart (1938) bestätigt wurde. Trotz seiner späteren Maßregelung durch die neuen Machthaber wurde dem aufrechten Österreicher nach seiner Rückkehr aus dem „Altreich", wo er während des Krieges Zwangsaufenthalt nehmen musste, der Vorwurf der Kollaboration mit den Nationalsozialisten gemacht. Polizeipräsident Holaubek nahm sich seines alten Vorgängers an und ermöglichte Skubl in Wien eine Wohngelegenheit und einen lebenswerten Ruhestand. Am 24. Februar 1964 starb der einst so mächtige Polizeipräsident, Politiker und stolze „Schimmelreiter" als gebrochener alter Mann.

1930

Der neue Innenminister Ernst Rüdiger Starhemberg schreitet im Hof der Marokkanerkaserne die Front der angetretenen Alarmabteilung ab.

In der zweiten Jahreshälfte des Jahres 1930 überschlugen sich geradezu die dramatischen Ereignisse in der Wiener Polizei und damit auch vorrangig in der Sicherheitswache.

Polizeipräsident Schober war bereits im September 1929 mit der Bildung einer neuen Regierung beauftragt worden (Kabinett Schober III) und hatte die Leitung der Polizeidirektion Wien an Vizepräsident Dr. Ignaz Pamer delegiert.

Schon im Sommer 1930 entstanden Gerüchte, dass für die Sicherheitswache wieder ein Helm, eine modifizierte Pickelhaube, eingeführt werden solle. Die Mannschaft stellte sich gegen diesen Plan und die Personalvertretung legte massiven Protest ein. Dazu kam nach der Demissionierung des Kabinetts Schober III (25. 9.) die Amtsübernahme Carl Vaugoins als Regierungschef (30. 9.), Innenminister wurde der Bundesführer des Heimatschutzes, Ernst Rüdiger Starhemberg, ein „Intimfeind" Schobers. Starhemberg versuchte nun, die Polizei zu „entschobern", wie man damals witzelte. Er stellte die Rückkehr Schobers als Präsident in Frage, worauf auch Vizepräsident Dr. Pamer zurücktrat. In gewaltigen Ovationen, Fackelzügen und Treuekundgebungen wurde nun von der Sicherheitswache dem in Frage gestellten Schober gehuldigt und damit dem Plan des Ministers offen Widerstand entgegengesetzt.

Bereits zwei Monate nach ihrem Amtsantritt demissionierte die Regierung Vaugoin und nach Neuwahlen bildete Dr. Thomas Ender eine neue Regierung, der Starhemberg nicht mehr, wohl aber Schober, der selbstverständlich nominell Polizeipräsident blieb, als Vizekanzler und Außenminister angehörte. Die Sicherheitswache hatte „ihren" verehrten Schober gegen die mächtige Heimwehr durchgesetzt. Die Leitung der Polizeidirektion Wien wurde dem Vizepräsidenten Dr. Franz Brandl übertragen, der nach dem Tod Schobers (1932) auch sein Nachfolger werden sollte.

1930

Das immer dichter werdende Verkehrsaufkommen forderte neue polizeiliche Maßnahmen, die in den Reformjahren 1928–1930 langsam verwirklicht wurden. So entstand eine recht beachtliche Motorradstaffel der Sicherheitswache, die – mit neuesten Maschinen ausgerüstet – rasch am Einsatzort sein konnte. Bei besonders frequentierten Straßenzügen und Plätzen wurden „Polizei-Notrufapparate" angebracht. Ähnlich wie bei heutigen Autobahntelefonen konnte ständig Kontakt mit einer Zentrale (Kommissariat) hergestellt werden und umgekehrt war es möglich, durch akustische und optische Signale einen in der Nähe stationierten Posten zu erreichen.

1930

Die internationale Geltung der Wiener Polizei kann kaum deutlicher zum Ausdruck gebracht werden als durch diese Aufnahme. Sie zeigt die in Wien ausgebildeten chinesischen Polizeioffiziere des Jahrganges 1930.

Wien wurde in den 1920er und 1930er Jahren sowohl von der chinesischen als auch der japanischen Regierung als Ausbildungsort für Polizeioffiziere gewählt, da man einerseits in diesen Ländern den Wiener Polizeipräsidenten Schober in hohem Maße verehrte und Wien andererseits den Ruf hatte, die Stadt mit „der besten Polizei der Welt“ zu sein – so das geflügelte Wort.

Das Jahr 1931 brachte eine gefährliche Radikalisierung des politischen Lebens in Österreich, wobei auch bereits von Randgruppen die Sinnhaftigkeit des demokratischen Staates in Zweifel gezogen wurde. Auch war es das erklärte Ziel aller maßgeblichen Parteien, den Anschluss Österreichs an Deutschland herbeizuführen, was natürlich das Staatsbewusstsein der jungen Republik empfindlich schwächte.

Als in der Nacht vom 12. auf den 13. September 1931 die steirische Heimwehr unter Dr. Walter Pfriemer durch einen geplanten „Marsch auf Wien" versuchte, die Regierung Buresch zu stürzen, funktionierte der demokratische Staat noch reibungslos. Nicht nur, dass Pfriemers Aktion auf die Steiermark beschränkt blieb und sich die übrigen Heimwehrführer vom Putsch distanzierten, auch die Exekutive stand fest hinter der Regierung. Die Standhaftigkeit vor allem der Wiener Polizei hatte allerdings auch in der starken Aversion des Polizeipräsidenten und damaligen Vizekanzlers Schober gegen die Heimwehr ihren politischen Hintergrund.

Zentralinspektor Dr. Michael Skubl und sein Stab kontrollieren am 13. 9. 1931 anlässlich des „Pfriemer Putsches" im Hof der Marokkanerkaserne die Bereitschaft der Wiener Sicherheitswache.

1932

Am 19. August 1932 ging für die Wiener Polizei eine Ära zu Ende: Polizeipräsident Dr. Johannes Schober war verstorben.

So sehr Schobers Bild durch die Ereignisse des Jahres 1927 auch verwischt war, so waren seine Verdienste um den reibungslosen Übergang von der zusammenbrechenden Monarchie zur Republik, um die Bewahrung des neuen Staates vor einer kommunistischen Machtübernahme im Jahre 1919 und die Erhaltung der österreichischen Souveränität zu Beginn der 20er Jahre doch unumstritten.

Für die österreichische Polizei ging Schober aber als der bedeutendste Reformer in die Geschichte ein, da wohl alle die zahlreichen weitblickenden Veränderungen und strukturellen Maßnahmen, die sozialen und gesellschaftlichen Verbesserungen, die technischen Neuerungen und internationalen Kontakte in den Jahren 1918–1932 seine unverwechselbare Handschrift tragen.

Als Schober zu Grabe getragen wurde, verabschiedeten sich viele Menschen von ihm als eine Art „Retter des Vaterlandes“ – wie es Karl Renner bereits 1919 ähnlich zum Ausdruck gebracht hatte. Die Angehörigen der Wiener Polizei aber hatten mit „Vater Schober“ einen verehrten Vorgesetzten und warmherzigen Freund verloren, der schon längst zu seinen Lebzeiten zum Idol geworden war.

Der Sarg des verstorbenen Polizeipräsidenten Johannes Schober wird am 23. August 1932 durch das Spalier der Alarmabteilung aus der Polizeidirektion am Schottenring 11 getragen. Die Beisetzung erfolgte in seiner Heimatstadt Perg in Oberösterreich.

DR. FRANZ BRANDL
PRÄSIDENT DER POLIZEIDIREKTION 1932–1933

Dr. Franz Brandl, 1875 in Wien geboren, trat nach Vollendung seines Jusstudiums 1898 als Konzeptspraktikant in die Wiener Polizeidirektion ein. Nach der üblichen polizeilichen Laufbahn in verschiedenen Kommissariaten und Dienststellen wurde er auf Grund seiner Sprachkenntnisse und Allgemeinbildung 1914 unter dem Vorstand Johann Schober in die Staatspolizeiliche Abteilung versetzt, deren Leitung er im Sommer 1918 als Nachfolger Schobers übernahm.

1930 wurde Brandl Polizeivizepräsident und während der Regierungstätigkeit Schobers mit der provisorischen Leitung der Polizeidirektion betraut. Brandl genoss das Vertrauen der Regierung Vaugoin/Starhemberg, was ihn in Konflikt zu Schober brachte, wozu auch die Bestellung Brandls über Schobers Kopf hinweg noch beitrug.

Nach dem Tod Schobers wurde Brandl, bereits durch die Regierung Dollfuß I, zum Präsidenten der Polizeidirektion ernannt.

Die polizeilichen Maßnahmen nach der Auflösung des Parlaments im März 1933 waren nach Ansicht der Regierung Dollfuß zu zögerlich und ungenügend und Brandl – der als Befürworter des demokratischen Parlamentarismus galt und dem man auch Kontakte zu den Sozialdemokraten nachsagte – wurde am 17. März 1933 seines Amtes enthoben bzw. es wurde ihm der Rücktritt nahegelegt.

Aus Protest gegen Dollfuß und diese ungewöhnliche Maßnahme der Regierung trat Dr. Brandl am darauffolgenden Tag in spektakulärer Form in die damals noch legale NSDAP ein. Dieser Schritt war für Dollfuß doppelt peinlich, da Brandl, der als bekennender Christlichsozialer mit altösterreichischen Wurzeln galt und auch international große Wertschätzung erfuhr, in der Öffentlichkeit großes Ansehen genoss.

1938 wurde Dr. Franz Brandl polizeilich nicht mehr reaktiviert, sondern zum Generaldirektor der DDSG bestellt.

Nach dem Krieg wurde Brandl in einem Volksgerichtsverfahren für schuldig befunden, sich als „Illegaler" nicht registriert zu haben, und wurde zu zwei Jahren Kerker verurteilt.

Nach seiner Haftentlassung nahm Brandl seine schriftstellerische Tätigkeit, die er schon vor dem Krieg begonnen hatte, wieder auf und veröffentlichte zahlreiche historische Werke.

Am 15. März 1953 erlag Dr. Franz Brandl in seiner Wiener Wohnung einem Herzschlag.

1933

Skoda-Radpanzer
der Wiener Polizei

Das Jahr 1933 zählt wohl zu den dunkelsten Jahren in der Geschichte der österreichischen Demokratie, war aber auch voll schwerwiegender Ereignisse für die Wiener Polizei.

Das mit knapper parlamentarischer Mehrheit regierende Kabinett Dollfuß trat in immer schärferer Form den oppositionellen Sozialdemokraten, aber auch den noch legalen Nationalsozialisten entgegen. Mit einer gewaltigen Terrorwelle versuchten die Nationalsozialisten für sie erfolgversprechende Neuwahlen zu erzwingen, bis es schließlich am 19. Juni zum Verbot der NSDAP kam. Gleichzeitig wurde auch der Republikanische Schutzbund aufgelöst und die politische Bewegungsfreiheit der Sozialdemokraten stark eingeschränkt.

Die politische Auseinandersetzung verlagerte sich in diesem Jahr immer mehr auf die Straße, was die Regierung zu rigorosen Polizeimaßnahmen bewog. Der Zusammenprall zwischen Heimwehr und Nationalsozialisten bei der großen Türkenbefreiungsfeier am 14. Mai und dem Besuch des bayerischen Justizministers Dr. Frank am darauffolgenden Tag machte die Wiener Polizei zum Prellbock zwischen den kämpfenden Demonstranten. Der Bürgerkrieg lag bereits in der Luft …

DR. RUDOLF MANDA ZENTRALINSPEKTOR 1933, GENERALINSPEKTOR 1934–1938

Fast fünf Jahre stand Dr. Rudolf Manda als Zentralinspektor, ab 29. 5. 1934 mit dem Titel eines Generalinspektors, an der Spitze der Wiener Sicherheitswache.

Rudolf Manda wurde am 14. 10. 1882 in Rudnik im damals österreichischen Schlesien geboren und trat nach dem Studium und dem Einjährig-Freiwilligen-Jahr 1908 in den Dienst der Polizeidirektion Wien, wobei er ab 1914 dem Stand der Sicherheitswache angehörte.

Nach unterschiedlicher Verwendung wurde Manda am 11. April 1933 mit dem Kommando der Sicherheitswache betraut. In dieser Funktion lag in den kommenden Jahren nicht nur die Steigerung der Einsatzbereitschaft der Sicherheitswache in seinem Aufgabenbereich, auch der oft blutige Polizeieinsatz bei den Ereignissen der Jahre 1933 und 1934 fiel in seine Amtszeit.

Mandas österreichischer Patriotismus und das kompromisslose Vorgehen gegen illegale Nationalsozialisten führten dazu, dass er bereits in der Nacht des 11. März 1938 verhaftet und mit dem ersten Häftlingstransport von Wien in das Konzentrationslager Dachau gebracht wurde. Erst im Dezember 1938 kam er wieder frei, stand jedoch unter ständiger Beobachtung durch die Gestapo.

Bereits am 28. April 1945 stellte sich Dr. Manda wieder der Wiener Polizei zur Verfügung. Trotz seines ehemals hohen Amtes fand er jedoch nur als stellvertretender Leiter der Abt. III (Administrativbüro) Verwendung, ab 15. Juni 1948 war er Leiter des Büros des Polizeipräsidenten (Holaubek). Mandas Verdienste um den Ständestaat und seine Einsatzbereitschaft in dieser Zeit dürften einer hochrangigeren Verwendung in der Zweiten Republik im Wege gestanden sein.

Mit Jahresende 1949 trat der ehemalige Generalinspektor, Gestapohäftling und spätere Büroleiter in den Ruhestand.

Am 16. März 1958 beendete der Tod ein ereignisreiches Leben. Ein Leben, das voll Höhen und Tiefen, voll Triumphen, aber auch voll von Demütigungen und Erniedrigungen gewesen war.

1933–1934

DR. EUGEN SEYDEL
POLIZEIPRÄSIDENT 1933–1934

Nachdem Bundeskanzler Dr. Dollfuß dem Wiener Polizeipräsidenten Brandl 1933 sein Vertrauen entzogen hatte und sich die innenpolitische Lage erheblich zuspitzte, galt es, das vakante Amt des Polizeipräsidenten mit einem Mann zu besetzen, der in keinerlei Konflikt mit der Linie der Regierung stand. Diesen fand man in der Person des bisherigen Polizeivizepräsidenten Dr. Eugen Seydel, dem der Ruf vorausging, ein treuer Diener des Staates in bester altösterreichischer Beamtentradition zu sein. Seydel war vor allem ein überzeugter Österreicher und galt als Garant für den kompromisslosen Widerstand gegen die seit 19. Juni 1933 verbotenen und jetzt illegalen Nationalsozialisten. Dem neuen Präsidenten fiel nun die unangenehme Aufgabe zu, mit seiner Behörde die neue Gesetzeslage zu exekutieren und vor allem auch die Polizei selbst von den Gefolgsleuten der verbotenen NSDAP zu befreien. Ein Auftrag, den Seydel nach dem verhängnisvollen 12. Februar 1934 auch im Hinblick auf die Sozialdemokraten zu erfüllen hatte. Dr. Eugen Seydel, der als ruhig, freundlich und konziliant galt, hatte plötzlich – ohne es zu wollen – die „Schmutzarbeit" des autoritären Regimes zu erledigen. Eine Aufgabe, die ihm offensichtlich widerstrebte und für die er auch nicht die erforderliche Härte besaß. Dies hatte sich schon bei der blutigen Niederschlagung der sozialdemokratischen Erhebung abgezeichnet und wurde bei der Beendigung des nationalsozialistischen Putsches am 25. Juli 1934 erneut erkennbar. Der Polizeipräsident wurde auch mit den Vorwurf konfrontiert, dass er die Entfernung der Nationalsozialisten aus den Reihen der Polizei mit zu geringem Nachdruck betrieben hatte und es so möglich war, dass viele maßgebliche Exponenten des „Juliputsches" in Wien aktive Polizeiangehörige waren. Dieser Umstand führte zu einer Beurlaubung des Polizeipräsidenten und schließlich zu seiner Pensionierung im September 1934.

Dr. Eugen Seydel starb an den Folgen eines Verkehrsunfalles am 5. März 1958 im Alter von 79 Jahren in seiner Heimatstadt Wien.

„SEI GESEGNET OHNE ENDE ...“

Die Polizei im Ständestaat 1934–1938

Als am 1. Mai 1934 die neue, ständische Verfassung verkündet wurde, schien auch für die Wiener Polizei die Zeit der Turbulenzen, die seit dem Tod Schobers die Behörde erschüttert hatten, vorbei zu sein.

Seit der blutigen Niederschlagung der sozialdemokratischen „Februarrevolte“ war erst kurze Zeit vergangen und die Wunden des Bürgerkriegs waren noch lange nicht vernarbt. Die Exekutive, und in erster Linie die Wiener Polizei, hatte aber ihre Verlässlichkeit gegenüber der Regierung unter Beweis gestellt und man hoffte, unter dem neuen Polizeipräsidenten Seydel und der neuen, wenngleich autoritären und undemokratischen Verfassung langsam wieder zu geordneten Verhältnissen zu gelangen.

Auch zehrte Wien noch vom Ruhm der Ära Schober, in der es angeblich „die beste Polizei der Welt“ hatte, war Sitz der INTERPOL, und der Leiter der Kriminalpolizeilichen Abteilung, Dr. Otto Steinhäusl, galt als bedeutender Kriminalist, der weltweite Anerkennung genoss.

Viele schwere Bluttaten – oft auch durch die Not in der Zeit der Wirtschaftskrise ausgelöst – konnten erfolgreich und rasch geklärt werden, was der Polizei auch Anerkennung bei der Bevölkerung eintrug.

Bundes-Polizeidirektion in Wien. — Generalinspektorat der Bundes-Sicherheitswache.

Tages-Befehl.

Nr. 4123. Wien, am 1. September 1934. 65. Jahrgang.

I.

G. Z. 2115.

Polizeimajor der Bundes-Sicherheitswache in Wien

Franz Hickl,

Kommandant der städtischen Sicherheitswache-Abteilung des Bundes-Polizeikommissariates in Innsbruck, ist am 25. Juli 1934 in Innsbruck einem heimtückischen Mordanschlag zum Opfer gefallen.

Polizeibezirksinspektor

Peter Fluch

der Sicherheitswache-Abteilung Innere Stadt hat am 25. Juli 1934 in den Kämpfen zum Entsatze des von Aufständischen besetzten Gebäudes der „Ravag“ in Wien, in treuer und heldenhafter Pflichterfüllung den Tod gefunden.

Polizeirayonsinspektor

Matthias Kaufmann

der Alarmabteilung, ist den beim Entsatze des „Ravag“-Gebäudes in treuer und heldenhafter Pflichterfüllung am 25. Juli 1934 erlittenen schweren Verletzungen am 26. Juli 1934 erlegen.

Polizeirevierinspektor

Ferdinand Forstner

der Sicherheitswache-Abteilung Favoriten ist als Opfer treuester Pflichterfüllung am 9. August 1934 den Verletzungen erlegen, welche er am 21. Juli 1934 in Ausübung des Dienstes bei einem auf ihn durch einen Sprengstoffattentäter verübten tückischen Mordanschlag erlitten hat.

Diese braven Kameraden, ausgezeichnet durch Mannesmut und Soldatentugend sind mit Entschlossenheit und Tatkraft für die Erfüllung ihrer beschworenen Pflicht eingetreten. Als tapfere Schirmer der österreichischen Heimat sind sie fluchwürdigen Verbrechern zum Opfer gefallen und als Märtyrer für Österreich gestorben.

Wir werden ihnen, die in dem schweren Ringen um die Freiheit und Selbständigkeit unseres Vaterlandes ihr Höchstes, das Leben, als Helden der Pflicht und der Treue hingegeben haben, in Bewunderung und Liebe ein immerwährendes, ehrendes Andenken bewahren. Ihre Namen reihen sich der stattlichen Anzahl jener Opfer an, die Verbrechertum und wahnsinnige politische Verhetzung im Verlaufe der Jahrzehnte aus den Reihen des Wiener Sicherheitswachekorps gefordert haben. Ihre Namen werden ein neues Ruhmesblatt in der Geschichte des Sicherheitswachekorps zieren, ihr für das Vaterland vergossenes Blut den Ehrenschild des Korps blank erhalten.

Tages-Befehl der Bundespolizeidirektion Wien, in dem der gefallenen Polzeiangehörigen des Juliputsches 1934 gedacht wird

Der Juliputsch 1934 der illegalen Nationalsozialisten veränderte die Meinung über die Verlässlichkeit der Wiener Polizei gegenüber der Regierung wesentlich. Nicht nur, dass Hofrat Steinhäusl offenbar in den Aufstand involviert war, wurde auch bekannt, dass der ehemalige Kommandant der Alarmabteilung, Leo Gotzmann, die Pläne für den Aufstand und den Sturz der Regierung ausgearbeitet hatte. Unter den wenig später standrechtlich hingerichteten Putschisten, die auch an der Ermordung von Bundeskanzler Dollfuss beteiligt waren, befanden sich eine Reihe aktiver Polizeibeamte. Die Abberufung des als zu nachsichtig geltenden Polizeipräsidenten Dr. Eugen Seydel im Herbst 1934 und die Entfernung mancher deklarierter Nationalsozialisten aus der Behörde änderte bis 1938 nicht viel an der Gesamtsituation. Da es innerhalb der Wiener Polizei nach wie vor einen sehr hohen Prozentsatz an „Illegalen“ gab und damit manche Polizeimaßnahmen gegen die verbotenen Nationalsozialisten nur halbherzig erfolgten, ist wohl zu verständlich. Trotz dieser Situation wurde in diesen Jahren die Polizei von der illegalen Propaganda als Feindbild stilisiert, da es in der Behörde, wie man 1938 erkennen konnte, auch sehr viele aufrechte Österreicher gab, die zu Opfern der nationalsozialistischen Gewaltherrschaft werden sollten.

1934

Absperrungen der Polizei im Bereich der Marokkanerkaserne, Februar 1934

Die tragischen Ereignisse des Februar 1934 führten zu einer weiteren Vertiefung des Grabens zwischen der staatstragenden Polizei und der sozialdemokratischen Arbeiterschaft. Obwohl viele Polizeibeamte bis zum 12. Februar 1934 sozialdemokratisch orientiert waren, sind keine Fälle von Befehlsverweigerungen bei der Niederwerfung der sozialdemokratischen Erhebung bekannt. Das altösterreichische Beamtenethos hatte auch in dieser Zeit offensichtlich noch seine volle Gültigkeit.

Allerdings wurden nach dem 12. Februar 1934 zahlreiche Polizeibeamte, die den Vertretern des Ständestaates politisch zu unverlässlich erschienen, dienstfrei gestellt.

Bürgerkrieg in Österreich – in einer schematischen grafischen Darstellung der Gegner. Einerseits die bewaffnete Arbeiterschaft, andererseits Militär, Polizei, Heimwehr und Kirche sowie die alles ignorierenden Beamten und Bürger

DR. MICHAEL SKUBL POLIZEIPRÄSIDENT 1934–1938

Als der stolze „Schimmelreiter" war der Zentralinspektor der Wiener Sicherheitswache Dr. Michael Skubl in Wien längst eine bekannte und auch populäre Persönlichkeit, als er am 30. Juli 1934 mit der Leitung der Bundespolizeidirektion Wien betraut wurde. Skubl galt als Mann der Tat, dem man die Regeneration der von zahlreichen „Illegalen" unterwanderten Polizeibehörde zutraute, er galt als überzeugter und kompromissloser Österreicher. Der neue Polizeipräsident besaß nicht nur das Vertrauen der Regierung Schuschnigg, er genoss auch trotz – oder gerade wegen – seiner korrekten Haltung die Achtung einflussreicher Männer aus dem sogenannten „betont nationalen" Lager.

Diese großdeutsche Gruppierung stand naturgemäß in Opposition zur Regierung, war aber auch gegenüber den bombenwerfenden Rabauken innerhalb der illegalen NSDAP äußerst reserviert. Aus diesem Lager kam nun auch an jenem verhängnisvollen 11. März 1938 der Wunsch, Skubl in seinem Amt als Polizeipräsident von Wien auch von der Regierung Seyss-Inquart bestätigen zu lassen. Skubl stimmte zu, nicht weil er die Fronten gewechselt hatte, sondern weil er hoffte, noch Schlimmeres verhindern zu können. Bereits am 13. März war seine Amtszeit jedoch zu Ende – der Druck der Illegalen, die ihm seine Maßnahmen während der „Verbotszeit" nicht verziehen hatten, war stärker.

Dr. Michael Skubl musste das Gebiet des ehemaligen Österreich verlassen und ging ins sogenannte „Altreich", wo er bis Kriegsende in der Privatwirtschaft tätig war. Nach dem Krieg wurde er als Österreicher aus Deutschland abgeschoben, wieder in Wien sah sich der mittellose, gebrochene alte Mann mit dem Vorwurf konfrontiert, ein Kollaborateur der Nationalsozialisten gewesen zu sein. Erst über Intervention des jungen Polizeipräsidenten Holaubek fand Skubl in Wien wieder eine Unterkunft, wo er dann auch seinen Lebensabend verbrachte.

Am 24. Februar 1964 starb der einst so stolze „Schimmelreiter" vergessen und teilweise sogar geächtet. Ein österreichisches Schicksal dieser bewegten Zeit hatte sich erfüllt.

1934

Der Putsch der Nationalsozialisten am 25. Juli 1934, der auch zum Tod des Bundeskanzlers Dr. Engelbert Dollfuß führte, war – und das muss auch in diesem Buch eingestanden werden – nur durch die Beteiligung zahlreicher aktiver Polizeifunktionäre in unterschiedlichen Positionen möglich.

Es gab jedoch nicht nur Täter aus den Reihen der Polizei – manche von ihnen waren 1934 unter den Justifizierten oder wurden zu langjährigen Haftstrafen verurteilt –, sondern auch viele Opfer, die zeigten, dass staatstreue und aufrechte Österreicher sicher auch in diesem Jahr die Mehrheit in der Exekutive stellten. Stellvertretend für diese Kämpfer für die Unabhängigkeit Österreichs soll der Sicherheitswachebeamte Bez.-Insp. Peter Fluch genannt werden, der von den Putschisten beim Sturm auf das RAVAG-Gebäude in der Johannesgasse erschossen und so zu einem der ersten Gefallenen für die Eigenständigkeit unseres Staates wurde. Das Bild oben, das die ganze Tragik der Verirrungen des Jahres 1934 dokumentiert, zeigt die Bergung der Leiche dieses braven Polizeibeamten durch seine Kameraden aus dem umkämpften RAVAG-Funkhaus in der Wiener Innenstadt am Nachmittag jenes blutigen und verhängnisvollen Tages – des 25. Juli 1934.

Auch wenn nach der gewaltsamen Niederwerfung der sozialdemokratischen Erhebung und des Juliputsches in Österreichs politischer Landschaft so etwas wie „Friedhofsruhe" eingekehrt war, galt es, im darauffolgenden Jahr 1935 die polizeiinternen Probleme aufzuarbeiten. Zu sehr waren Verstrickungen zwischen der Wiener Polizei und den Putschisten offenkundig geworden und es war daher notwendig, im verunsicherten Korps ein neues staatstreues Polizeibewusstsein zu festigen.

Neben zahlreichen personellen Änderungen – auch Polizeipräsident Seydel musste seinen Abschied nehmen – wurden auch äußere Zeichen gesetzt, so wurde bereits 1934 ein neues Korpsabzeichen geschaffen. Dieses Abzeichen, das einen Adlerkopf auf einer Mauerkrone darstellte, war noch bis vor kurzem das Zeichen der österreichischen Bundessicherheitswache. Auch der nach einem Entwurf von Clemens Holzmeister errichtete „Polizeialtar" in der Votivkirche, vor dem immer wieder Gedenkgottesdienste für die gefallenen Exekutivangehörigen stattfanden, sollte ein Zeichen setzen und das Bewusstsein für die viel beschworene Pflichttreue stärken.

Der von Clemens Holzmeister entworfene Polizeialtar in der Votivkirche

Das neue, von Dr. Michael Skubl angeregte Korpsabzeichen der Sicherheitswache

1936

Illustrierte Kronen Zeitung,
6. März 1936

Der Fernschreiber im Dienst der Polizei.

Der Fernschreiber, eine der neuesten Errungenschaften der Technik, ist zwar noch nicht ganz auf der Höhe, aber immerhin schon so weit vervollkommnet, daß sich die Wiener Polizei entschloß, solche Fernschreibmaschinen anzuschaffen, die das, was in einer Stadt auf ihnen geschrieben wird, in einer anderen Stadt, wo sich das Empfangsgerät befindet, zu Papier bringen.

Sowohl die österreichische Innenpolitik als auch die Außenpolitik war in jenem Jahr 1936 für die Polizei fühlbar relevant. Einerseits konnte Bundeskanzler Schuschnigg durch die Auflösung der Selbstschutzverbände den Machtfaktor Heimwehr und damit den rivalisierenden Vizekanzler Starhemberg ausschalten, andererseits war durch das von der Regierung mit dem nationalsozialistischen Deutschen Reich geschlossene „Juliabkommen" eine moderatere Gangart gegenüber den „Illegalen" geboten. Polizeiliche Maßnahmen hatten beide Faktoren in entsprechender Form zu berücksichtigen und erforderten von den Verantwortlichen große Sensibilität.

Die nationalsozialistische Agitation nahm 1936 großteils von gewalttätigen Anschlägen Abstand, stattdessen wurde nun versucht, durch Unterwanderung Einfluss zu gewinnen. So konnte der illegale „NS-Soldatenring" sowohl im Heer als auch in der Exekutive in diesem Jahr gewaltige Zuwächse erzielen. Ein Umstand, der aufrechte österreichische Polizeifunktionäre zu Recht mit großer Sorge erfüllte. Technische Neuerungen, wie der Polizeifernschreiber (Bild oben), trugen so nicht nur zu einer weiteren Perfektionierung der Polizeiarbeit bei, sie wurden, wie sich später herausstellen sollte, sehr oft auch vom politischen Untergrund innerhalb der Behörde für konspirative Zwecke missbraucht.

Die Einsatzgebiete der Wiener Sicherheitswache in diesen Jahren sind einfach mit dem Schlagwort „Zu Lande, zu Wasser und in der Luft" zu umschreiben. Neben den traditionellen motorisierten Einheiten verfügte der Donaudienst der Polizei auch über eine Anzahl durchaus moderner Motorboote. Aber auch der Luftraum blieb polizeilich nicht unbedeckt, war die Sicherheitswache doch nicht nur für die Flugplatzinspektion auf dem Flugfeld in Aspern verantwortlich, sondern besaß auch eigene Maschinen, die von „Polizeipiloten" gesteuert wurden. Ehemalige Kampfflieger aus dem Ersten Weltkrieg, wie der legendäre Peter Raft-Marwil, die nun im Dienst der Polizei standen, erfüllten diese Aufgabe bravourös.

1937

Der 7. Juli 1937 sollte zum wohl letzten, ehrlichen Herzens begangenen Festtag der Wiener Polizei vor den Jahren der Unfreiheit und des Krieges, der Not und des Schreckens werden. Der erste Jahrgang der 1936 gegründeten Polizeiakademie wurde an jenem Sommertag ausgemustert und im Hof der Marokkanerkaserne angelobt. 51 junge Polizeibeamte hatten erfolgreich ihre Offiziersausbildung abgeschlossen und waren damit zu Polizei-Oberleutnants avanciert. Unter ihnen befanden sich auch fünf chinesische Absolventen, die als Gasthörer an der Ausbildung teilgenommen hatten.

Der Treueeid auf Österreich beendete die eindrucksvolle Feierstunde im sonnendurchfluteten Hof der Marokkanerkaserne. Es ahnte an diesem Festtag wohl niemand, dass es ein Schwur auf einen Staat war, der bereits wenige Monate später nicht mehr bestehen würde.

Am 4. Dezember 1937 stattete Bundeskanzler Schuschnigg der Polizeidirektion (oben) und dem Amtsgebäude Rossauer Lände (unten) einen offiziellen Besuch ab. Er wurde in allen Ehren empfangen und verließ die polizeilichen Einrichtungen mit Worten großer Anerkennung. Es war wohl das letzte Mal, dass der Kanzler dieses Gebäude als freier Mann verlassen konnte. Drei Monate später war er selbst Häftling der Gestapo am Morzinplatz und wurde in Handschellen zur erkennungsdienstlichen Behandlung in jenes Gebäude gebracht, in dem er drei Monate zuvor so festlich empfangen worden war. Einige der Polizeifunktionäre, die ihn an jenem 4. Dezember 1937 begleitet hatten, traf der Kanzler in den Jahren der Haft wieder. Manche in der Funktion seiner Bewacher oder Peiniger, so manchen aber auch als Mithäftling und Leidensgenossen. Die österreichische Tragödie hatte begonnen …

Das Inferno

Die Schrecken der NS-Herrschaft und des Krieges 1938–1945

Deutscher Polizeiadler, Emblem der „Schutzpolizei" in den Jahren 1938–45, für viele Österreicher ein Symbol für Angst und Schrecken

Bei der historischen Darstellung und Aufarbeitung polizeilicher Geschehnisse kann es nicht sein, dass man angesichts der großen und positiven Tradition der Wiener Polizei die „dunklen Flecken" in der Geschichte verschweigt.

Hier muss vor allem die Zeit der nationalsozialistischen Gewaltherrschaft beachtet werden, wo es auch im Polizeibereich, wie in allen anderen Bereichen des öffentlichen Lebens, Opfer, Mitläufer und auch Täter gab, und wir müssen bekennen, dass sich in den Jahren des Terrorregimes in den Reihen der Wiener Polizei neben zahlreichen Opfern auch ein sehr hoher Anteil an Tätern fand. Dies deshalb, weil das neue Regime 1938 einerseits viele „politisch unzuverlässliche" Elemente aus dem Polizeidienst entfernt hatte und andererseits, weil gerade in der mittleren Führungsschicht der Polizei seit den Wirren der Zwischenkriegszeit ein starker Hang zum Nationalsozialismus bestand. Man darf nicht vergessen, dass der ursprüngliche Plan des nationalsozialistischen „Juliputsches" von 1934 vom ehemaligen Kommandanten der Alarmabteilung, Gotzmann, stammte und es unter den bewaffneten Geiselnehmern im Bundeskanzleramt am 25. Juli 1934 einen überproportional hohen Prozentsatz an aktiven Polizeiangehörigen gab. Aber auch unter den Opfern der nationalsozialistischen Putschisten des Jahres 1934 waren bereits Sicherheitswachmänner. Also bereits in dieser Zeit gab es Täter und Opfer. Wie jede andere Berufsgruppe war auch die Polizei von der Saat der Gewalt nicht gefeit.

Der weitaus größte Prozentsatz waren jedoch auch im Polizeidienst jene Männer, die ihre Familien erhalten und überleben wollten. Sie machten ihren Dienst, wenn auch in anderer Uniform, wie bisher weiter, regelten den Verkehr, straften Parksünder oder nahmen Taschendiebe fest. Sie waren keine Parteimitglieder, aber auch keine Widerstandskämpfer, sie waren weder Helden noch Mörder und hatten nur im wahrsten Sinn des Wortes „das kleinere Übel gewählt". Ohne diese Männer, die man auch oft verächtlich „Mitläufer" genannt hat, wäre nach 1945 die Wiederaufstellung der Wiener Polizei wohl schwer möglich gewesen.

Geheime Staatspolizei
Staatspolizeileitstelle Wien II D

47) W a n d a Dr.Rudolf

6.) Dr. B ö h m Richard, Polizeirat

78) S t r e i t m a n n Friedrich

9.) B u c h s b a u m Leopold,

133) H ü t t l Dr.Heinrich

1. April 1938.

Erster Transport von Österreichern nach Dachau

Unter den Deportierten sind fünf hochrangige Polizeifunktionäre.

Die Umstrukturierung des Wiener Polizeiapparats nach der nationalsozialistischen Machtübernahme in Österreich erfolgte mit Verordnung vom 30. September 1938. Dies hatte die sofortige Schließung bzw. Aufhebung zahlreicher Wachzimmer zur Folge. Die „Strukturreform" bedingte, dass die meisten Wachzimmer, die vor 1938 bestanden, geschlossen und der Rest zu Polizeirevieren der Schutzpolizei ausgebaut wurden. Jene Agenden, die bis zu diesem Zeitpunkt von den Polizeikommissariaten ausgeübt wurden, übernahmen diese Polizeireviere. Sogenannte Polizeiämter ersetzten die bisherigen Bezirkspolizeikommissariate, wobei die Zahl durch die Erweiterung der Amtsbezirke auf 11 Koate reduziert wurde. Des Weiteren erfolgte die Verpflichtung zum Tragen der Hakenkreuzarmbinde im Falle der Weiterbenützung der alten österreichischen Uniform, die Kokarde war durch den deutschen Polizeiadler zu ersetzen. Bald verschwand die ehemals österreichische Polizeiuniform jedoch überhaupt aus den Straßen der Stadt und der graugrüne „Schutzpolizist" (SCHUPO) mit dem preußischen Tschako hielt Einzug in Wien. Der Wiener Polizeirayon wurde durch die Eingemeindung von Gemeinden des ehemaligen Landes Niederösterreich mit Wirkung vom 15. Oktober 1938 erheblich vergrößert. So umfasste der Gau Wien nunmehr auch die Randgebiete Korneuburg, Klosterneuburg, Schwechat und Mödling. Dadurch entstanden in „Groß-Wien" insgesamt 26 Gemeindebezirke. Die Struktur innerhalb der ehemaligen Bundespolizeidirektion Wien wurde ebenfalls nicht nur in personellen Angelegenheiten völlig geändert, so wurde z. B. das Generalinspektorat der Wiener Sicherheitswache in das Kommando der Schutzpolizei umgewandelt. Die größten Veränderungen gab es auf staatspolizeilichem Gebiet, wo die Agenden direkt auf die „Geheime Staatspolizei" (Gestapo), die ihrerseits nur mehr den „Staatspolizei-Leitstellen" und darüber dem „Reichssicherheitshauptamt" in Berlin unterstellt war, übergingen. Meist wurden nur Beamte jener Abteilungen der österreichischen Staatspolizei übernommen und dann der Gestapo unterstellt, die auch im neuen Regime bestanden (z. B. Referate für Kommunisten und Spanienkämpfer, Sektenreferat etc.). Die Beamten des österreichischen „Nationalsozialistenreferates" wurden in der Regel entlassen und mussten oft schwere Repressalien der neuen Machthaber über sich ergehen lassen.

Wiener Polizeiangehörige am 12. März 1938 vor dem Bundeskanzleramt

Der sympathische junge Wiener Schutzpolizist sammelt am „Tag der Deutschen Polizei" für wohltätige Zwecke.

Ein Bild der „neuen" Wiener Polizei, wie es die deutsche Propaganda zu vermitteln versuchte

Alte österreichische Polizeibeamte haben vor den neuen Herren strammzustehen und Weisungen entgegenzunehmen, Juni 1938

Es sind wenig genaue Angaben über den tatsächlichen Ist-Soll-Stand der Wiener Polizei vor dem 12. März 1938 vorhanden. Fest steht jedenfalls, dass die Angelobung am 16. März 1938 7.363 Sicherheitswachebeamte aller Dienstverwendungen sowie sogenanntes Hilfspersonal umfasste. Dazu ist weiters festzustellen, dass der Personalstand durch „Ausgleichsmaßnahmen" einer ständigen Veränderung unterzogen war. So kam es einerseits bereits unmittelbar nach dem Einmarsch zur Wiedereingliederung vormals wegen nationalsozialistischer Betätigung entlassener Beamter, andererseits zu „Säuberungsaktionen" innerhalb der bestehenden Beamtenschaft. Dies traf vor allem auf große Teile der ehemaligen polizeilichen Führungsschicht zu. Sowohl Generalinspektor (Manda) als auch Schulkommandant (Hüttl) der Tage vor dem 13. März 1938 fanden sich im ersten Transport nach Dachau wieder. Die neuen Machthaber wussten natürlich, was sie taten. Durch die Entfernung der bekennenden Österreicher aus der Hierarchie der Polizei war der Weg zur geistigen Unterwanderung der Mannschaft im nationalsozialistischen Sinn frei.

Beispielgebend für die Täter, aber vor allem auch für die Opfer des Nationalsozialismus aus den Reihen der Mitarbeiter der Wiener Sicherheitswache mögen zwei Beamte angeführt werden:

Polizeirayonsinspektor Viktor Bergner wurde am 19. 11. 1898 in Kupferberg bei Preßnitz (Böhmen) geboren und erlernte den Beruf des Fleischhauergehilfen. Am 31. 8. 1923 trat er seinen Dienst bei der Wiener Sicherheitswache an und diente bis zum 30. 8. 1944 im Stand der ehemaligen Sicherheitswache und nunmehrigen Schutzpolizei. Am 16. Oktober 1926 heiratete er, ein Jahr zuvor wurde er zum definitiven Wachmann, im Jahr 1929 zum Oberwachmann der Wiener Sicherheitswache ernannt. Nach Absolvierung des Sanitätskurses wurde Bergner am 14. 6. 1939 dem leitenden Luftschutzarzt als Polizeisanitäter zur Dienstleistung zugewiesen. Im Jahr 1941 erfolgte die Ernennung zum „Meister der Schutzpolizei". Am 1. Februar 1944 wurde Bergner wegen Mithilfe zum Hochverrat verhaftet und der Gestapo übergeben. Der aufrechte und bekennende Österreicher kam in das Konzentrationslager Dachau, wo er von einem SS-Gericht am 27. April 1944 wegen Beihilfe zum Hochverrat zum Tode verurteilt wurde. Das Urteil wurde am 30. August 1944 in Dachau vollstreckt.

Organisationsplan der Deutschen Polizei, für die „Kameraden aus der Ostmark" provisorisch angefertigt und an die Wiener Polizeiangehörigen zur Information über die neuen Befehlsstrukturen im März 1938 verteilt

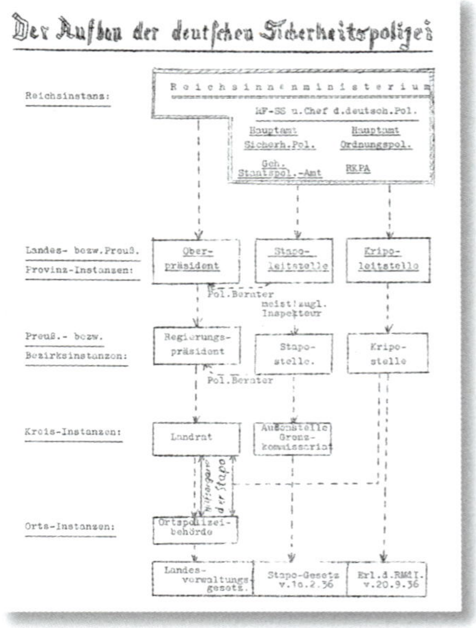

Selbst in diesen unmenschlichen und menschenverachtenden Zeiten funktionierte jedoch der Verwaltungsformalismus in perfekter und grausamer Präzision. Die Witwe Bergners erhielt von der Lagerverwaltung Dachau mehrere Schreiben, in denen der „überraschende" Tod des „Schutzhäftlings" mitgeteilt und die Abwicklung der Übergabe der Effekten des Justifizierten amtlich korrekt mitgeteilt wurde.

Das Hotel „Metropol" am Morzinplatz, gefürchteter Sitz der Wiener Gestapo und Ort des Schreckens für unzählige Österreicher

Aber es gibt, wir bekennen es bedauernd, auch andere Beispiele, von den eines hier angeführt werden darf: Es ist der Fall des Angehörigen der Wiener Schutzpolizei Franz Schipany.

Franz Schipany wurde am 24. Mai 1913 in Zwettl/NÖ geboren und erlernte ebenso wie Rayonsinspektor Bergner den Beruf des Fleischergehilfen. Dies ist allerdings die einzige Lebensparallelität der beiden Polizeibeamten. Am 15. November 1938 rückte Schipany freiwillig zur Wiener Schutzpolizei ein und wurde als Wachtmeister eingestuft. Nach Beendigung der 6-monatigen Ausbildung wurde er in das Protektorat abkommandiert und kehrte im Juni 1939 wieder nach Wien zurück. Bei Kriegsbeginn wurde seine Kompanie nach Polen verlegt, Schipany war mit dabei. Gemeinsam mit anderen Wiener Sicherheitswachebeamten war er ab Herbst 1941 in Kolomea (Polen) bei der Schutzpolizeidienstabteilung im Streifen- und Wachdienst eingeteilt. Im Zuge der Erhebungen nach Kriegsende stellte sich heraus, dass Angehörige der Wiener Schutzpolizei aktiv an der Liquidierung polnischer Juden durch Erschießungen beteiligt waren. Auch die Einheit Schipanys war unter den Tätern.

Diese beiden Beispiele zeigen, mit welchen Problemen der Wiederaufbau der Wiener Polizei nach 1945 verbunden war, gab es doch unzählige ähnlich gelagerte Fälle, wo sich Schuld oder Unschuld in den Wirren der Nachkriegszeit nicht so klar trennen ließen. Erst langsam, mit dem Ende dieser Generation, war eine objektive Aufarbeitung jener schrecklicher Zeit möglich, in die auch die Wiener Polizei so eng verwoben war.

Inspektion der Alarmabteilung durch den „Inspekteur der Schutzpolizei" General Daluege im Hof der Marokkanerkaserne am 5. April 1938. Links im Bild der später allmächtige Chef des „Reichssicherheitshauptamtes" Ernst Kaltenbrunner und bereits etwas im Hintergrund der Wiener Polizeipräsident Otto Steinhäusl (2. v. r.).

1938

Der Inspekteur der deutschen Schutzpolizei, General Daluege, der die nunmehr „ostmärkische“ Polizei auf „Vordermann“ bringen sollte, begutachtet am 5. April 1938 abschätzig im Hof der Marokkanerkaserne den Skoda-Schützenpanzer der Wiener Polizei.

Links im Hintergrund, gleichsam als „graue Eminenz“ des Anschlusses, der Gestapo-Chef und SS-General Ernst Kaltenbrunner.

DR. OTTO STEINHÄUSL POLIZEIPRÄSIDENT 1938–1940

1938–1940

Otto Steinhäusl wurde am 10. 3. 1879 in Budweis geboren. Er besuchte das Gymnasium in Salzburg und Klagenfurt und studierte in Wien Rechtswissenschaft. 1907 trat er als Konzeptspraktikant in die Polizeidirektion Wien ein, wo er zunächst im Sicherheitsbüro und später im Kommissariat Mariahilf Verwendung fand. 1911 wurde der junge Polizeijurist mit dem Aufbau der Kriminalpolizei in Mährisch-Ostrau betraut. 1913 wieder in Wien, wurde Steinhäusl verschiedenen polizeilichen Dienststellen zugewiesen und 1919 Sekretär des Polizeipräsidenten Schober.

Das Innenministerium betraute Steinhäusl 1922 mit der Neuorganisation der nunmehrigen Bundespolizeidirektion Salzburg und bereits im gleichen Jahr wurde er Polizeidirektor von Salzburg. 1932 erfolgte seine Rückberufung nach Wien, wo er zuerst Vorstand des Sicherheitsbüros und 1933 Leiter der Kriminalpolizeilichen Abteilung wurde. Diese erfolgreiche Tätigkeit und die rasche Aufklärung einiger spektakulärer Kriminalfälle unter seiner Leitung brachten Steinhäusl große Popularität in der Öffentlichkeit.

Während des Juliputsches 1934 wurde Hofrat Steinhäusl, der immer als unpolitisch galt, von den Nationalsozialisten als möglicher Polizeipräsident unter einem Bundeskanzler Rintelen genannt.

Dies führte nach Niederschlagung des Aufstandes zur Verhaftung Steinhäusls und zur Anklage des Hochverrats. 1935 wurde er von einem Militärgerichtshof wegen der Mitschuld am „Verbrechen des Hochverrates" zu sieben Jahren schwerem Kerker verurteilt.

Nach dem Juliabkommen 1936 kam Steinhäusl durch Amnestie frei und konnte nach Deutschland ausreisen, wo er im Kriminalhauptamt tätig war.

Nach der Machtergreifung der Nationalsozialisten in Österreich wurde Hofrat Dr. Otto Steinhäusl bereits am 13. März 1938 mit der Leitung der Polizeidirektion Wien betraut und Polizeipräsident.

Gleichzeitig mit seiner polizeilichen Bestellung wurde Steinhäusl zum SS-Standartenführer, später SS-Oberführer (Gereral) ernannt.

Steinhäusl, bis 1934 politisch neutral, schien sich in den Jahren ab 1938 voll mit dem NS-Regime zu solidarisieren, vermutlich als eine Form von Dankbarkeit für die Unterstützung durch Nationalsozialisten nach der aus seiner Sicht für ihn ungerechtfertigten und ungerechten Verurteilung im Jahr 1935.

Polizeipräsident Dr. Otto Steinhäusl starb am 20. Juni 1940 in Wien.

1938

Einführung der Rechtsfahrordnung

Werbekampagne der Wiener Polizei zur Einführung der Rechtsfahrordnung

Bereits 1932 wurde durch die Bundesregierung die Rechtsfahrordnung, so wie sie es in anderen europäischen Staaten gab, auch für Österreich bestimmt. Als Stichtag war der 1. Dezember vorgesehen.

Aus wirtschaftlichen und organisatorischen Gründen sah man sich jedoch außerstande, das Vorhaben zu verwirklichen und die Maßnahme wurde auf unbestimmte Zeit verschoben.

Erst 1938 wurde der Rechtsverkehr in die Tat umgesetzt – am 19. September um null Uhr wurde diese größte Verkehrsumstellung, die es jemals in Wien gab, verwirklicht.

Nach einer wochenlangen, gigantischen Aufklärungs- und Informationskampagne für die Bevölkerung wurde in dieser turbulenten Nacht bis zu Beginn des Frühverkehrs das gesamte öffentliche Verkehrsnetz, mit Ausnahme der Stadtbahn, umgestellt. Es mussten 1.440 Haltestellentafeln verlegt, 220 Weichenanlagen umgebaut, die bereits vorhandenen Lichtregelungen auf 93 Kreuzungen verändert sowie tausende Verkehrszeichen und Hinweistafeln versetzt werden.

Für Wiens Autofahrer war die Nacht fast ein Volksfest. Bis knapp vor 24 Uhr war am 18. September die ganze Innenstadt voll von Autos. Dann wurde aus vielen Lautsprechern verkündet: „Achtung, in einer halben Minute Rechtsfahren!“ Alle Fahrzeuge standen still und um Punkt 24 Uhr schachtelte sich in ungemeiner Disziplin der Verkehr auf die neue, rechte Seite. Feuerwerke wurden unter Gejohle auf dem Stephansplatz abgebrannt und Sektkorken knallten. Man gehörte nun auch zu den modernen, fortschrittlichen Ländern, zumindest, was das Verkehrswesen betraf.

Bereits wenig später, am 1. Oktober 1938, trat eine weitere Veränderung im Verkehrswesen ein: Autos mussten eine Windschutzscheibe haben, farbige Winker und Schluss- bzw. Bremslichter wurden Vorschrift. Auch der Rückspiegel wurde bindend vorgeschrieben und die Polizei veranstaltete unzählige „Nachschulungen“ für Autofahrer, um den Gebrauch des Rückspiegels zu üben.

Vielen Polizeibeamten dieser Zeit blieben die Monate September und Oktober noch lange in Erinnerung, waren doch jegliche Freistunde und jeder Urlaub gestrichen worden. Polizisten aller Verwendungsbereiche hatten sich in Tag- und Nachtdiensten einzig der Verkehrsumstellung zu widmen.

Der Personenkult in der nationalsozialistischen Ära trieb ungeahnte Blüten und auch die Wiener Polizei blieb davon nicht verschont.

So wurde 1940, nach dem Tod des Polizeipräsidenten Steinhäusl, die Marokkankaserne umbenannt und hieß fortan „Otto-Steinhäusl-Kaserne". Begründet wurde dies im polizeilichen Amtsblatt damit, dass Steinhäusl ein „Vorkämpfer der nationalsozialistischen Bewegung in Österreich" gewesen sei.

Tatsächlich war Steinhäusl, wie auch seine Töchter später glaubhaft bestätigten, vor dem verhängnisvollen 25. Juli 1934 nie mit dem Nationalsozialismus in nähere Berührung gekommen und war auch kein „Illegaler" gewesen. Es hatte lediglich einen Kriminalbeamten in der Umgebung Steinhäusls gegeben, der, wie sich später herausstellte, der illegalen SS-Standarte 89 angehörte und vor dem Juliputsch seinen Parteigenossen vermutlich den Vorschlag machte, man möge Steinhäusl bei einem Gelingen des Putsches unter einer geplanten Regierung Rintelen zum Polizeipräsidenten ernennen.

Da das geplante „Schattenkabinett" unter dem christlichsozialen Rintelen für Steinhäusl scheinbar unverfänglich schien, stimmte er seiner Nominierung zu, wohl auch durch seinen Hang zu Ehrgeiz, Eitelkeit und politischer Naivität verleitet.

Die Verwandlung Steinhäusls zum kompromisslosen Nationalsozialisten, der er nach 1938 sicher war, dürfte wohl erst nach seiner Haftentlassung im Juli 1936 in Berlin geschehen sein.

Seine Darstellung als „alter Kämpfer" und „Vorkämpfer der Bewegung" war also wohl eine Propagandalüge, der auch der Name der alten Marokkanerkaserne zum Opfer fiel.

Das Einfahrtstor der Marokkanerkaserne, die ab 1940 „Otto-Steinhäusl-Kaserne" hieß

1941

Deutsches Propagandaplakat und Propagandapostkarte für das „Kriegs-WHW" (Kriegs-Winterhilfswerk), mit denen für den „Tag der Deutschen Polizei", indirekt jedoch für Spenden geworben wurde

Alle Polizeiangehörigen, auch der Polizeipräsident (siehe 1942), wurden mit Sammelbüchsen werbewirksam auf die Straße geschickt.

Der jährlich ab 1938 auch in Wien veranstaltete „Tag der Deutschen Polizei“ war eine groß angelegte Propagandaaktion, bei der die Unterstützung für „bedürftige Volksgenossen“ durch die Polizei mit Volksausspeisung und Geldsammlungen demonstriert werden sollte. Kinder durften auf Polizeipferden reiten, in Einsatzwagen mitfahren und die Kunststücke der Polizeihunde bestaunen.

Nach Kriegsbeginn wurde neben polizeilichen Vorführungen in erster Linie für das Kriegs-Winterhilfswerk (WHW) gesammelt und alle Polizeiorgane, mit dem Präsidenten an der Spitze, standen mit Sammelbüchsen in den Straßen Wiens. Kaum ein Passant konnte oder wollte sich der Spendenaufforderung entziehen.

Auf Werbeplakaten, wie hier im Bild, wurde auf diesen Tag hingewiesen und die starke „Verbundenheit zwischen Polizei und Front“ betont.

LEO GOTZMANN
POLIZEIPRÄSIDENT
1941–1945

Leo Gotzmann, 1893 in Olmütz geboren, maturierte 1911 in Wien und inskribierte an der Juridischen Fakultät der Universität Wien.

Von 1916 bis Kriegsende leistete er Militärdienst und erreichte zuletzt den Rang eines Leutnants bei den Tiroler Kaiserjägern.

Nach dem Krieg beendete er sein Jus-Studium und trat 1920 als Konzeptspraktikant in den Dienst der Wiener Polizei. 1926 wurde er Polizei-Kommissär, 1931 Polizei-Oberkommissär.

Nach seiner Tätigkeit in verschiedenen Kommissariaten wurde Gotzmann 1923 als rechtskundiger Beamter der Sicherheitswache zugeteilt. 1929 erfolgte seine Bestellung zum „Polizeitaktischen Referenten" des Zentralinspektorats und zum Kommandanten der neu geschaffenen Alarmabteilung.

Als Kommandant der Alarmabteilung, der er bis 1933 war, hatte er einen geradezu legendären Ruf bei der Mannschaft, den er im Sinne seiner nationalsozialistischen Einstellung zu nutzen wusste.

Ab dem Verbot der NSDAP in Österreich wurde Gotzmann, dessen Agitation bei der Mannschaft bekannt geworden war, vom Kommando der Alarmabteilung entbunden und zum Koat Wieden versetzt.

Nach dem Juliputsch 1934 wurde Leo Gotzmann von mehreren verhafteten Putschisten als einer der Hintermänner des Putsches bezeichnet und es gab auch konkrete Hinweise, dass er bereits 1933 an der Vorbereitung eines geplanten Anschlags beteiligt gewesen war.

In einem Militärgerichtsprozess wurde Gotzmann 1935 wegen Hochverrats zu lebenslänglichem, schwerem Kerker verurteilt.

Erst durch die Amnestie nach dem Berchtesgadener Abkommen im Februar 1938 kam Gotzmann frei und wurde nach dem „Anschluss" als Oberkommissär wieder bei der Polizei eingestellt.

1940 erfolgte seine Bestellung als Polizeivizepräsident und schließlich 1941 als Nachfolger Steinhäusls zum Polizeipräsidenten.

Bei Kriegsende wurde Leo Gotzmann von den Amerikanern festgenommen und in das Lager Zuffenhausen bei Stuttgart gebracht, wo er am 6. Dezember 1945 aus unbekannten Gründen verstarb.

1942

Der Tag der deutschen Polizei

Als Auftakt zum „Tag der Deutschen Polizei" fand vor dem Präsidium eine Flaggenparade statt. Anschließend legte der Polizeipräsident Gotzmann vor den Ehrentafeln für den verstorbenen Präsidenten Dr. Schober und für die im Weltkrieg und im nationalsozialistischen Freiheitskampf gefallenen Polizeiangehörigen Kränze nieder. An den Gräbern der in Pflichterfüllung Gefallenen waren auf den Friedhöfen Ehrenposten aufgezogen.

*

Der Tag der Deutschen Polizei ist für die Briefmarkenfreunde hochwillkommen, denn er bringt ihnen einen Sonderstempel im Sonderpostamt des Polizeipräsidiums am Schottenring. Mehrere Ausgabestellen sorgen für einen flotten Verkehr, so daß man sich nicht lange anstellen muß. Seltene Markenwerte, die sonst nicht so leicht erhältlich sind, kann man dort erwerben und gleich mit dem Stempel versehen lassen.

An etlichen Kreuzungspunkten des Straßennetzes gab es gestern Platzkonzerte und Vorführungen von Panzerkraftwagen usw.

Mutige Wiener ließen sich vom Kanalzug in die Unterwelt der Großstadt einführen und stiegen im Girardipark in den Sammelkanal ab. Auch heute wird dazu Gelegenheit gegeben.

In der Otto-Steinhäusl-Kaserne, in der Marokkanergasse 4, gibt es einen kleinen Prater mit mancherlei Überraschungen. Ringelspiel,

(Lichtbild Wien-Bild)

Polizeipräsident Gotzmann sammelte gestern am Schottentor für das Kriegs-WHW.

Kleinautobahn, Schießbuden und einen Maronibrater mit Maroni! Im Stockwerk hat sich ein 73jähriger Kasperltheaterdirektor niedergelassen und zeigt dort seine Künste.

Heute erlebt Wien den Höhepunkt des Tages der Deutschen Polizei, ein überaus abwechslungsreiches Programm ladet zum Besuch ein.

Auch 1942 war der „Tag der Deutschen Polizei" ein gewaltiger Propagandaauftritt, nun bereits ganz dem Krieg untergeordnet.

Um die Stimmung der Zeit und das polizeiliche Selbstverständnis erklärbar zu machen, soll ein Pressebericht vom 15. Februar 1942 wiedergegeben und das Bild gezeigt werden, das man so gerne von der Polizei vermitteln wollte: der „gütige Polizeipräsident" (Gotzmann) mit Kindern und der Sammelbüchse für wohltätige Zwecke.

Wegen des Fortschreitens des Krieges und der ungeheuren Verluste der Deutschen im Russlandfeldzug wurden immer mehr aktive Polizeiangehörige aus Wien an die Front abkommandiert.

Die dadurch auch in der Öffentlichkeit spürbare Personalknappheit der Polizei musste man ausgleichen und so entstand die aus Pensionisten rekrutierte „Stadtwache", die in manchen Bereichen die Polizei ersetzen sollte.

Dass diese Truppe (im Bild die Angelobung der XVII. Kompagnie Knöllgasse am 22. Mai 1943 durch einen Polizeioffizier) nicht sehr effektiv war, ist wohl verständlich.

1944

„Die Polizei im Fronteinsatz": Werbeplakat bzw. Postkarte, wo die Popularität der Polizei einerseits für den „Totalen Krieg" genützt werden sollte, andererseits für den Eintritt in „Polizeiregimenter" geworben wurde

In den letzten Kriegsmonaten sah man kaum mehr die gewohnten Streifenpolizisten in den Straßen Wiens, an ihrer Stelle versahen Stadtwache, HJ-Buben und Volkssturm hilfspolizeilichen Dienst. Die echte „Polizei war im Fronteinsatz", wie das damals allgemein bekannte Plakat verkündete.

Dass dieser „Fronteinsatz" der – der SS unterstellten – Polizeitruppen nicht nur dem militärischen Gegner, sondern auch „Saboteuren, Spionen und Juden" der besetzten Gebiete in schrecklicher Form galt, wurde erst nach dem Krieg bekannt und zählt zu den unrühmlichsten Kapiteln der jüngeren Polizeigeschichte.

Die Bombenruine der Polizeidirektion am Schottenring 11

Viele Amtsgebäude der Polizei fielen den schweren Bombenangriffen der Alliierten auf Wien in den letzten Kriegsmonaten und -wochen zum Opfer, als der Krieg für die Deutschen längst verloren war.

So wurde die traditionsreiche Polizeidirektion am Schottenring, seit 1874 Amtssitz, völlig zerstört und auch das kriminalpolizeiliche Amtsgebäude auf der Rossauer Lände, die „Liesel", war gänzlich ausgebrannt.

Kaum ein Kommissariat oder Wachzimmer war von der Zerstörung verschont geblieben, kaum ein sachkundiger Polizeibeamter war mehr in Wien zu finden, sodass man mit Fug und Recht von einer „Stunde null" der Wiener Polizei sprechen konnte.

Das ausgebrannte Polizeigebäude, Rossauer Lände/Ecke Berggasse

1938–1945

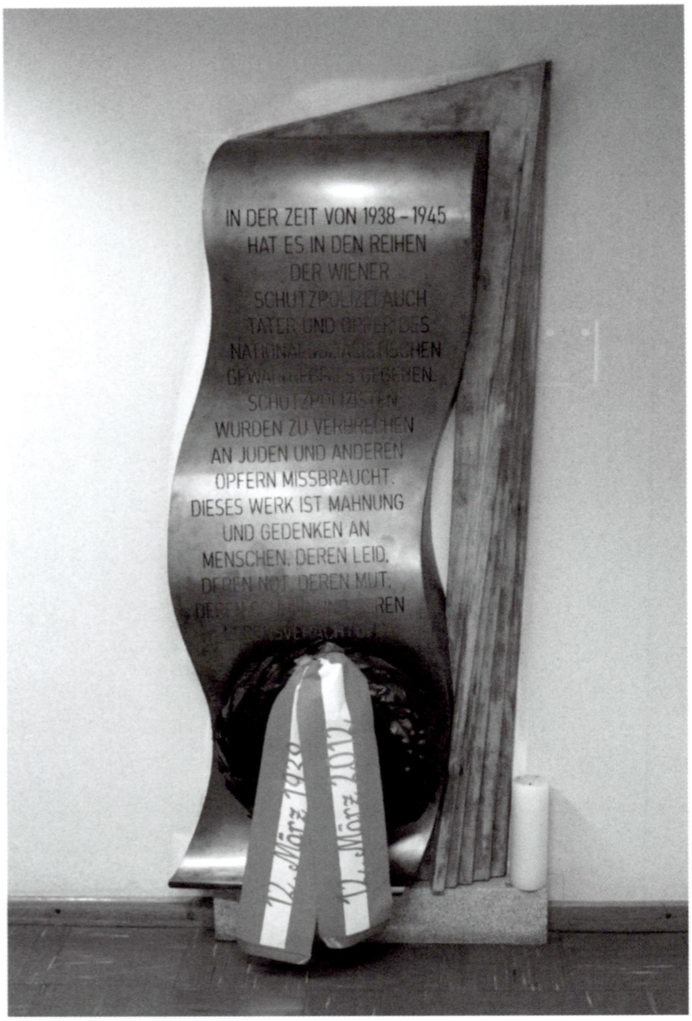

Dass es in den Reihen der Wiener Polizei in den Jahren der Gewaltherrschaft 1938–45 leider auch viele Täter gab, ist ausführlich dokumentiert worden und steht außer Frage.

Dass es aber auch Opfer innerhalb des Wiener Polizeikorps gab, die für ihren Widerstand gegen das nationalsozialistische Regime ihr Leben ließen, daran erinnert in eindrucksvoller Form eine Gedenktafel, die über Initiative des damaligen GI Schnabl errichtet wurde und in der Halle der Wiener Polizeidirektion, vor den Amtsräumen des ehemaligen Generalinspektorats, angebracht ist.

Schon bald nach dem Krieg hatte man dieser Opfer der NS-Zeit in einer eindrucksvollen Kundgebung und Weihestunde auf dem Zentralfriedhof gedacht, das Denkmal in der Polizeidirektion entstand erst zu Beginn unseres Jahrhunderts.

DIE VIER IM JEEP

Wiederaufbau, Besatzungswillkür und der langsame Weg in die Freiheit in den Jahren 1945–1955

Das Kriegsende des Jahres 1945 war im wahrsten Sinne des Wortes auch die „Stunde null" der Wiener Polizei. Der gesamte Wagenpark war zerstört oder verschleppt, die zentralen Amtsgebäude waren entweder bombardiert oder ausgebrannt, bewährte Polizeibeamte in Kriegsgefangenschaft, gefallen oder aus politischen Gründen ausgeschieden. In den Kommissariaten und Wachzimmern gab es meist keinen Strom, kein Heizmaterial und die alten „Stallposten" für die ehemalige berittene Polizei am Stadtrand waren geplündert und verwaist.

Trotz immenser Kriminalität war den wenigen verbliebenen oder neu eingestellten Polizeibeamten das Führen einer Waffe von den Besatzungskräften untersagt, das Einschreiten gegen Angehörige der Besatzungsmächte verboten und die Verschleppung österreichischer Staatsbürger war an der Tagesordnung.

Die Besetzung der polizeilichen Führungskräfte in den Kommissariaten erfolgte in der Zeit des „Polizeilichen Hilfsdienstes" durchwegs nach dem Kriterium der Mitgliedschaft in der KP und wurde ohne Rücksicht auf das Vorstrafenregister oder die Eignung der Bewerber durchgeführt.

Nach der provisorischen Leitung der Wiener Polizei durch den polizeilich unbedarften KP-Funktionär Hautmann wurde im Sommer 1945 schließlich der damals fast 80-jährige, honorige ehemalige Vizepräsident und Zentralinspektor Dr. Ignaz Pamer, der bereits 1932 in den Ruhestand getreten war, reaktiviert und von Staatskanzler Renner zum Polizeipräsidenten ernannt.

Etwas mehr als ein Jahr danach wurde Dr. Arthur Klauser, ein ebenfalls reaktivierter und längst im Ruhestand befindlicher Beamter, Polizeipräsident, der sich aber auch nicht gegen die Willkür der Besatzungsmächte stellen konnte und über Druck der Alliierten bereits 1947 seinen Abschied nehmen musste.

1947 begann schließlich die dann 25 Jahre andauernde „Ära Holaubek", als der junge, dynamische Wiener Feuerwehrchef Josef Holaubek zum Polizeipräsidenten ernannt wurde.

Der Wiederaufbau der Wiener Polizei nach dem Krieg, die organisatorische und personelle Erneuerung und der Widerstand gegen fremde Einflussnahme sind in diesen Jahren untrennbar mit dem Namen Josef Holaubek verbunden.

Erst der Staatsvertrag des Jahres 1955 brachte Österreich die volle Souveränität und damit auch jenen Handlungsspielraum, der den Anschluss an die große Polizeitradition unseres Landes ermöglichte.

Armbinde des Polizeilichen Hilfsdienstes, April–Mai 1945

Kokarde der Kriminalbeamten ab Juni 1945

1945

In Uniformresten aller vergangenen Regime und der Alliierten begann der „Polizeiliche Hilfsdienst" seine Tätigkeit – das Vertrauen der Bevölkerung ließ zu wünschen übrig.

Rudolf Hautmann, KP-Funktionär, kurzfristig „Polizeichef" von Wien von Sowjets Gnaden

Unmittelbar nach der Befreiung Wiens von den nationalsozialistischen Machthabern wurde auf Anweisung der sowjetischen Besatzungsmacht der „Polizeiliche Hilfsdienst" geschaffen. Die wahllos rekrutierten Männer wurden in Uniformreste aller vergangenen Regime und der Alliierten gekleidet und hatten – unbewaffnet und ohne wirkliche Autorität – die Aufgabe, die Ordnung in der chaotischen Stadt wiederherzustellen.

Da die Aufnahme in den Polizeilichen Hilfsdienst ohne jegliche Überprüfung der Bewerber stattfand und meist nur eine Mitgliedschaft bei der KP Voraussetzung war, stellte der Hilfsdienst einen idealen Unterschlupf für fragwürdige Elemente dar. Entsprechend skeptisch war auch die Einstellung der Bevölkerung zu dieser „Polizeitruppe".

Erst nach der offiziellen Wiedergründung der Polizeidirektion Wien mit dem bereits 78-jährigen ehemaligen Zentralinspektor und nunmehrigen Präsidenten Ignaz Pamer an der Spitze (13. Juni 1945) konnte diese Einheit wieder aufgelöst und durch eine reguläre Mannschaft ersetzt werden.

DR. IGNAZ PAMER
POLIZEIPRÄSIDENT 1945–1946

Wohl selten war ein Leben so sehr mit der Wiener Polizei verbunden, wie dies bei Ignaz Pamer der Fall war. 1866 in Korneuburg geboren, trat Pamer 1892 als Konzeptspraktikant in den Dienst der Polizei und wurde dem Kommissariat Leopoldstadt zugeteilt. Im Jahre 1893 wurde er Provisorischer Konzipist und bereits 1895 Bezirksinspektor, ein damals nicht unbedeutender Rang. 1902 berief man Pamer zum Kommandanten der berittenen Sicherheitswache und schon 1911 erreichte er den Rang des Zentralinspektors der Wiener Sicherheitswache. Im Jahre 1923 übernahm Pamer das Amt des Polizeivizepräsidenten unter Schober und war in den folgenden Jahren der oftmaligen politischen Tätigkeit Schobers immer wieder selbstständiger Leiter der Polizeidirektion. 1932 trat Pamer altersbedingt und wohl auch aus persönlichen und politischen Gründen als Polizeivizepräsident in den Ruhestand.

1945, in der Stunde größter Probleme und nach Auflösung des Polizeilichen Hilfsdienstes, erinnerte man sich des alten Herrn, und Staatskanzler Renner berief Dr. Ignaz Pamer zum Polizeipräsidenten in Wien. Die absolute Loyalität zu Österreich und zum Staat ließen den Pensionisten Pamer in dieser schweren Stunde noch einmal in den Dienst der Polizei treten. Einer Polizei, die von der Gunst und Gnade der Besatzungsmächte abhängig war, über kaum verwendbare Diensträume und keinerlei Ausrüstung verfügte. Bis 1946, etwas mehr als ein Jahr, leitete der fast 80-jährige Herr die Behörde unter diesen schwierigen Voraussetzungen. Nach seiner zweiten Pensionierung war Pamer dann noch als Präsident des Dorotheum-Kuratoriums tätig. Am 16. Juli 1957 starb Dr. Ignaz Pamer im 91. Lebensjahr. Ein Leben im Dienste Österreichs war erfüllt.

1945

Nach Auflösung des Polizeilichen Hilfsdienstes kehrt langsam wieder Normalität auch auf polizeilichem Gebiet ein.

Die Polizeidirektion Wien entsteht neu und hat als ersten, provisorischen Amtssitz das Niederösterreichische Landhaus in der Herrengasse 13.

Polizeidirektion Wien.

Kundmachung.

Mit dem heutigen Tage übernimmt die

Polizeidirektion Wien

den gesamten polizeilichen Dienst im Stadtgebiet von Wien. Ihr Aufgabenbereich ist der gleiche wie bis zum 13. März 1938. Der Amtssitz der Polizeidirektion befindet sich vorläufig im I. Bezirk, Herrengasse 13.

In den Bezirken bestehen derzeit folgende **Bezirks-Polizeikommissariate: Innere Stadt, Leopoldstadt, Landstraße, Wieden, Margarethen, Mariahilf, Neubau, Josefstadt, Alsergrund, Favoriten, Simmering, Meidling, Hietzing, Penzing, Schmelz, Ottakring, Hernals, Währing, Döbling, Brigittenau, Floridsdorf, Stadlau, Schwechat, Liesing, Mödling, Klosterneuburg.**

Der äußere Dienst wird von der Sicherheitswache und den Kriminalbeamten versehen. Nur diese Organe sind gesetzlich befugt, Verhaftungen auszusprechen und Hausdurchsuchungen vorzunehmen. Bei der Vornahme von Hausdurchsuchungen weisen sich diese Polizeiorgane mit besonderen Ermächtigungen aus. Die Kräfte des bisherigen polizeilichen Hilfsdienstes werden in diesen Exekutivapparat eingebaut.

Jedermann ist verpflichtet, den Aufforderungen der Sicherheitswache und der Kriminalbeamten unbedingt Folge zu leisten.

Nur die Polizeidirektion, die Bezirks-Polizeikommissariate, die Sicherheitswache und die Kriminalbeamten können polizeiliche Befugnisse ausüben. Eingriffe in die Zuständigkeit der Polizei werden nicht geduldet. Wer sich polizeiliche Befugnisse anmaßt, wird der gesetzlichen Bestrafung zugeführt.

Die Wiener Polizei wird ihre Tätigkeit im Rahmen ihrer ordentlichen Zuständigkeit und auf Grund der geltenden Gesetze und Vorschriften ausüben.

Die Bewohner der Stadt können alle Anzeigen, Beschwerden usw. bei den Dienststellen der Polizeidirektion anbringen. Jedermann kann eine verständnisvolle Behandlung aller dieser Angelegenheiten erwarten. Die Wiener Polizei wird helfen, wo Hilfe möglich ist.

Wien, am 13. Juni 1945.

Der Polizeipräsident:
gez. **Dr. Pamer.**

FERDINAND LINHART
GENERALINSPEKTOR 1945–1946

Mit Erlass des „Staatsamtes für Inneres" vom 19. Juli 1945 wurde Oberstleutnant Ferdinand Linhart zum Generalinspektor der Wiener Sicherheitswache bestellt. Linhart war damit nach den Jahren der nationalsozialistischen Herrschaft in Österreich, in denen es ja die Funktion eines Generalinspektors nicht gegeben hatte, der erste Träger dieses Amtes in der Zweiten Republik.

Zwar hatte bereits am 13. April 1945 der ehemalige Schulkommandant der Sicherheitswache, Dr. Heinrich Hüttl, als „provisorischer Kommandant der Wiener Sicherheitswache" den „Tagesbefehl Nr. 1" veröffentlicht, doch scheiterte Hüttls definitive Ernennung zum Generalinspektor wohl anm Widerstand der sowjetischen Besatzungsmacht, die neben dem „kaiserlichen Zentralinspektor" Pamer als Polizeipräsidenten keinen weiteren Vertreter einer altösterreichischen Polizeitradition in einer Spitzenposition der Exekutive sehen wollte.

Innenminister Honner, der ein Repräsentant der Kommunistischen Partei in der provisorischen Regierung war und den Wünschen der sowjetischen Besatzungsmacht kritiklos nachkam, wählte also für die Funktion des Wiener Generalinspektors einen Mann seinen Vertrauens. Dies war der am 2. Mai 1896 geborene Ferdinand Linhart.

Der neue Generalinspektor hatte die schwierige Aufgabe, die Sicherheitswache praktisch von der Stunde null an wieder aufzubauen und im Rahmen der Möglichkeiten einsatzbereit zu machen. Eine Aufgabe, die nicht nur ihm, sondern auch noch vielen seiner Nachfolger gewaltige Leistungen und Anstrengungen abverlangte.

Ferdinand Linhart übte die Funktion des Generalinspektors bis 25. März 1946 aus. Er verstarb am 19. Dezember 1978 im Alter von 82 Jahren.

1945

Im Juli 1945 übersiedelte die Polizeidirektion in das Haus Parkring 8, das prächtige ehemalige „Deutschmeisterpalais", das wie durch ein Wunder den Krieg unversehrt überstanden hatte.

Der provisorische Aufenthalt der Behörde im Niederösterreichischen Landhaus war nur von kurzer Dauer gewesen, der neue Amtssitz am Parkring sollte es bis 1974, bis zur Fertigstellung der später neu errichteten Polizeidirektion am Schottenring, bleiben.

BEFEHL

des Ortskommandanten der Stadt Wien

Wien, den 7. September 1945 Nr. 13

§ 1.

**Dem Polizeipräsidenten der Stadt Wien,
Herrn Dr. Pamer:**

a) In der Zeit bis zum 15. September 1945 ist eine Registrierung aller Kraftfahrzeuge der Stadt Wien (Staatsbesitz, Gemeindebesitz, Privatbesitz u. a.) durchzuführen und entsprechende Pässe auszufolgen.

b) In der Zeit bis zum 1. Oktober 1945 ist eine Registrierung von Kraftfahrrädern und Fahrrädern der Stadt Wien durchzuführen und entsprechende Bescheinigungen sind auszufolgen.

§ 2.

Besitzer von Kraftwagen (staatlichen, Gemeinde-, privaten u. a.) haben ihre Kraftwagen, Kraftfahrräder und Fahrräder bei dem Polizeipräsidenten der Stadt Wien zu registrieren und entsprechende Dokumente zu erhalten.

§ 3.

Nach dem 15. September 1945 werden alle Kraftwagen und nach dem 1. Oktober 1945 alle Kraftfahrräder und Fahrräder, welche keine Pässe und Nummern haben oder von Kraftfahrern, welche keine Führerrechte besitzen, geführt werden, aus dem Verkehr gezogen und der Stadtgemeinde übergeben werden.

**Der Ortskommandant der Stadt Wien
Generalleutnant
Blagodatow**

Übergabe eines Teils der schwer beschädigten Rossauer Kaserne durch die Alliierten an die Polizei zum Zweck der Neuerrichtung einer Polizeischule im Winter 1945–46

Der Wiederaufbau der Wiener Sicherheitswache nach dem Krieg war vorerst durch oftmalige Umzüge des Generalinspektorates gekennzeichnet und entsprechend erschwert. So entstand bereits nach dem 12. April 1945 unter der Bezeichnung „Erfassungsstab der Sicherheitswache" das neue Generalinspektorat mit dem Sitz im Palais Auersperg. Wenig später erfolgte jedoch die Übersiedlung in das Kommissariatsgebäude Neubau in der Kandlgasse 4. Bereits im Mai 1945 musste der Standort geräumt werden und man übersiedelte in das Erzbischöfliche Alumnat in die Boltzmanngasse, von wo bereits im August 1945 eine weitere Übersiedlung in die Müllnergasse 23 erfolgte. Mit 1. April 1946 wurde schließlich der Standort im ehemaligen Palais Colloredo-Mansfeld in der Zedlitzgasse 8 bezogen.

Der Dienstbetrieb der Polizeischule konnte mit Jänner 1946 in der Rossauer Kaserne aufgenommen werden, da die amerikanische Besatzungsmacht einen Trakt der schwer beschädigten Kaserne der Polizei für diesen Zweck zur Verfügung gestellt hatte. Es gab Anfang 1946 mehr als 5.000 Bewerber für die Aufnahme in die Polizeischule. Die Ausbildungszeit betrug nur drei Monate. Ein Zeitraum, der jedoch noch durch die Beschaffung von Brennmaterial für die Unterrichtssäle, das Besorgen von Fensterglas und Schuttschaufeln unterbrochen wurde. Der Schwerpunkt der Ausbildung der jungen Polizeianwärter lag so naturgemäß in den Händen der wenigen alten Sicherheitswache-Beamten aus der Vorkriegszeit, die ihren jungen Kollegen bereits in der Praxis das nötige dienstliche Rüstzeug mitgeben mussten.

1946–1947

DR. ARTHUR KLAUSER
POLIZEIPRÄSIDENT 1946–1947

Arthur Klauser, 1889 in Lemberg geboren, trat im Sommer 1918 als Jurist in den Dienst der Wiener Polizei, wo er die übliche Dienstlaufbahn eines Konzeptsbeamten absolvierte. 1934 bereits Oberpolizeirat, hatte sich Klauser auf das Erkennen von Banknoten- und Wertpapierfälschungen spezialisiert und sich rasch einen Ruf als internationaler Fachmann erarbeitet. Er wurde Leiter der „Internationalen Zentrale zur Bekämpfung von Geldfälschungen" der INTERPOL, die ja ihren Sitz in Wien hatte, und trug wesentlich zum weltweiten Ruhm der Wiener Polizei bei.

1938 wurde er von den Nationalsozialisten aus politischen Gründen vorzeitig in den Ruhestand versetzt, jedoch 1943 wieder mit dem Titel eines Kriminalrates reaktiviert, da man auch in dieser Zeit offenbar auf eine solche Kapazität von Weltruf nicht verzichten wollte.

Nach dem Krieg wurde er mit dem Neuaufbau des Sicherheitsbüros betraut, dessen Vorstand er wurde.

Am 20. Juli 1946 erfolgte seine Bestellung als Polizeipräsident.

Dr. Klauser war trotz aller fachlichen Qualifikation kein Organisationstalent und es gelang ihm nicht, die Wiener Polizei aus dem übermächtigen Würgegriff der Besatzungsmächte, vor allem der Sowjets, zu lösen.

Die für ihn überraschende Abberufung als Polizeipräsident am 31. Oktober 1947 dürfte jedoch im Hintergrund auf eine Intervention der britischen Besatzungsmacht zurückzuführen gewesen sein, die im Zusammenhang mit der groß angelegten Pfund-Fälschung der Deutschen während des Krieges große Vorbehalte gegen Klauser gehegt hatte.

Dr. Arthur Klauser starb 1959 in Wien.

DR. LUDWIG HUMPEL
GENERALINSPEKTOR 25. MÄRZ 1946–8. JUNI 1946

Bereits im Jahr 1906, nach dem Abschluss seines Studiums, war der am 8. August 1881 geborene Dr. Ludwig Humpel als höherer Verwaltungsbeamter in die Polizeidirektion Wien eingetreten. Nachdem er als Konzeptsbeamter der Polizei in verschiedenen Kommissariaten Dienst gemacht hatte, folgte 1920 seine Bestellung zum Kommandanten der Sicherheitswache im bevölkerungsstarken Bezirk Favoriten. 1932 wurde er Vorsitzender der Disziplinarkommission der Sicherheitswache, eine verantwortungsreiche und wohl auch heikle Aufgabe.

Am 25. Juli 1934 leitete Humpel im Auftrag Generalinspektor Mandas den Einsatz der Polizei gegen die nationalsozialistischen Putschisten und erwies sich in diesen Tagen als verlässlicher Vertreter der staatlichen Ordnung.

Nach der Machtübernahme der Nationalsozialisten leistete Humpel, inzwischen Hofrat und Oberpolizeirat, am 16. März 1938 den Diensteid auf die neue Regierung und setzte Zeichen, sich dem neuen Regime anzupassen.

Auf Grund seiner Haltung in der Zeit des Ständestaates und des mehrmaligen Wechsels seines politischen Engagements erschien Humpel jedoch den nationalsozialistischen Machthabern als „politisch unzuverlässig" und er wurde zwangsweise pensioniert.

Nach Ende der nationalsozialistischen Herrschaft in Österreich stellte sich Dr. Ludwig Humpel wieder der Polizeidirektion Wien zur Verfügung. Mit 25. März 1946 wurde er zum Generalinspektor der Wiener Sicherheitswache bestellt, nachdem er bereits seit November 1945 das Amt des Polizeivizepräsidenten ausgeübt hatte.

Am 8. Juni 1946 endete durch seinen überraschenden Tod unerwartet und plötzlich die Amtszeit des langjährigen Polizeihofrates, Vizepräsidenten und Generalinspektors.

1946

DR. HEINRICH HÜTTL GENERALINSPEKTOR 16. JUNI 1946–16. JULI 1946

Auf Lichtbildern der zahlreichen polizeilichen Veranstaltungen der Zwischenkriegszeit in der Marokkanerkaserne ist ein eleganter, hochdekorierter Polizeioffizier zu erkennen, gleichsam den klassischen Typ eines altösterreichischen Beamten verkörpernd.

Es ist Dr. Heinrich Hüttl, Kommandant der Wiener Polizeischule jener Jahre und Leiter der Offiziersakademie, der nach dem Krieg auch kurzfristig Generalinspektor der Sicherheitswache werden sollte.

Heinrich Hüttl wurde am 4. Juli 1891 in Wien geboren und trat nach Jusstudium und Militärdienst als Konzeptsbeamter in den Dienst der Wiener Polizei. 1924 wurde er Lehrer an der Polizeischule und bereits 1930 Schulkommandant. Ihm oblagen die von Schober initiierte Ausbildung von chinesischen und japanischen Polizeioffizieren und später auch der Aufbau der ersten österreichischen Polizeiakademie (1936–37).

Die Unterwanderung zahlreicher Polizeidienststellen mit illegalen Nationalsozialisten in diesen Jahren machte vor den Polizeischülern in der Marokkanerkaserne weitgehend halt – Hüttl als Schulkommandanten gelang es, in kompromissloser österreichischer Haltung diese Agitation im Schulbereich zu unterbinden.

Bereits in der Nacht zum 12. März 1938 wurde er wohl auf Grund dieser Umstände von der Gestapo verhaftet und am 1. April 1938 mit dem ersten Häftlingstransport von Österreichern nach Dachau gebracht. Ein Schicksalsgenosse seines damaligen Generalinspektors Dr. Manda, der sich im selben Transport befunden hatte.

Dr. Hüttl blieb bis September 1938 in Haft, konnte dann zwar nach Wien zurückkehren, stand aber unter ständiger Beobachtung durch die Gestapo.

Bereits im April 1945 stellte sich Dr. Heinrich Hüttl wieder der Wiener Polizei zur Verfügung. Zuerst übte er die Funktion des provisorischen Kommandanten der Sicherheitswache aus, wurde dann Schulkommandant und schließlich nach dem plötzlichen Tod Dr. Humpels Vizepräsident und Generalinspektor.

Generalinspektor war Dr. Hüttl allerdings nur vorübergehend und kurz bis zur Bestellung Johann Redingers am 16. Juli 1946. Dann konnte er sich wieder ganz seinen sehr wichtigen Aufgaben als Vizepräsident widmen.

Dr. Heinrich Hüttl verstarb am 3. Jänner 1973 nach einem erfüllten Leben, das er ganz in den Dienst der Wiener Polizei gestellt hatte.

JOHANN REDINGER
GENERALINSPEKTOR 1946–1948

Geboren am 26. Juli 1885 in Wien, trat Johann Redinger 1909 in den Dienst der Wiener Sicherheitswache. Bis 1933 durchlief er die Karriereleiter bis zum Polizeimajor. Unmittelbar nach der Machtübernahme der Nationalsozialisten wurde er aus politischen Gründen vom Dienst suspendiert. Die Suspendierung wurde Ende 1938 wieder aufgehoben, Redinger wurde in die Schutzpolizei übernommen, aber bereits am 1. April 1939 in den dauernden Ruhestand versetzt. Diese Ruhebestimmung wurde bei Kriegsbeginn aufgehoben und Redinger wurde als „Widerrufsbeamter" eingezogen, 1944 avancierte er bei der Schutzpolizei zum Oberstleutnant.

Nach der Befreiung Österreichs stellte er sich sofort wieder der Wiener Polizei zur Verfügung und wurde mit der Leitung des Referates I im GI betraut.

Im Juli 1946 erfolgte Redingers Bestellung zum Generalinspektor und ein Jahr später die Beförderung zum Polizeigeneral. Er konnte also mit Recht und Stolz darauf hinweisen, dass er in allen Chargen der Sicherheitswache vom provisorischen Wachmann bis zum General gedient hatte. Dies in allen politischen Systemen, von der Monarchie bis zur Zweiten Republik.

Am 14. Juni 1948 fiel General Redinger einem tragischen Leuchtgasunfall mit nie ganz geklärtem Hintergrund zum Opfer.

Bei seiner Verabschiedung wurde von höchsten Vertretern des Staates und der Behörde seiner als eines ungemein korrekten, verlässlichen und bei der Mannschaft beliebten Polizeioffiziers voll Dankbarkeit gedacht.

1947

Innenminister Helmer besichtigte am 8. Jänner 1947 die Polizeischule in der Rossauer Kaserne und machte sich ein Bild vom katastrophalen Zustand der Diensträume.

Auch im Jahre 1947 war man im Bereich der Wiener Polizei von einem normalen Dienstbetrieb noch weit entfernt. Zu viele Amtsräume waren kriegsbedingt unbenützbar oder unbeheizbar und es fehlte am Nötigsten.

Auch bei der Ausrüstung und Bewaffnung gab es große Mängel. Das Tragen von Dienstwaffen war einerseits durch das Fehlen einheitlicher Pistolen erschwert und durch alliierten Einspruch auch immer wieder praktisch unmöglich.

So entschloss sich das Bundesministerium für Inneres in einem Erlass vom 30. September 1947, das Tragen eines Holzknüppels als minder gefährliche Waffe anzuordnen. Bald häuften sich jedoch diesbezüglich Beschwerden, da das Holz, aus dem diese Knüppel gefertigt waren, von so schlechter Qualität war, dass sie beim Einsatz immer wieder zersplitterten.

Die wenigen fahrbereiten Dienstfahrzeuge konnten wegen Treibstoffmangels meist nicht in Betrieb genommen werden und der geplante Wiederaufbau der Stallposten der nominell noch bestehenden berittenen Sicherheitswache scheiterte an fehlenden Futtermitteln für die geplanten Polizeipferde.

JOSEF HOLAUBEK
POLIZEIPRÄSIDENT
1947–1972

Josef Holaubek, 1907 in Wien geboren, erlernte zuerst das Tischlerhandwerk und trat 1928 in den Dienst der Wiener Berufsfeuerwehr.

Als leitender Funktionär der sozialdemokratischen Jugendorganisation „Rote Falken" wurde er nach den Februarereignissen 1934 in Haft genommen und aus dem Feuerwehrdienst entlassen. Ein Gerichtsverfahren gegen ihn wurde jedoch 1936 eingestellt.

1939 wurde Holaubek von der Gestapo verhaftet und blieb fast ein Jahr in „Schutzhaft". Wieder im Dienst der Wiener Feuerwehr, wurde er schließlich 1943 als Feuerschutzmann nach Polen kommandiert.

Nach Kriegsende avancierte Josef Holaubek zum Branddirektor der Wiener Berufsfeuerwehr. Eine Aufgabe, die bei der damaligen Situation in der zerstörten Stadt nur mit einem gewaltigen Organisationstalent und unmenschlicher Kraft zu lösen war.

Am 2. September 1947 wurde Josef Holaubek von Innenminister Helmer auf Grund seiner bewiesenen Durchschlagskraft, seines Organisationstalents und seiner politischen Unangreifbarkeit zum Polizeipräsidenten bestellt.

Josef Holaubek war ein Mann, der den sowjetischen Besatzern mutig entgegentrat und dem es gelingen sollte, den kommunistischen Einfluss in der Polizei langsam zurückzudrängen. Ihm ist auch gemeinsam mit Franz Olah der kompromisslose Widerstand gegen die kommunistischen Putschisten des Jahres 1950 zu verdanken.

Josef Holaubek war, obwohl oder gerade weil er keinerlei „polizeiliches Vorleben" hatte, wie man später anerkennend sagte, der „richtige Mann zur richtigen Zeit am richtigen Ort", er wurde zum längstdienenden Polizeipräsidenten Wiens.

Er verstarb am 10. Februar 1999 im 93. Lebensjahr in Wien und wurde in einem Ehrengrab auf dem Wiener Zentralfriedhof beigesetzt.

1948

Langsam wurde der Betrieb der Polizeischule in der kriegsbeschädigten Rossauer Kaserne zweckmäßiger und die anfangs notwendigen „Schutträum-Einsätze“ der Aspiranten wichen immer mehr einer zielführenden Polizeiausbildung. Noch waren die Winter in den teilweise nicht beheizbaren Unterrichts- und Schlafsälen der Polizeischule bitter kalt und durch die Ritzen der brettervernagelten Fenster zog eisiger Wind, aber das Ziel der Ausbildung war bereits erkennbar geworden.

Der Torposten vor einer betretbaren Seitenpforte der Rossauer Kaserne, dem Eingang zur Polizeischule, trug zwar noch den adaptierten Mantel und die Pistole aus Wehrmachtsbeständen, jedoch bereits eine neue österreichische Kappe. Ein Bild, gleichsam symbolisch für den Aufbruch Österreichs aus den Trümmern der Vergangenheit in eine neue Zeit.

Der frierende Wachmann vor einer Seitentür der Rossauer Kaserne, wo sichtlich selbst geschrieben auf die „Polizeischule Wien“ hingewiesen wurde.

In den Wintermonaten dieser Zeit war es jedoch vor der Kaserne nicht viel kälter als in den unbeheizten Lehrsälen.

Das Verhältnis der westlichen Besatzungsmächte zu den österreichischen Behörden wandelte sich nur langsam von der allmächtigen „Siegermacht" zu neuer Partnerschaft.

In diesem erst langsam aufkeimenden Geist war auch der Besuch einer britischen Polizeidelegation bei ihren Wiener Kollegen der Sicherheitswache zu verstehen.

Die in Triest stationierten Offiziere besichtigten die Wiener Polizeieinrichtungen und statteten auch dem Diensthunde-Abrichteplatz in Kagran einen Besuch ab.

Die Diensthunde und der bereits wieder hohe Stand der Ausbildung fanden das Interesse und den ungeteilten Beifall der Briten.

Das beginnende freundschaftliche Verhältnis zwischen der britischen Besatzungsmacht und der Wiener Polizei hatte sich bereits Monate zuvor abgezeichnet: Die österreichische Polizei war durch einen Tagesbefehl der Alliierten Kommission ab Mai 1948 berechtigt, auch britische Fahrzeuge anzuhalten und notfalls auch britische Staatsbürger bis zur Übergabe an die Militärpolizei festzuhalten. Ein erster – wenn auch noch kleiner – Schritt zur Souveränität unseres Landes.

1948–1955

ANTON TÄUBLER GENERALINSPEKTOR 1948–1955

Anton Täubler, am 15. Juli 1896 in Bärnkopf geborener Sohn eines Kleinbauern, war ursprünglich für den elterlichen Hof als Landwirt vorgesehen. Nach vier Jahren an den Fronten des Ersten Weltkrieges kehrte er nach Kriegsende jedoch nicht mehr in seine Heimat zurück, sondern trat im November 1918 in die Wiener Sicherheitswache ein. Nach Polizeischule und späteren Chargenkursen besuchte er einen Mittelschulkurs (Nachtragsmatura), sodass ihm der Weg zur Offizierslaufbahn frei wurde. Vorerst war er in der Schulabteilung tätig, 1933 folgte jedoch seine Berufung nach Steyr, wo der junge und tüchtige Polizeioffizier Kommandant der Sicherheitswachabteilung wurde.

Täubler galt in diesen Jahren als „Hoffnungsträger" der illegalen Nationalsozialisten in Steyr, da er Sympathien für diese politische Richtung zu erkennen gab. Langsam änderte er jedoch seine Einstellung und galt bald als harter und kompromissloser Gegner der „Nazis", der seine Mannschaft zu härtestem Vorgehen gegen die „Illegalen" anwies.

Bereits in der Nacht zum 12. März 1938 wurde ihm die Rechnung für diese Haltung präsentiert, Täubler wurde verhaftet und später nach Dachau deportiert. Bis 21. Juli 1941 verblieb Täubler in Dachau und später Flossenbürg, dann wurde die „Schutzhaft probeweise aufgehoben", er blieb aber unter ständiger Kontrolle durch die Gestapo. Täubler galt, wie aus einem Akt des Jahres 1948 hervorgeht, als der von den Nationalsozialisten „schwerstgemaßregelte Polizeioffizier Österreichs".

Unmittelbar nach der Befreiung Österreichs stellte sich Stabsrittmeister Täubler wieder in den Dienst der Wiener Polizei und sollte wenig später (16.4.1945) Kommandant der Sicherheitswache Josefstadt, ab 1947 der Inneren Stadt werden. Anton Täubler, seit 24. Juli 1948 Oberst, wurde mit 30. Juli 1948 zum Generalinspektor der Wiener Sicherheitswache bestellt. Am 22. Dezember 1949 erfolgte seine Ernennung zum Polizeigeneral. Auf den Schultern des Generalinspektors lagen in den folgenden Jahren große Aufgaben, die von der Sicherheitswache umgesetzt werden mussten. So 1949 die gewaltige Kampagne der Verkehrserziehungswoche, 1950 die Abwehr der kommunistischen Rollkommandos, 1951 das Staatsbegräbnis Renners und die Polizeiparade für den neuen Bundespräsidenten Körner, 1953 der Bezug der wieder instand gesetzten Marokkanerkaserne und schließlich 1954 die Maßnahmen während der Hochwasserkatastrophe.

Wegen der Errichtung der Funkzentrale und des verminderten Einflusses des GI auf die Verkehrsabteilung kam es zwischen der Behörde und Täubler im Sommer 1955 zu Differenzen, worauf dieser seinen Dienst quittierte. Dem wurde am 15. Oktober 1955 entsprochen und General Täubler trat unter Protest in den Ruhestand.

Am 15. März 1966 verstarb der siebzigjährige Polizeigeneral. Ein Leben, das kompromisslos bis zur Selbstverleugnung dem Dienst der österreichischen Exekutive gewidmet war.

In jeder Not und in Gefahr
WACHEBEAMTER
PERNSTEINER
bei Tag und Nacht, durch's ganze Jahr,
ist Polizei ein Helfer dir –
sie meint es gut, drum folge ihr!

Als deutliches Zeichen für den langsam wieder dichter werdenden Straßenverkehr gilt die Durchführung der „Verkehrserziehungswoche", die von 25. bis 30. April 1949 stattfand. Die Veranstaltung war auch ein willkommener Anlass, das Image der Wiener Polizei nach den Jahren der nationalsozialistischen Herrschaft und des Polizeistaates gegenüber der Bevölkerung zu heben und ins rechte Licht zu rücken. Die „Polizei als Freund und Helfer" – ein Slogan, der auf fruchtbaren Boden fiel. Die Verkehrserziehungswoche galt als großer Erfolg.

1950

Wie sehr die Imagepflege der Wiener Polizei von Bedeutung war, sollte sich spätestens im Herbst des Jahres 1950 unter Beweis stellen.

Am 26. September 1950 folgten mehr als 120.000 Arbeiter aus Wien und Niederösterreich einem Streikaufruf der kommunistischen Personalvertreter. Das offizielle Ziel war, gegen den bevorstehenden Abschluss des „Vierten Lohn- und Preisabkommens" zu demonstrieren. Tatsächlich war jedoch der Versuch deutlich erkennbar, auch in Österreich ein kommunistisches Regime zu errichten, wie dies in den benachbarten Staaten kurz zuvor geschehen war.

Bereits am 26. September kam es zu schweren Zusammenstößen mit der unbewaffneten Sicherheitswache, die kaum mehr dem Druck der gewalttätigen Demonstranten standhalten konnte. Durch das Eingreifen der unter dem Kommando Franz Olahs stehenden Bau- und Holzarbeitergewerkschaft gelang es, die Demonstrationen unter Kontrolle zu bringen. Erst nach einer dramatischen Woche konnte der letzte Versuch, auch aus Österreich ein Land des Ostblocks zu machen, als gescheitert angesehen werden, und es kehrte wieder Ruhe und Ordnung im Land ein.

Wie bereits 1919 wurde 1950 zum zweiten Mal die demokratische Republik auch durch die Standhaftigkeit der Wiener Polizei erhalten. Der geordnete demokratische Aufbau in Österreich nach dem Zweiten Weltkrieg konnte ungehindert fortgesetzt werden.

Das von den Besatzungsmächten nach dem Krieg für ihre Soldaten verhängte „Fraternisierungsverbot“, das den Kontakt zur österreichischen Bevölkerung untersagte, wurde immer mehr gelockert. Dieser an sich erfreuliche Umstand hatte jedoch auch Schattenseiten. Die Geheimprostitution und damit auch die venerischen Erkrankungen erreichten ein bis dahin ungeahntes Ausmaß.

Durch groß angelegte Razzien und Kontrollen sowohl der alliierten Militärpolizei als auch der österreichischen Kriminalpolizei und der Sicherheitswache versuchte man, das Übel einzudämmen.

Ein wenig erfolgreiches Unterfangen, denn viel zu verlockend waren für so manche junge Frau die schnell verdienten Dollars in diesen Jahren von Hunger und Not.

1952

Der fortschreitende Wiederaufbau der kriegszerstörten Stadt erlaubte nicht nur die langsame Sanierung der Verkehrswege, sondern damit auch die Wiederherstellung der polizeilichen Kommunikationsmöglichkeiten. Die in der Vorkriegszeit errichteten Notrufsäulen bzw. die Anschlüsse samt den technischen Voraussetzungen dazu waren nicht nur veraltet, sondern auch durch Kriegseinwirkung größtenteils zerstört, und so erfolgte jetzt, 1952, eine großräumige Erneuerung der Anlagen einschließlich der Zentrale.

Der Sicherheitswachebeamte, der auf dem Bild oben (von der polizeilichen Lichtbildstelle) die Anlage präsentiert, zeigt sich aber auch bereits in der neuen Uniform – deutliches äußeres Zeichen und Signal, dass die österreichische Polizei in jeder Hinsicht wiederauferstanden war.

Mit Stahlhelm, präsentiertem Gewehr und aufgepflanztem Bajonett trat am 16. Mai 1953 die Alarmabteilung der Wiener Sicherheitswache im großen Hof der Marokkanerkaserne an. Hohe Gäste, an der Spitze Innenminister Oskar Helmer, waren angesagt, und es gab ehrlichen Grund zum Feiern. Die Marokkanerkaserne war nach Jahren der Besetzung durch die Alliierten und der Behebung großer Kriegsschäden wieder der Wiener Polizei übergeben worden – dem Schulbetrieb im traditionsreichen Gebäude stand nun nichts mehr im Wege.

1954

Das Jahr 1954 galt als „Katastrophenjahr". Ein gewaltiges Hochwasser hatte im Sommer des Jahres Österreich heimgesucht und auch Wien war schwer betroffen.

Die Wiener Polizei, voran die Sicherheitswache, war während des Hochwassers in permanentem Katastropheneinsatz. Aber auch nachdem die ärgste Gefahr vorüber war, war die Sicherheitswache nicht untätig. In einer groß angelegten Sammelaktion bei Unternehmen und Privatpersonen konnte allein von der Wiener Sicherheitswache der damals beachtliche Betrag von 737.000 Schilling zugunsten der Hochwasseropfer aufgebracht werden.

Dienlich war den uniformierten Sammlern bei dieser Spendenaktion ein Relikt aus unseliger Vergangenheit – die Sammelbüchse des WHW aus der Zeit der nationalsozialistischen Herrschaft.

Diese Sammlung des Jahres 1954 fand jedoch die ungeteilte Zustimmung der Bevölkerung. So manch ein Spender, der noch die scheppernde Büchse und den prüfend-fordernden Blick eines „Politischen Leiters" in Erinnerung hatte, dachte sich in jenem Jahr 1954 wohl „Der Zweck heiligt eben die Mittel" und leistete gerne seinen Beitrag zur Behebung der größten Not.

BÜRGERMEISTER
DER·STADT·WIEN

Wien, am 17.Juli 1954

Sehr geehrter Herr Polizeipräsident!

Das Korps der Wiener Sicherheitspolizei hat unter Ihrer tatkräftigen und umsichtigen Führung mit vorbildlicher Hingabe zur glücklichen Abwehr der Hochwassergefahren, wie zur Rettung kostbarer Menschenleben und bedeutender Sachwerte beigetragen.

Ich erfülle in aufrichtiger Bewunderung dieser hervorragenden Leistungen eine Ehrenschuld, indem ich Ihnen, Herr Polizeipräsident, und dem wackeren Korps der Wiener Sicherheitsbeamten im Namen der Wiener Bevölkerung aus vollem Herzen danke.

Mit Stolz und Freude erfüllt mich das Bewußtsein, daß die Wiener Polizei ein wahrer Freund und Helfer des Volkes ist.

In tiefer Verbundenheit grüßt Sie

Jonas

Herrn
Polizeipräsident Josef Holaubek,
W i e n , 1.,
Parkring 8

Dank des Wiener Bürgermeisters Franz Jonas an den Polizeipräsidenten für die große Hilfe der Polizei während der Hochwasserkatastrophe des Jahres 1954

1955 ÖSTERREICH IST FREI

Die Wiener Polizei vom Staatsvertrag bis zur großen Reform

Nach dem Ende der Besatzungszeit brach nicht nur für den Gesamtstaat, sondern in besonderem Maße auch für die Wiener Polizei eine neue Ära an.

Trotz langsamer Lockerungen hatte es noch bis 1955 im Exekutivdienst eine starke Einflussnahme der Alliierten gegeben, was sich insbesondere in den sowjetischen Sektoren der Stadt bemerkbar gemacht hatte.

So hatte Polizeipräsident Holaubek – wie er in launiger Runde immer wieder erzählte – vor jeder personellen Disposition innerhalb Wiens zu einer „geheimen Liste" gegriffen, die ihm ein sowjetischer General einmal in einer lockeren Stunde zugesteckt hatte, um zu sehen, welche Polizeibeamte er überhaupt im sowjetischen Sektor einsetzen konnte. Verschleppungen, wie die des unglückseligen und völlig unschuldigen Kriminalbeamten Marek, waren ja bis zum Staatsvertrag immer noch an der Tagesordnung und für die Betroffenen lebensgefährlich.

Mit dem Beginn der neuen Freiheit konnte sich nicht nur die Bundespolizeidirektion Wien in all ihren Strukturen entwickeln, man konnte auch im Hinblick auf personelle Entscheidungen wieder unabhängig handeln und sich von manchen ungeeigneten, nur durch äußeren Druck eingestellten Mitarbeitern trennen.

Viele der ärgsten Kriegsschäden waren inzwischen behoben und es setzte eine Welle von Sanierungsmaßnahmen und Strukturänderungen ein. Die Wiener Polizei erreichte, vor allem in der Amtszeit des langjährigen Polizeipräsidenten Josef Holaubek, in der Bevölkerung und im öffentlichen Leben große Popularität. War es in der Zwischenkriegszeit der geliebte, aber strenge „Vater Schober" gewesen, der die Polizei verkörperte, so war es in diesen Jahren der Zweiten Republik der „Joschi" Holaubek, der als „Präsident aller Wiener" eigentlich so etwas wie ein „Kumpel" war.

Während die Innenminister immer wieder der politischen Veränderung unterworfen waren, blieben die polizeilichen Strukturen lange Zeit fast unverändert. Dem repräsentativen Polizeipräsidenten stand als behördenintern mächtigster Mann der Präsidialchef zur Seite und die honorig-liebenswerten Vizepräsidenten galten als Reverenz an den Koalitionspartner in der Bundesregierung.

Erst die Reformen zu Beginn des 21. Jahrhunderts sollten diese zur freundlichen Gewohnheit gewordene Idylle jäh beenden. Drei Polizeireformen innerhalb von rund zehn Jahren sollten in der Behördenstruktur im wahrsten Sinne des Wortes „keinen Stein auf dem anderen lassen". Die Idylle der Vergangenheit ist zu Ende – der Weg zu den Herausforderungen des 21. Jahrhunderts ist frei.

FERDINAND LEHMANN GENERALINSPEKTOR 1956–1961

Der am 11. November 1900 in Langenlebarn geborene Ferdinand Lehmann trat 1926 als Sicherheitswachebeamter in den Dienst der Wiener Polizei, nachdem er zuvor die Militärschule absolviert, Welthandel studiert und eine Stelle als Bankbeamter angenommen hatte.

Lehmann diente in unterschiedlicher Verwendung in Kommissariaten und bei der Alarmabteilung, wo er als Kommandant des Polizeipanzers ausgebildet wurde. 1935 meldete er sich für die Aufnahme in die neu errichtete Polizeiakademie, die er in den Jahren 1936–37 erfolgreich absolvierte. Als Oberleutnant und Schuloffizier wurde Lehmann bereits im März 1938 von den neuen Machthabern zuerst beurlaubt und dann strafweise mit 50 % Pension in den Ruhestand versetzt. Er galt als politisch unzuverlässig, da er aus seiner österreichischen und monarchistischen Gesinnung nie ein Hehl gemacht hatte.

Trotz Tätigkeit in der Privatwirtschaft, unter dauernder Kontrolle der Gestapo stehend, wurde er schließlich zur Wehrmacht eingezogen. Aus gesundheitlichen Gründen wieder in der Privatwirtschaft, bewarb er sich unmittelbar nach der Befreiung Österreichs wieder für den Polizeidienst. Nach Jahren der Verwendung in Polizeischule, SW-Abteilungen und im GI wurde er schließlich am 30. Juli 1948 Stellvertreter des Generalinspektors und mit 1. März 1956 definitiv Generalinspektor der Sicherheitswache, nachdem er zuvor bereits ab 15. 10. 1955 mit den Agenden des GI betraut worden war. Am 10. Mai 1957 erfolgte seine Beförderung zum Polizeigeneral.

Die von Generalinspektor Lehmann kommandierte Sicherheitswache hatte in den Jahren seiner Amtszeit große Aufgaben zu bewältigen, wobei sich deutlich sein Organisationstalent zeigte. So sind die Maßnahmen während des Ungarn-Aufstandes 1956, der Börsebrand 1956, die technische Neuausstattung der SW und die große Werbekampagne für die Sicherheitswache wohl besonders zu erwähnen.

Knapp vor seinem krankheitsbedingten Übertritt in den Ruhestand verstarb General Ferdinand Lehmann am 22. Dezember 1961.

1956

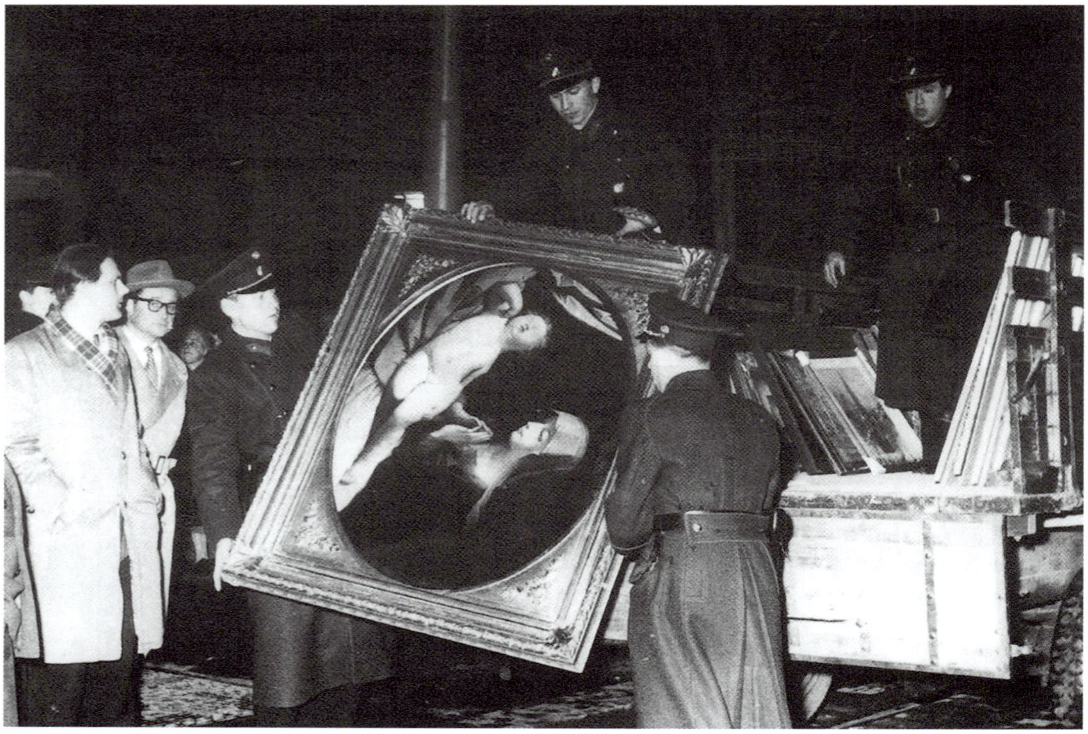

Bergung von wertvollem Kulturgut aus der brennenden Börse durch Organe der Wiener Polizei

In der Nacht von 12. auf 13. April 1956 brach im Gebäude der Wiener Börse am Schottenring ein Feuer aus, das sich bald zu einem Großbrand entwickelte. Während die Feuerwehr verzweifelt an der Löschung des Brandes arbeitete, begannen Polizeikräfte mit der Bergung des teilweise sehr wertvollen Einrichtungsgutes aus dem brennenden Gebäude. Ähnlich wie beim Brand der Redoutensäle in der Hofburg viele Jahre später konnte so 1956 durch diesen polizeilichen Einsatz neben teuren Gebrauchsgegenständen auch wertvolles Kulturgut vor den Flammen gerettet werden. Voll Befriedigung konnte im Abschlussbericht des Einsatzes bei der Börse später berichtet werden, dass durch Kräfte der Polizei „… 25 Kühlschränke, 15 Schreibmaschinen, 6 Rechenmaschinen, 12 Waschmaschinen, 36 Staubsauger, 10 Telefonapparate, 279 Gemälde und 3.421 Stoffballen sowie zahllose wichtige Akten …" geborgen werden konnten. Fast zu wenig wurde aber der Umstand erwähnt, dass es zwei Sicherheitswachebeamten gemeinsam mit einem Mann der Feuerwehr gelungen war, unter Einsatz des eigenen Lebens einen bereits fast erstickten Feuerwehrmann aus dem brennenden Gebäude zu retten. Aber auch dies ist fast schon ein Zeitbild: In diesen Jahren voll wirtschaftlicher Not hatten materielle Werte eine fast übergeordnete Bedeutung.

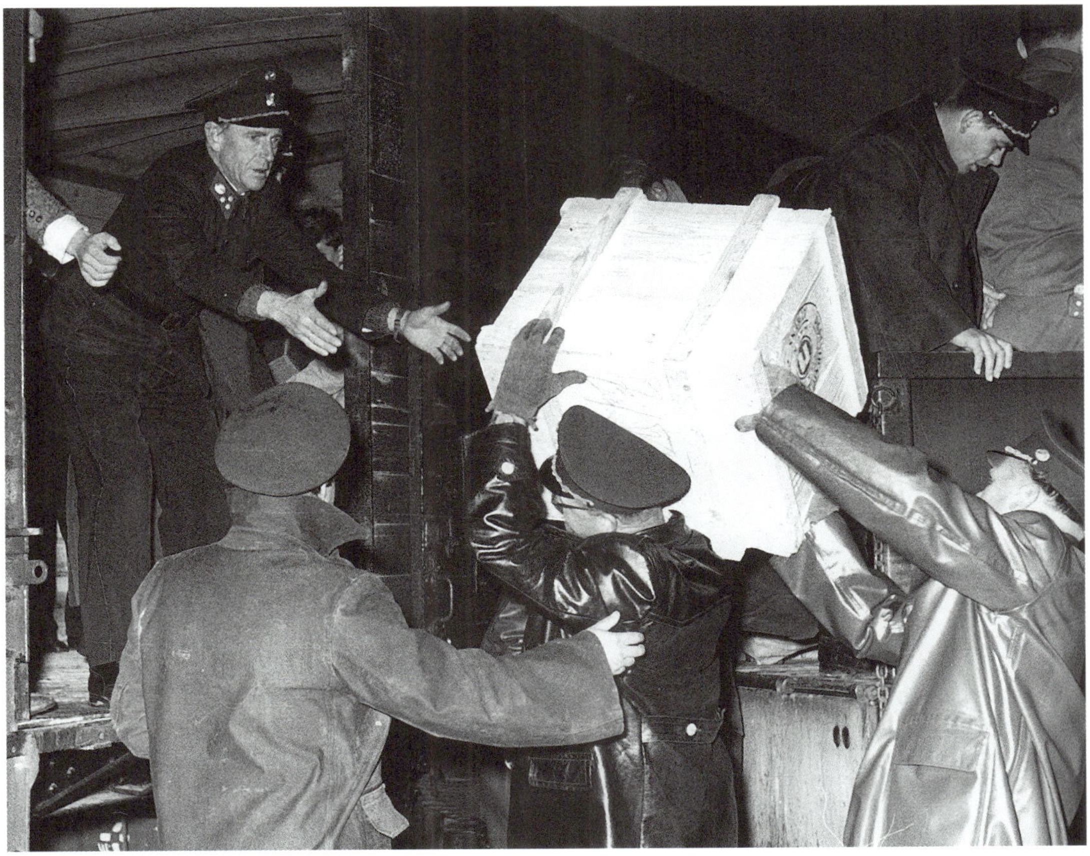

Die „Ungarn-Hilfe" der Wiener Polizei

Während des Ungarn-Aufstandes und der folgenden Fluchtwelle nach Österreich kam es im Oktober 1956 zu einer breiten Hilfsaktion der österreichischen Bevölkerung und zahlreicher öffentlicher Stellen.

Selbstverständlich war auch die Wiener Polizei – voran die Sicherheitswache – in vorderster Linie der Helfer. Während seitens der Behörde auf breiter Ebene der humanitäre Einsatz lief, gab es auch „außerdienstliche", private Initiativen einzelner Polizeiangehöriger, die sich als Fluchthelfer betätigten. Durch solche mutigen Einsätze konnte so mancher Flüchtling das rettende freie Österreich erreichen und vor der drohenden Verfolgung in seiner Heimat – oft mit langjährigem Kerker oder sogar der Todesstrafe verbunden – gerettet werden.

1957

Der Einzug der neu gegossenen „Pummerin" in den Dom zu St. Stephan am 3. Oktober 1957 wurde nicht nur von einer gewaltigen Menschenmenge begleitet, auch die Wiener Polizeimusik erwies am Vorabend des Festes der neuen Glocke eine Reverenz.

Mit klingendem Spiel marschierte die Kapelle durch die abendliche Wiener Innenstadt und demonstrierte damit einmal mehr die untrennbare Verbundenheit in ernsten, aber auch in freudigen Tagen zwischen Bevölkerung und Polizei in der österreichischen Bundeshauptstadt.

Es gab allerdings in diesem Jahr 1957 auch traurige Anlässe, bei denen der Klangkörper der Sicherheitswache durch die Straßen der Stadt zog, wie das Staatsbegräbnis für den verstorbenen Bundespräsidenten Theodor Körner am 10. Jänner 1957. Doch auch am 22. Mai dieses Jahres erschallten die Klänge der Polizeimusiker, als die Angelobung des neu gewählten Bundespräsidenten Dr. Adolf Schärf festlich begangen wurde.

Gleichsam als Symbol für den Wiederaufstieg Österreichs nach dem Krieg galt die neue „Pummerin", die größte Kirchenglocke Österreichs, aus dem Dom zu St. Stephan. Die Glocke war beim Brand des Domes in den letzten Kriegstagen 1945 von der Glockenstube des Südturms in die Tiefe gestürzt und zerborsten.

Bereits 1952 war die aus den Trümmern in Oberösterreich neu gegossene Glocke nach Wien gebracht und provisorisch aufgestellt worden. Jetzt, am 3. Oktober 1957, wurde die neue Riesenglocke feierlich in den wiederhergestellten Dom gebracht und in den Nordturm gehoben.

Der Jubel der Bevölkerung kannte keine Grenzen, sodass die Sicherheitswache auf dem Stephansplatz alle Hände voll zu tun hatte, den reibungslosen Ablauf des Festaktes zu ermöglichen. Aber auch die diensthabenden Polizeibeamten konnten ihre Freude über das Ereignis nicht verhehlen, wie dieses Bild eindrucksvoll zeigt.

Die neue „Pummerin" zieht am 3. Oktober 1957 unter dem Jubel der Bevölkerung in den Stephansdom ein.

1958

Polizeipräsident Josef Holaubek führt die hochrangigen Gäste durch die ehrwürdigen, aber extrem beschädigten Räume der Wiener Rossauer Kaserne. In den 1960er Jahren gab es sogar Pläne, den Gebäudekomplex zu schleifen.

Im Jahr 1958 war der Bauzustand der von der Wiener Polizei benützten Rossauer Kaserne ein Sorgenkind der öffentlichen Verwaltung, waren doch trotz aufrechten Dienstbetriebs noch viele Kriegsschäden nicht behoben. Polizeipräsident Holaubek bemühte sich, zahlreiche Politiker mit den diesbezüglichen Problemen vertraut zu machen. So auch am 3. März 1958, als er im Beisein von GI Täubler (links) und dessen Stellvertreter Lehmann (rechts) Staatssekretär Franz Grubhofer durch den umfangreichen Gebäudekomplex führte und wieder einmal dringend die notwendigen Mittel zur Gebäudesanierung ansprach. Grubhofer war in diesem Jahr unter Innenminister Helmer Staatssekretär im Kabinett Raab II.

Eine wirklich großzügige Sanierung blieb jedoch vorerst aus, in den 60er Jahren entstand sogar der Plan, die Kaserne überhaupt zu schleifen, da ein Gutachten nicht behebbare Bauschäden konstatierte.

Erst in den 90er Jahren – bis dahin waren noch zahlreiche Fenster aus der Kriegszeit mit Brettern verschlagen und die Fassaden von unzähligen Einschüssen beschädigt – konnte die Generalsanierung des Gebäudekomplexes durchgeführt werden. Zu dieser Zeit waren jedoch bereits die meisten polizeilichen Dienststellen aus der Kaserne in das neue Amtsgebäude am Liechtenwerder Platz – heute „Josef-Holaubek-Platz" – abgewandert.

Der Donaustrom war nach der Beseitigung der kriegszerstörten Brücken immer mehr zum stark frequentierten Verkehrsweg geworden, wobei für viele Flüchtlinge, aber auch für dunkle Existenzen die großen Schleppkähne oft die einzige Möglichkeit zur Überwindung des „Eisernen Vorhangs" darstellten.

Der Polizei-Donaudienst konnte nach dem Krieg mit seinem veralteten Schiffsmaterial nur schwer seinen Aufgaben nachkommen. Jetzt aber, im März 1959, war es so weit: Die neuen und schnellen Motorboote wurden übergeben und konnten in Dienst gestellt werden.

Die Schiffswerft in Korneuburg hatte gute Arbeit geleistet und Wien war dem Ziel, eine der sichersten Hauptstädte Europas zu werden, wieder einen Schritt näher gekommen.

Übergabe von neuen Booten an den Polizei-Donaudienst am 12. März 1959

1959

Wiedereröffnung des Polizei-Strandbades Alte Donau durch Polizeipräsident Holaubek

Die Erweiterung polizeilicher Aufgaben ließ den Sitz der Polizeidirektion im Deutschmeisterpalais am Parkring aus allen Nähten platzen und erforderte dringend Abhilfe. 1959 konnten endlich die Entwürfe für die Neuerrichtung einer Polizeidirektion am Schottenring vorgestellt werden. Der große Neubau war nicht an der Stelle des zerbombten alten Direktionsgebäudes, sondern auf der Baulücke in der Nachbarparzelle Schottenring 7–9 geplant. Ein traditionsreicher Platz, wenn man bedenkt, dass sich hier das Ringtheater und später das an dieser Stelle errichtete „Sühnhaus" befunden hatten.

Der Neubau nach dem Entwurf des Architekten Alfred Dreier konnte allerdings erst Jahre später, 1974, fertiggestellt und bezogen werden.

Aber auch abgeschlossene Wiederaufbauprojekte konnten 1959 in Betrieb genommen werden, wie das Polizeistrandbad an der Alten Donau, das am 26. Mai 1959 durch Polizeipräsident Holaubek seiner Bestimmung übergeben wurde (Bild unten).

POLIZEI
W 105-008
Bist du jung,
gesund und frei
komm zur
WIENER POLIZEI
Die Bundespolizeidirektion WIEN führt Neuaufnahmen durch und stellt ledige Bewerber nach abgeleistetem militärischen Präsenzdienst ein. Höchstalter: 30 Jahre
Übertrittsmöglichkeit in den Kriminaldienst
Nähere Auskünfte erteilen die Bundespolizeidirektion Wien, Generalinspektorat der Sicherheitswache, Wien I, Zedlitzgasse 8 und jedes Polizeiwachzimmer

„Bist du jung, gesund und frei ..."

Das geradezu legendäre Werbeplakat für den Eintritt junger Männer in die Wiener Polizei aus dem Jahre 1960

1960

Ein Bild, wie es österreichischer wohl nicht sein könnte und das auch anschaulich die menschlichen Dimensionen des Wiener Polizeiapparates vermittelt, entstand beim Besuch des neuen Innenministers Afritsch in der Rossauer Kaserne am 22. April 1960.

Unter Führung des Polizeipräsidenten Holaubek besichtigten Minister Afritsch und sein Staatssekretär Grubhofer nicht nur die Diensträume, sondern auch die Kantine der Kaserne, wo der Minister den begleitenden lächelnden Herren und der aufmerksamen Köchin in launiger Form gute Ratschläge für die Zubereitung von Speisen erteilte. General Lehmann und der damalige Schulkommandant, Oberst Hofbauer, zeigten sich höchst erfreut über die ministerielle Unterstützung in der Küche der Polizeikantine.

Ein gewaltiges Polizeiaufgebot sicherte das Gipfeltreffen – Wien hatte seine Bewährungsprobe als internationale Konferenzstadt bestanden.

Zahllos waren die wichtigen Einsätze der Wiener Sicherheitswache im Jahr 1961. Vor allem das Gipfeltreffen zwischen dem amerikanischen Präsidenten Kennedy und dem sowjetischen Regierungschef Chruschtschow im Juni stellte gewaltige Anforderungen an die österreichische Organisationsstruktur, blickte doch die ganze Welt auf dieses weltpolitische Ereignis und damit auf Wien. Der erfolgreiche Ablauf des Gipfeltreffens in Wien fand auch international große Anerkennung, die natürlich auch auf den Ordnungsdienst der Polizei zurückfiel.

1961–1972

DR. GOTTFRIED LIPOVITZ
GENERALINSPEKTOR 1961–1972

Der Berufswunsch des am 2. November 1919 in Graz geborenen Gottfried Lipovitz war ursprünglich die militärische Laufbahn gewesen. Nach seiner Kadettenausbildung wurde er, 1938 zur Wehrmacht eingezogen, Marineflieger. Nach Ende des Krieges und Rückkehr aus der Kriegsgefangenschaft konnte er sein Jusstudium in Graz abschließen. Nach Absolvierung des Gerichtsjahres trat Lipovitz am 1. September 1948 in die Bundespolizeidirektion Wien ein, wo er vorerst in der Staatspolizeilichen Abteilung und später im Koat Innere Stadt Verwendung fand. Im Dezember 1954 berief man Dr. Lipovitz in das Innenministerium, wo er mit Schulung und Ausbildung der Bundespolizei befasst war.

Mit 30. Dezember 1961 erfolgte die Bestellung von Dr. Lipovitz zum Generalinspektor der Wiener Sicherheitswache. Er war damit nach einer Reihe von Jahren wieder der erste Jurist an dieser Stelle, die lange Zeit von altgedienten und praktisch erfahrenen Polizeioffizieren besetzt war.

Dieser Umstand und „Härteaktionen", bei denen seinen Mitarbeitern ein rigoroseres Vorgehen gegen Verkehrssünder anbefohlen wurde, was die Wache in dieser Form ablehnte (1964), trugen nicht gerade zur Harmonie zwischen dem Generalinspektor und seinen Mitarbeitern bei. Ein Umstand, der sich in der Öffentlichkeit als nicht sehr förderlich darstellte.

Dr. Gottfried Lipovitz bekleidete bis 16. Jänner 1972 das Amt des Generalinspektors, in einer Zeit auch großer Ereignisse und polizeilicher Veränderungen.

Nach seiner Tätigkeit als Generalinspektor wechselte Dr. Gottfried Lipovitz in das Bundesministerium für Inneres, wo er als Sektionschef noch viele Jahre an entscheidender Stelle tätig war.

Am 30. September 1998 verstarb Dr. Gottfried Lipovitz und wurde in einem polizeilichen Trauerakt auf dem Dornbacher Friedhof bestattet.

Die neuen „Überwachungsmonitore" der Verkehrsabteilung der Wiener Polizei, die am 12. November 1962 in Betrieb genommen wurden

Das immer mehr steigende Verkehrsaufkommen in jenen Jahren und die damit zunehmende Unfallhäufigkeit erforderten neue Maßnahmen auf dem Gebiet der Verkehrssicherheit. Man bediente sich in dieser Zeit bereits der damals neuesten Technologie, und so konnten am 12. November 1962 die „Überwachungsmonitore" der Verkehrsabteilung in der Rossauer Kaserne in Betrieb genommen werden.

Darüber hinaus hatte die Wiener Polizei auch so manche Bewährungsprobe zu bestehen, ein Staatsbesuch mit allen erforderlichen Maßnahmen folgte dem anderen. So besuchten in diesem Jahr der deutsche Bundespräsident (27. März), die niederländische Königin (21. Mai) und der dänische König (6. Juni) Wien.

1963

Vorführung der motorisierten Einsatzgruppen der Wiener Sicherheitswache am 15. Mai 1963

Der Unmut der Bevölkerung über die Auswirkungen des Dienstbefehls des Generalinspektors zu besonderer und unnachgiebiger Strenge bei Verkehrskontrollen und manche ministerielle Reformen führten in diesem Jahr zu einer Abkühlung des bis dahin sehr guten Verhältnisses zwischen Bevölkerung und Sicherheitswache. Es bedurfte also neuer Anstrengungen, um diese Missstimmung wieder auszugleichen. So wurden spektakuläre Veranstaltungen, wie die Vorführung der motorisierten Einsatzgruppen, durchgeführt, in der Hoffnung, die verlorene Popularität wiederzugewinnen.

Der nachkriegsbedingte Wiederaufbau war auf vielen Gebieten fast abgeschlossen, allerdings herrschten im Bereich der Polizei-Wachzimmer teilweise noch katastrophale Zustände. Und so wurden in diesen Jahren endlich auch diese Diensträume einer Anpassung an die neue Zeit unterzogen, und voll Stolz präsentierte man 1964 den jeweiligen Vorzustand und das Ergebnis der stattgefundenen Renovierung.

Die beiden Bilder zeigen aus einem solchen Bericht das Polizei-Wachzimmer in der Hirschstettener Straße vor der Renovierung (oben) und nach der Renovierung (unten). Der Renovierungsaufwand hat sich – aus heutiger Sicht – jedoch offenbar sehr in Grenzen gehalten.

1964

Am 14. Jänner 1964 fand das Staatsbegräbnis des verstorbenen „Staatsvertragskanzlers“ Ing. Julius Raab statt, und die Wiener Sicherheitswache hatte nicht nur den Ordnungsdienst durchzuführen, sondern stellte auch einen Zug der Alarmabteilung. Als Begleitfahrzeuge fungierten einige der damals neuen „Puch 500“-Streifenwagen, die man damit erstmals einer breiten Öffentlichkeit präsentierte. (Bild oben)

Im selben Jahr 1964, am 28. September, verabschiedete der neue Innenminister Czettel in der Marokkanerkaserne das erste österreichische Polizeikontingent für den UNO-Einsatz auf Zypern. Es sollte dies der Beginn einer langjährigen österreichischen Beteiligung an friedensstiftenden Einsätzen im Rahmen der UNO in aller Welt sein. (Bild unten)

1965

Zu Beginn des Jahres 1965 wurde die Entscheidung der Bundespolizeidirektion Wien bekannt, dass in Zukunft auch Frauen in den Dienst der Sicherheitswache treten können. Man erwartete sich durch diese Möglichkeit eine dringend notwendige Aufstockung der personalknappen, überalterten Sicherheitswache.

Dieser erste Versuch der Aufnahme weiblicher SWB währte jedoch nicht lange, obwohl er bei den Wienern auf großes Interesse gestoßen war. Wien war in jenen Jahren offenbar für dieses Modell noch nicht „reif".

Wien wäre aber nicht Wien, wenn nicht die große Neugier der Adjustierung und dem modischen Erscheinungsbild der jungen Damen gegolten hätte. Diese Wissbegier konnte bald gestillt werden, als am 15. Oktober 1965 in einer Uniform-(Mode-)Schau das Geheimnis gelüftet wurde. Die Wiener waren mit dem Gebotenen recht zufrieden, allerdings sollten aufgrund verschiedener Umstände die feschen uniformierten Mädchen nicht allzu lange auf den Wiener Straßen zu sehen sein. Erst 1990 sollte dann die große Stunde einer weiblichen Polizei – ohne Einschränkung der Befugnisse gegenüber ihren männlichen Kollegen – in Österreich schlagen.

1966

Sprengstoffanschlag auf das Wiener Stadtbüro der italienischen Fluglinie Alitalia am Wiener Opernring, 20. August 1966

Auch das Jahr 1966 war von einer Vielzahl polizeilicher Ereignisse, aber auch von dramatischen sicherheitspolitischen Maßnahmen geprägt.

So kam es bei der Wahlwerbung für die Nationalratswahlen am 6. März zu Jahresbeginn immer wieder zu sehr hitzigen Auseinandersetzungen wahlwerbender Gruppen, die einer schlichtenden Trennung durch polizeiliche Organe bedurften.

Auf dem Höhepunkt der Südtirol-Auseinandersetzungen wurde am 20. August ein schwerer Sprengstoffanschlag auf das Büro der italienischen Fluggesellschaft Alitalia am Wiener Opernring verübt. Es kam in der Folge zu einer erhöhten polizeilichen Aufmerksamkeit und Absicherung bei zahlreichen öffentlichen Gebäuden und Einrichtungen, wodurch weitere Anschläge erschwert und verhindert werden konnten.

Auch die Staatsbesuche des norwegischen Königs Olaf V. im September und des sowjetischen Staatsoberhauptes Podgorny in November forderten alle Personalreserven der unterbesetzten Sicherheitswache in Wien. Ein – auch für die Wiener Polizei – ereignisreiches Jahr war zu Ende gegangen.

1966

Höchst notwendig war die Errichtung eines neuen „Bootshauses“ für den polizeilichen Donaudienst, da die bis dahin nur notdürftig verwendeten Schuppen längst nicht mehr den Anforderungen entsprachen. Gerade der polizeiliche Donaudienst hatte in den Jahren nach dem Krieg zunehmend an Bedeutung gewonnen, da der Wasserweg oft das einzige Schlupfloch durch den Eisernen Vorhang in den freien Westen dargestellt hatte. Doch es wählten nicht nur Menschen den Strom für ihre Flucht in die Freiheit, auch der Schmuggel blühte und so mancher Schleppkahn barg unter seiner Fracht oft gefährliche Güter.

Durch das neue „Bootshaus“ am Mexikoplatz, welches am 8. Juli 1966 seiner Bestimmung übergeben wurde (Bild), war es der Polizei möglich, Wartungsarbeiten und kleinere Reparaturen an den Einsatzbooten selbst vorzunehmen und so durch eine raschere Verfügbarkeit den Dienstbetrieb entsprechend zu rationalisieren.

Abzeichen des Donaudienstes der Wiener Polizei

Große Besetzung bei der Einweihung des neuen Bootshauses am Mexikoplatz, in dem die Wasserfahrzeuge auch gewartet und instand gesetzt werden konnten. Die alten Schuppen hatten ausgedient.

1967

Auch der neue Polizeihubschrauber wird der staunenden Öffentlichkeit präsentiert.

„Zu Wasser, zu Land und in der Luft“ war die Devise des „Tages der offenen Tür“ der Wiener Polizei am 23. Mai 1967. Es wurden hier die Einrichtungen der Diensthundeabteilung, des Donaudienstes und das polizeiliche Fluggerät einem breiten Publikum vorgestellt. Beim anschließenden Festakt in der Marokkanerkaserne wurde der neue Werbespruch (siehe Bild links) vorgestellt.

WENN DU FÜR RECHT
UND ORDNUNG BIST
DANN KOMM... UND WERDE
POLIZIST

Neuer Werbespruch auf der Suche nach polizeilichem Nachwuchs

Sinn all dieser Veranstaltungen war die Werbung für den dringend notwendigen polizeilichen Nachwuchs.

Das Ungleichgewicht zwischen der Bezahlung in der Privatwirtschaft und den staatlichen Besoldungsmöglichkeiten war jedoch auch durch solche Werbemaßnahmen kaum auszugleichen, und der Erfolg hielt sich in Grenzen.

Die öffentliche Präsentation der neuen „Bleiwesten" im Hof der Rossauer Kaserne soll auch als abschreckendes Signal an potenzielle Täter dienen.

Zunehmende Gewaltbereitschaft machte in diesen Jahren auch einen besonderen Schutz bei gefährlichen Einsätzen der Polizei erforderlich. Es wurde deshalb für die Alarmabteilung die als „Bleiweste" bezeichnete kugelsichere Weste eingeführt, die auch noch durch eine ebenfalls kugelsichere „Schutzhaube" ergänzt werden konnte.

Am „Tag der offenen Tür", im Mai 1967 auch in der Rossauer Kaserne abgehalten, wurden auch diese neuen Schutzeinrichtungen dem Publikum vorgestellt und gehörig bestaunt.

Es war die Demonstration solcher polizeilicher Möglichkeiten jedoch nicht nur auf die Neugierde der Wiener gemünzt. Auch für potenzielle Täter stellte sie einen klaren Hinweis dar, dass es in Zukunft nicht mehr so leicht sein würde, einen Polizisten bei einer Amtshandlung zu überwältigen.

1968

Das geänderte Freizeitverhalten der Bevölkerung und der immer stärkere Ausbau kommunaler Grünanlagen und Erholungsgebiete machte in steigendem Maße die polizeiliche Präsenz in bisherigem Brachland erforderlich. Der Sicherheitswachebeamte mit Diensthund konnte den Besuchern solcher Anlagen das Gefühl der Sicherheit vermitteln.

Auch in den „traditionellen" Einsatzbereichen der SW, dem dicht verbauten städtischen Bereich, ergaben sich in diesem geradezu zur Legende gewordenen Jahr 1968 durch gewaltsame politische Zusammenstöße vermehrte Polizeieinsätze, die auch auf Seiten der Polizei zahlreiche Verletzte fordern sollten.

Österreichische Polizei-Fünfkampfmeisterschaften am 3. Juli 1969 in Wien

Sportliche Ertüchtigung war und ist für Polizeibeamte nicht nur ein wichtiger Teil im Rahmen der Ausbildung, geistiges und körperliches Reaktionsvermögen kann auch bei gefährlichen Amtshandlungen geradezu „lebenserhaltend“ sein.

Unabhängig davon waren auch sportliche Großveranstaltungen der Polizei, wie die „Österreichischen Polizei-Fünfkampfmeisterschaften“ im Jahr 1969, ein wichtiger Faktor in der Nachwuchsförderung. Durch derartige Veranstaltungen konnte in den Sechzigerjahren das Interesse der sportbegeisterten Jugend für den Beruf des Polizisten genauso geweckt werden, wie dies bereits in den Zwanzigerjahren bei den großen Zillenmeisterschaften der Wiener Sicherheitswache der Fall gewesen war.

1969

Staatsbesuch der britischen Königin Elizabeth II. von 5. bis 10. Mai 1969.

Die Wagenkolonne verlässt das Hotel Imperial.

Der Staatsbesuch der britischen Königin Elizabeth II. in Österreich von 5. bis 10. Mai 1969 war in diesem Jahr wohl jenes zentrale Großereignis, bei welchem die intensivsten polizeilichen Sicherungs- und Ordnungsmaßnahmen getroffen werden mussten.

Aber auch andere Staatsbesuche, wie der des persisches Kaisers im Jänner, des bulgarischen Ministerpräsidenten im April, des ungarischen Ministerpräsidenten Ende Mai sowie der sowjetischen Kulturministerin im Juni, stellten hohe Anforderungen an den polizeilichen Ordnungsdienst. Auch der Wahlkampf zu den Wiener Gemeinderatswahlen im April und der Anschlag auf die kanadische Botschaft erforderten erhöhte polizeiliche Präsenz.

Zweimal, 1969 und auch noch 1970, wurde des einhundertjährigen Bestehens der Wiener Sicherheitswache gedacht. Für 1970 hatte man sich etwas ganz Besonderes einfallen lassen: Eine Großveranstaltung wurde auf dem Wiener Trabrennplatz in der Krieau abgehalten, und vor einem großen Publikum konnte die Sicherheitswache ihre Leistungen präsentieren. So wurde 1970 eben „101 Jahre Wiener SW" gefeiert.

Der Veranstaltungsort in der Leopoldstadt war gut gewählt, war doch im Jahre 1869 die erste Einheit der neuen Sicherheitswache ebenfalls in der damaligen Vorstadt Leopoldstadt rekrutiert worden.

1971

Die neuen „Politessen" im Jahre 1971

Zunehmende Motorisierung und extreme Personalknappheit bei der Wiener Polizei führten zur Ermächtigung des Bundesministers für Inneres vom 25. März 1971, „zu Lasten freier Dienstposten der Sicherheitswache 150 weibliche Vertragsbedienstete …" einzustellen.

Bald wurden die weiblichen Vertragsbediensteten in ihren kleidsamen Uniformen im Volksmund nur mehr „Politessen" genannt. Ihre Aufgaben beschränkten sich jedoch ausschließlich auf Verkehrsüberwachung, Parkraumkontrolle, Schulwegsicherung etc.

Mit den legendären Worten „I bin's, dein Präsident" beendete Polizeipräsident Holaubek die bewaffnete Geiselnahme der beiden Stein-Ausbrecher.

Mit den Worten „I bin's, dein Präsident" beendete Polizeipräsident Josef Holaubek im November 1971 die bewaffnete Geiselnahme der Stein-Ausbrecher Schubirsch und Schandl. Es waren dramatische Höhepunkte in der Sicherheitsgeschichte Wiens. Dass Flucht und Geiselnahme der Schwerverbrecher unblutig zu Ende gingen, war dem koordinierten Zusammenspiel aller beteiligten Polizeikräfte zu danken.

Das Geiseldrama ist beendet, die Täter sind in Haft.

1972

Wenn Du für Recht und Ordnung bist, dann komm' und werde

WIENER POLIZIST

AUFNAHMEBEDINGUNGEN:

Höchstalter: 30 Jahre (Ausnahme bis 32 Jahre möglich), Mindestgröße: 168 cm (ohne Schuhe, in Ausnahmefällen 165 cm); österreichische Staatsbürgerschaft, ehrenhaftes Vorleben, Handlungsfähigkeit, körperliche und geistige Eignung.

Richten Sie ein Aufnahmegesuch mit einem handgeschriebenen Lebenslauf, mit einer S 15.— und einer S 3.80 Bundesstempelmarke sowie einem Lichtbild (Paßbildformat) aus jüngster Zeit an die Polizeidirektion Wien, Aufnahme Sicherheitswache, Zedlitzgasse 8, 1010 Wien.

Geburtsdaten und Geburtsort sowie Familienstand und letzter Wohnort der Eltern und sämtlicher Geschwister (Halbgeschwister) wollen angeführt werden.

Wenn Sie das Aufnahmegesuch persönlich abgeben, dann bringen Sie bitte mit:

Geburtsurkunde und eigenen Staatsbürgerschaftsnachweis.

14 MONATSBEZÜGE:

Seit 1.7.1972
Im 1. Jahr ~~S 3.494.—~~ brutto (für Ledige) S 3.711.--
Im 3. Dienstjahr S 4.048.— brutto
Außerdem Dienstkleidung (Uniform) und Wohnmöglichkeit.

VORSPRACHEN ODER AUSKÜNFTE:

Polizeidirektion Wien, Aufnahme-SW, Zedlitzgasse 8, Wien 1.

Amtsdruckerei der Bundespolizeidirektion Wien.

POLIZIST in WIEN

Werbebroschüre für die Wiener Polizei, 1972

DR. GÜNTHER BÖGL
GENERALINSPEKTOR
1972–1987

Als Dr. Günther Bögl 1972 zum Generalinspektor der Wiener Sicherheitswache bestellt wurde, war er nicht nur der bis dahin jüngste Inhaber dieses Amtes in der Geschichte der Wiener Polizei, er war auch ein Mann, der den polizeilichen Alltag und die Probleme des „kleinen Wachmanns" kannte wie kaum einer seiner Amtsvorgänger. Günther Bögl, am 29. August 1932 in Wien geboren, hatte nach der Matura und der Tätigkeit als Volontär in einer Gerberei sowie dem Besuch der Höheren Bundes-Lehr- und Versuchsanstalt für chemische Industrie im Jahre 1953 den Exekutivdienst als Polizeischüler und später einfacher Wachmann begonnen.

1958 wurde der junge und ambitionierte Polizeibeamte in die Abteilung Fremdenpolizei des Innenministeriums versetzt, 1964–1968 absolvierte er neben seiner beruflichen Tätigkeit das Jusstudium in Wien. Die Jahre 1968–70 verbringt der Jurist weitgehend als Mitglied eines ständigen Ausschusses des Europarates in Straßburg, um 1970 als Sekretär des damaligen Innenministers Otto Rösch nach Wien zurückzukehren. 1971 wird Bögl Leiter des Ministerbüros und 1972 Generalinspektor der Wiener Sicherheitswache. Nach 16 erfolgreichen Jahren in diesem Amt endete seine Dienstzeit als Generalinspektor am 31. Dezember 1987. Mit 1. Jänner 1988 wurde Dr. Günther Bögl Polizeipräsident in Wien, eine Funktion, die er bis zum Eintritt in den Ruhestand im Jahr 1995 ausüben sollte und in welcher der „charismatische Polizist" bedeutende Reformen und Weichenstellungen von historischer Dimension (EUROPOL) setzte.

1972

Die Ära Holaubek geht zu Ende …

Übergabe der „Kokarde 1" vom scheidenden Polizeipräsidenten Holaubek an seinen Nachfolger Dr. Karl Reidinger am 31. Dezember 1972 im Festsaal der Polizeidirektion am Parkring

Im Hintergrund die leitenden Beamten der Bundespolizeidirektion Wien, v. l. n. r.: ObPolRat Dr. Gottfried Hasenöhrl, HR Dr. Friedrich Kuso, ObPolRat Dr. Julius Essinger, ObPolRat Dr. Ferdinand Reisel, HW Dr. Hermann Weinmann, ObPolRat Dr. Gustav Tonnhofer, ObPolRat Mag. Ernst Trybus, HR Dr. Rudolf Szirba, HR Dr. Gerhard Liebisch, HR Dr. Wolfram Triska, HR Dr. Erich Baum

DR. KARL REIDINGER
POLIZEIPRÄSIDENT 1973–1987

Der am 7. 6. 1922 in Wiener Neustadt geborene Karl Reidinger maturierte 1940 in Graz und begann im selben Jahr sein Studium an der Juridischen Fakultät der Grazer Universität. Da er 1941 zur Deutschen Wehrmacht eingezogen wurde, konnte er das begonnene Studium erst nach Kriegsende weiterführen. Im März 1948 promovierte Reidinger zum Doktor juris. Nach dem Gerichtsjahr entschloss sich der junge Jurist 1948 zum Eintritt in die Bundespolizeidirektion Wien, wo noch im selben Jahr seine Zuteilung zum Staatspolizeilichen Büro der Abteilung I erfolgte.

Bereits 1961 wurde Dr. Reidinger Vorstand des Staatspolizeilichen Büros, 1971 Hofrat und Leiter der Abteilung I.

Mit 1. Jänner 1972 erfolgte die Bestellung Dr. Karl Reidingers zum Vizepräsidenten der Wiener Polizei, mit 1. Jänner 1973 wurde er als Nachfolger Holaubeks Wiener Polizeipräsident.

Die Jahre der Amtszeit Reidingers als Polizeipräsident waren einerseits vom Aufbau und der Weiterentwicklung vieler internationaler Polizeikontakte geprägt, andererseits entstanden neue Formen der Deeskalierung bei Auseinandersetzungen zwischen Demonstranten und der Polizei – der „Wiener Weg", die Defensivstrategie der Polizei, wurde geboren. Alle diese Maßnahmen trugen die Handschrift des Polizeipräsidenten.

In der Amtszeit Reidingers galt Wien als die „sicherste Hauptstadt der Welt".

Nach Erreichung seines 65. Lebensjahres trat Dr. Karl Reidinger am 31. 12. 1987 in den Ruhestand.

1973

Mit 1. Mai 1973 trat das neue Dienstsystem der Sicherheitswache in Kraft, das alte „Dreierradl", wie es genannt wurde, gehörte damit endgültig der Vergangenheit an.

Aber es gab auch andere, nach außen erkennbare, Veränderungen. So sollte unter dem Motto „Mehr Polizei auf den Straßen" der Außendienst verstärkt werden, was natürlich eine personelle Mehrbelastung darstellte. Dies konnte nur durch die Schließung von 16 Wachzimmern erzielt werden. Eine Maßnahme, die in der Öffentlichkeit nicht widerspruchslos hingenommen wurde.

Durch die Neuaufstellung von Notrufsäulen in den entsprechenden Bereichen sollte dem subjektiven Sicherheitsgefühl der Bevölkerung entsprochen werden. Aber auch zehn neue „Ford Taunus 1600"-Funkstreifenwagen wurden in Dienst gestellt und verstärkten in erster Linie den nächtlichen Streifendienst.

Voll Stolz konnte man die neuen weißen Dienstwagen mit der schwarzen Aufschrift der Presse vorstellen (siehe Bild), die neuen Autos wurden bald – in Anspielung auf eine damals neue Waschmittelmarke – von den Wienern mit der liebevollen Bezeichnung „Weiße Polizeiriesen" versehen.

1974

Die neue Polizeidirektion am Schottenring

Die Arbeiten an der neuen Polizeidirektion nähern sich langsam dem Ende, die Baustelle nimmt Formen an …

1974

Die neue Polizeidirektion am Schottenring

Gegen Jahresende 1974 begann die Übersiedlung der Polizeidirektion vom nachkriegsbedingten „Provisorium" im Deutschmeisterpalais in die neue Polizeidirektion am Schottenring 7–9.

Der neue Standort des großen Amtsgebäudes war ein traditionsreicher Ort, stand doch an dieser Stelle das 1881 abgebrannte Ringtheater und später das daran erinnernde, 1945 durch Bomben zerstörte Sühnhaus.

Auf dem Nachbargrundstück (Schottenring 11) der neuen Polizeidirektion, das im Jahr 1974 noch eine Baulücke war, hatte sich bis 1945 die alte, im Krieg zerstörte Polizeidirektion, das „Hotel Austria", befunden.

Die blutige Iberia-Demonstration

Am Abend des 2. Oktober 1975 kam es zu einer gewaltsamen Demonstration von Gegnern des spanischen Staatschefs Franco in der Wiener Innenstadt, die sich gegen spanische Einrichtungen in Wien richtete.

Die gewaltsamen Angriffe gegen das Büro der spanischen Luftlinie Iberia, wo große Schäden verursacht wurden, erforderten einen massiven Polizeieinsatz, wobei 66 Polizeibeamte und viele Demonstranten teils schwer verletzt wurden.

Die Demonstrationen gegen spanische Einrichtungen wurden in der Folge von allen österreichischen Parteien im Parlament ausdrücklich verurteilt.

1975

Der Überfall auf das OPEC-Gebäude

Nach der Freilassung der österreichischen Geiseln verlassen die Terroristen mit ihren ausländischen Geiseln vom Flughafen Schwechat aus Österreich in Richtung Algier.

Am 21. Dezember 1975, einem Sonntag, drangen gegen 11.45 Uhr sechs Männer unter dem Kommando des internationalen Terroristen „Carlos" in das Gebäude der OPEC am Wiener Ring ein – es fand gerade eine Konferenz statt – und feuerten mit Maschinenpistolen auf die Tagungsteilnehmer. Dabei wurden der anwesende Kriminalbeamte Anton Tichler, ein Sicherheitsbeamter der OPEC sowie ein libyscher Konferenzteilnehmer getötet.

Dem diensthabenden Beamten der Alarmabteilung (EKO), Kurt Leopolder – er war selbst schwer verletzt –, gelang es, einen der Terroristen kampfunfähig zu machen. Die Täter konnten im Verhandlungsweg dazu bewogen werden, ihre österreichischen Geiseln freizulassen, und verließen mit den restlichen Geiseln am folgenden Tag mit einem Austrian-Airlines-Flug Österreich in Richtung Algier.

Der OPEC-Überfall stellte eine der größten Herausforderungen an die Wiener Polizei in der jüngeren Geschichte dar.

1976

Im Dezember 1976 beunruhigte eine Reihe von Sprengstoffanschlägen Polizei und Bevölkerung der Stadt. So wurde am 16. Dezember im Eingangsbereich des Hauses Schottenring 14 eine mit einer Gelatine-Donarit-Patrone gefüllte Coca-Cola-Dose, die allerdings nicht zur Detonation gekommen war, aufgefunden. Am darauffolgenden Tag, dem 17. Dezember, detonierte im Verkehrsamt der Wiener Polizei in der Rossauer Kaserne eine Gelatine-Donarit-Sprengladung. Es entstand schwerer Sachschaden, Personen wurden nicht verletzt.

Schon am 18. Dezember wurde wieder eine Coca-Cola-Dose mit einer Sprengstofffüllung – diesmal im Haus Spittelauer Lände 7 – gefunden, die allerdings nicht zur Detonation gekommen war.

Sowohl bei dem Sprengkörperfund am 16. als auch bei jenem am 18. Dezember wurden Drohbriefe gefunden, welche einen Zusammenhang mit der Verhaftung eines Mitglieds der deutschen Terrorszene, die einige Tage zuvor in Wien erfolgt war, vermuten ließen. Bei Nichtfreilassung der Inhaftierten würden die Sprengung eines Zuges und die tägliche Ermordung eines Polizisten erfolgen, drohten die anonymen Schreiber.

Der befürchtete Zusammenhang mit der deutschen Terrorszene (Baader-Meinhof-Gruppe) war jedoch nur vorgetäuscht und sollte den finanziellen Forderungen des wenig später eruierten Täters den gehörigen Nachdruck verleihen. Der Täter – ein 32-jähriger Mann – fand bei der Explosion einer weiteren Bombe unmittelbar vor seiner Verhaftung am 27. Jänner 1977 den Tod.

Zerstörter Kanzleiraum im Wiener Verkehrsamt nach dem Sprengstoffanschlag vom 17. Dezember 1976

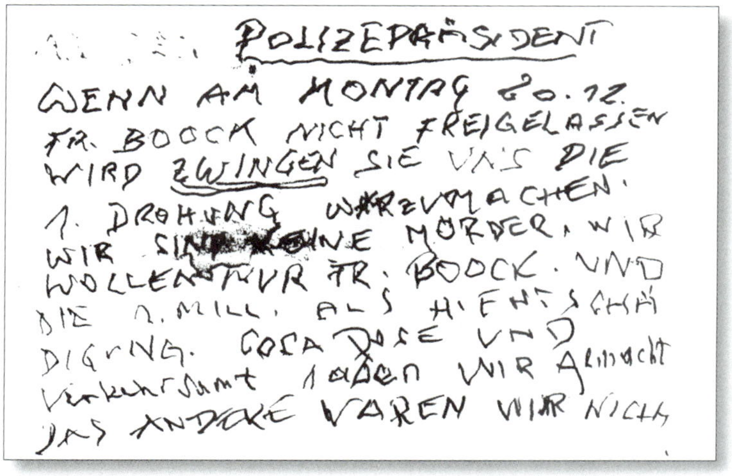

An den POLIZEIPRÄSIDENT
WENN AM MONTAG 20.12.
FR. BOOCK NICHT FREIGELASSEN
WIRD ZWINGEN SIE UNS DIE
1. DROHUNG WAHRZUMACHEN.
WIR SIND KEINE MÖRDER. WIR
WOLLEN NUR FR. BOOCK. UND
DIE 1. MILL. ALS ENTSCHÄ
DIGUNG. COCA DOSE UND
Verkehrsamt haben WIR gemacht
DAS ANDERE WAREN WIR NICHT

Drohbrief an den Polizeipräsidenten

1977

Gewaltige Detonation

Spurensuche in den Trümmern der Autobombe

Auch das neue Jahr 1977 brachte eine Fülle von dramatischen Gewalttaten, die den vollen Einsatz des gesamten Polizeiapparates mit allen seinen Abteilungen erforderten. So erschütterte am 27. Jänner, in der verkehrsreichen Zeit gegen 19 Uhr, eine durch eine Autobombe ausgelöste gewaltige Detonation die Hütteldorfer Straße. Die tragische Bilanz: ein Toter und ein Schwerverletzter, die Insassen des Wagens. Glücklicherweise gab es keine Opfer unter den unbeteiligten Passanten. Polizeibeamte, die sehr rasch am Tatort waren, leisteten Erste Hilfe, verständigten Rettung und Feuerwehr und alarmierten die Kollegen der Abteilung I, da ein politisches Motiv vermutet wurde. Ein Mann namens Peter Hörmann, der auf dem Fahrersitz des zerstörten Autos gesessen war, konnte schwer verletzt geborgen werden, der Beifahrer namens Hans Georg Wagner war – offenbar beim Versuch, einen vorbereiteten Sprengsatz zu aktivieren – getötet worden.

Später stellte sich heraus, dass auf Wagners Konto auch der versuchte Sprengstoffanschlag auf die Westbahn nächst Purkersdorf, ein Sprengstoffanschlag auf das Wiener Verkehrsamt (siehe 1976), diverse Erpresserbriefe und die Forderung nach Freilassung der inhaftierten Terroristin Waltraud Boock gegangen waren. Man konnte aufatmen – ein Albtraum war zu Ende.

Alarmabteilung und Dokumentationsgruppe
Antwort auf neue Herausforderungen

Aus den Terroranschlägen der 1970er Jahre wurden die Konsequenzen gezogen und es kam zu einer völligen Neuorganisation der Alarmabteilung. Die bis dahin bestehende Organisationsform EKO wurde aufgelöst und es erfolgte die Trennung der Einsatzgruppe in einen Alarm- und einen Dienstzug im 12-Stunden-Dienst. Die Beamten des „Alarmzugs“ hatten dabei ein Trainingsprogramm zu durchlaufen und bildeten die Eingreifreserve für Sondereinsätze. Die Beamten des „Dienstzugs“ versahen – mit Sektorwagen überlagernd – den Streifendienst. Neu zugeteilte Beamte wurden einem sogenannten „Ausbildungszug“ sowohl in Aufgaben des Alarm- als auch des Dienstzugs ausgebildet. Die neue Gliederung der Alarmabteilung erfolgte in vier Hauptdienstkompanien und gewährleistete ein zielführendes Einsatzreservoir rund um die Uhr. Parallel dazu wurde eine Neugliederung und Umorganisierung der Reservekompanien durchgeführt. Beamte, die das 45. Lebensjahr überschritten hatten, schieden automatisch aus dem Dienst der Reservekompanien aus.

Aber auch weitere Veränderungen in der polizeilichen Organisation brachte das Jahr 1978: Das erst 1977 entwickelte bürgerfreundliche Projekt der „Kontaktbereichsbeamten“ wurde mit Namensänderung auf „Kontaktbeamte“ ausgebaut und neben dieser „Ettikettenänderung“ neu strukuriert. In zahlreichen Zeitungsglossen wurde diesem Projekt auch in der Öffentlichkeit große Aufmerksamkeit geschenkt.

Auch die wichtige Dokumentation polizeilicher Einsätze und damit verbunden des Zeitgeschehens wurde von Spezialisten der Sicherheitswache in Bild- und Filmform systematisch durchgeführt. Zu diesem Zweck wurde im Generalinspektorat eine neue „Dokumentationsgruppe“ eingerichtet. Diese Dokumentation war Vorläufer der später mit dem Sicherheitspolizeigesetz gesetzlich geregelten „Aufzeichnung relevanter Sachverhalte“.

Die Herausforderungen der neuen Zeit waren erkannt worden und man trug ihnen Rechnung.

1980

Erneuerung – auf vielen Ebenen

Der immer höher eingestufte Stellenwert der Jugendbetreuung als Präventionsmaßnahme fand 1980 in der Zusammenarbeit zwischen dem Jugendamt der Stadt Wien und der Bundespolizeidirektion ein sichtbares Zeichen. Im Zuge dieser Zusammenarbeit wurden 60 gemeinsame Informationsschulungs-Veranstaltungen abgehalten. Zielgruppe dieser Seminare waren in erster Linie die polizeilichen „Kontaktbeamten", aus deren Mitte sich schließlich die sogenannten „Jugendkontaktbeamten" entwickeln sollten, ein auch international viel beachtetes Projekt der Wiener Polizei.

Das Jahr 1980 brachte aber auch eine Veränderung an Ausrüstung, Organisation und Schulung für Polizeiangehörige, womit nicht nur dem Zeitgeist entsprochen wurde, sondern auch echte Verbesserungen verbunden waren. So folgte das nunmehrige Tragen der Dienstpistole über dem Uniformrock dem Gebot der Zweckmäßigkeit, und die neue „Mehrzweckuniform" sorgte neben dem praktischen Vorteil auch für ein modernes Erscheinungsbild des uniformierten Polizeibeamten.

All diese Maßnahmen wurden zwar 1980 umgesetzt, hatten ihre Grundlagen jedoch in Vorplanungen, die oft schon Jahre zuvor begonnen hatten.

Am Morgen des 1. Mai 1981 hatte der Wiener Stadtrat Heinz Nittel bereits seinen Dienstwagen bestiegen, um von seinem Wohnhaus in der Bossigasse 81 zur SPÖ-Maikundgebung auf den Rathausplatz zu fahren, als ein Unbekannter an den Wagen herantrat und aus nächster Nähe drei Schüsse auf ihn abfeuerte. Stadtrat Nittel war sofort tot, der Attentäter konnte unerkannt entkommen.

Als die Nachricht von der Ermordung des Politikers die Kundgebungsteilnehmer auf dem Rathausplatz erreichte, wurde der festliche Maiaufmarsch abgesagt und etwas später als Gedenkkundgebung für den Toten und Demonstration gegen Gewalt von rund 30.000 erschütterten Teilnehmern abgehalten.

Wenige Tage nach den tödlichen Schüssen erschien in Damaskus ein Flugblatt, in dem sich die palästinensische Befreiungsorganisation „Al Asifah" zu dem Anschlag bekannte. Hintergrund des Mordes war wohl der Umstand, dass Stadtrat Heinz Nittel Präsident der „Österreichisch-Israelischen Gesellschaft" gewesen und so im wahrsten Sinne des Wortes in das Schussfeld radikaler Palästinenser gekommen war.

Dieses Attentat, wohl das spektakulärste auf einen Politiker der 2. Republik, zeigte jedoch, wie wichtig die in dieser Zeit überarbeiteten und erweiterten Richtlinien für den Objekt- und Personenschutz für ausländische Vertretungen in Wien waren. Auch das neue, mobile Überwachungssystem mit der Bezeichnung INTER war in diesen Jahren des politischen Terrors von besonderer Bedeutung und äußerst hilfreich.

1981

Der Synagogenanschlag

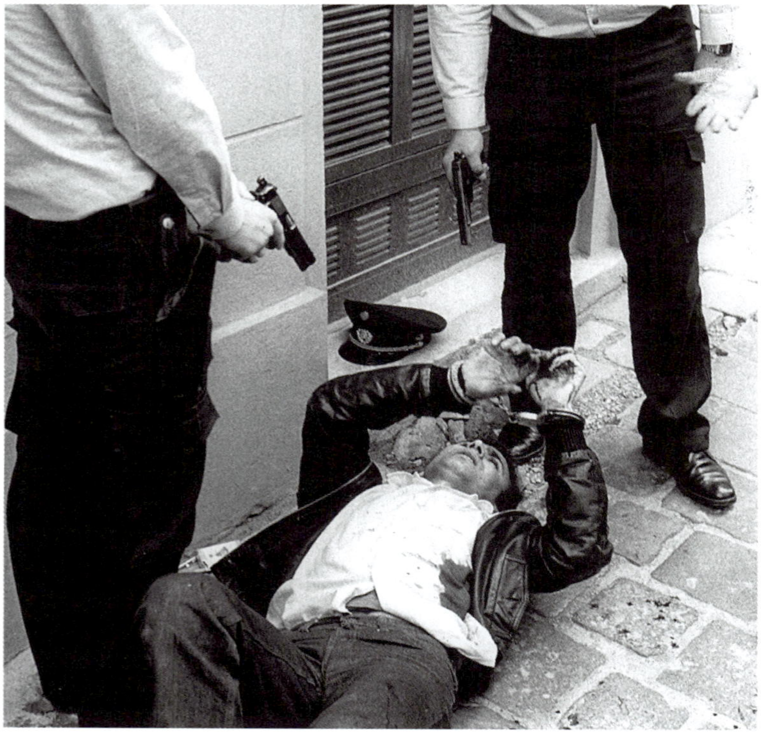

Eine der schrecklichsten Gewalttaten des Jahres 1981 war der Anschlag auf die Synagoge in der Wiener Seitenstettengasse am 29. August 1981.

Zwei Männer einer palästinensischen Terrororganisation eröffneten vor dem Tor der Synagoge das Feuer und warfen Handgranaten auf die nach einem Gottesdienst den Tempel verlassenden Gläubigen.

Zwei Tote und 21 Verletzte – auch zwei Polizeibeamte waren verwundet worden – waren die schreckliche Bilanz des Anschlags, dessen Auftraggeber am 28. Oktober desselben Jahres von der Staatspolizei in Salzburg festgenommen werden konnte. Der Mann galt auch als Auftraggeber für den Mord an Stadtrat Nittel, während einer der ausführenden Terroristen des Synagogenanschlags auch als Täter im Nittel-Mord in Frage kam.

Die beiden Attentäter wurden zu lebenslangem Kerker verurteilt, der „Führungsoffizier", bei dem man auch ein umfangreiches Waffen- und Sprengstofflager gefunden hatte, erhielt eine Strafe von zwanzig Jahren Kerker.

Das rasche Eingreifen der Polizei und die fundierte Ausbildung der Beamten vor der Synagoge hatten ein noch größeres Blutbad verhindern können – ein Zeichen, wie sinnvoll die neuen polizeilichen Maßnahmen zur Terrorbekämpfung waren.

Aktion Gassergasse

Die Ereignisse rund um das „Autonome Jugendzentrum Gassergasse" und die damit verbundenen polizeilichen Maßnahmen zeigen, dass ursprünglich positive und sinnvolle Einrichtungen durch organisatorische Hilflosigkeit und falsch verstandene „bürgerliche Freiheit" in das Gegenteil umschlagen können.

Im großen Wohnbau Gassergasse 5 war von einigen privaten Initiatoren ein „Autonomes Jugendzentrum" ins Leben gerufen worden, das anfangs durchaus auch die Unterstützung der Stadt Wien gefunden hatte.

Nachdem die Einrichtung eine gewisse Zeit ganz gut funktioniert hatte, begannen sich in der Folge immer mehr Probleme mit Anrainern zu ergeben, die sich wegen der zunehmenden Lärmbelästigung und anderer Vorkommnisse hilfesuchend an die Polizei wandten. Da anfangs befugte Vertreter der Autonomen als Sprecher vorhanden waren, konnten auch so manche Probleme aus der Welt geschafft werden.

Als sich aber Beschwerden und Anzeigen häuften und die Autonomen sich nicht mehr von einzelnen Sprechern, sondern nur von der gesamten Basis vertreten sehen wollten, waren konstruktive Gespräche zwischen Behörde und den Jugendlichen langsam unmöglich geworden, sie endeten regelmäßig in Chaos und Tumult.

Polizeiliche Interventionen wurden nun gewaltsam gestört und alle Abmahnungen oder Auflagen einfach ignoriert. Die Polizei war für die Autonomen zum erklärten Feindbild geworden und wurde, wo immer es möglich war, „bekämpft".

Da so alle Versuche zur Mäßigung der Jugendlichen erfolglos waren und die Flut der Anzeigen aus der Umgebung sich ins Unermessliche steigerte, musste eine Entscheidung herbeigeführt werden. Dies konnte nach Lage der Dinge nur die Auflösung und Räumung des Objektes, das zum gefährlichen Unruheherd mitten in der Stadt geworden war, sein.

Nur in einem gewaltigen Einsatz von Polizeikräften und Organen der Stadt Wien konnte die Räumung ermöglicht werden – eine Maßnahme, die bei vernünftigerer Haltung der jungen Autonomen wohl zu vermeiden gewesen wäre.

1983

Der Papstbesuch

Spätestens seit dem Attentat auf den Heiligen Vater wusste man, wie gefährdet dieser nicht nur in Rom, sondern auch während seiner zahlreichen Reisen in aller Welt war.

So war der Papstbesuch in Wien – es sollten ja im Laufe der Jahre noch mehrere folgen – eine ganz große polizeiliche Herausforderung, da man einerseits keinen Einfluss auf das Protokoll des Heiligen Stuhles nehmen konnte und wollte, andererseits aber nach den Erfahrungen der letzten Jahre wusste, welch terroristisches Potenzial auch im sonst friedlichen Wien bestand.

Man konnte bei der Gefährdung des Papstes von drei Gruppen ausgehen: Einerseits der organisierte, weltweit agierende Terror, der den politisch polarisierenden Papst im Visier hatte. Diese Gruppe war – wenn auch nur teilweise – über rigorose Einreisekontrollen und Beobachtung der „Szene" in der fraglichen Zeit zu kontrollieren.

Andererseits logisch vorgehende Einzeltäter, die unter Beachtung der polizeilichen Maßnahmen ihre Tat genau vorbereiten und ihre Schritte auf die polizeilichen Sicherheitsmaßnahmen abstimmen. Dem war – wenn auch nur bedingt – durch Desinformation und kurzfristige Planungsänderungen entgegenzuwirken.

Die dritte Tätergruppe – Geistesgestörte mit einem irren Sendungsbewusstsein ohne logische Vorgangsweise und ohne Rücksicht auf ihre eigene Unversehrtheit – stellte wohl die größte Gefahr dar. Diese unkontrollierbaren Personen hätten auch Gelegenheit gehabt, dem Papst beim „Bad in der Menge" sehr nahe zu sein.

Dank gründlicher Vorbereitung, polizeilicher Koordinierung zwischen allen Abteilungen und zielgerichteter Ausbildung der eingesetzten Beamten gab es bei diesem und den folgenden Papstbesuchen keine ernsten Zwischenfälle – die Wiener Polizei hatte diese Bewährungsprobe bestens bestanden.

Eintreffen der Wagenkolonne vor dem Riesentor des Stephansdoms. Das große Polizeiaufgebot sichert den reibungslosen Ablauf des hohen Besuchs.

Der Heilige Vater in den Straßen Wiens. Beamte der Abteilung I sichern das Fahrzeug des Papstes.

1983

Nicht nur bei politischen Anschlägen, auch auf kriminalpolizeilichem Gebiet sah sich die Wiener Polizei in den bewegten 1980er Jahren vor große Herausforderungen gestellt.

So galt der Applaus der Öffentlichkeit dem legendären Wiener Sicherheitsbüro, als ein Fall sehr schnell gelöst werden konnte, der die Bevölkerung zutiefst beunruhigt hatte.

Am 16. März 1983 war ein 11-jähriges Mädchen im Vorraum der Damentoilette der U-Bahn-Station Schottenring von einem jungen Mann angefallen worden, der versucht hatte, ihm mit einer Hacke den Schädel einzuschlagen. Das Kind konnte in einer intuitiven Abwehrbewegung seine Hand schützend über den Kopf halten, sodass der Hieb keine tödlichen Verletzungen verursachte. Als der Täter aber weiter mit der Hacke auf das Kind einschlug, ließ sich dieses zu Boden fallen und stellte sich leblos. Der Täter sah offensichtlich seinen Zweck, das Kind zu töten, erfüllt und verließ unter Hinterlassung der Hacke am Tatort die U-Bahn-Station.

60.000 Schilling Belohnung: Wer sah „Mann mit Hacke"?

Caroline Härtl (11) wurde am Mittwoch, dem 16. März, gegen 17 Uhr in der WC-Anlage der U-Bahn-Station Schottenring in der Wiener Innenstadt überfallen. Der Attentäter schlug dem Mädchen mit einer Hacke vier Finger ab und verletzte es am Kopf schwer.

Nach Angaben des Opfers ist der Täter etwa 18 bis 20 Jahre alt, 180 bis 185 cm groß, schlank, hat schwarzes, kürzeres Haar, er war bartlos.

Seine Kleidung: Eine dunkle, vermutlich schwarze Hose und ein dunkles T-Shirt.

Die Tatwaffe ist diese 30 cm lange Hacke (siehe Bild). Sie ist gebraucht, der Stiel sitzt locker, da er nachträglich eingesetzt wurde. Der Hackenkopf wurde mit zwei Nägeln fixiert.

Haben Sie zur Tatzeit etwas Verdächtiges bemerkt?

Haben Sie eine Person, auf die diese Beschreibung paßt, mit blutigen Kleidern in der Nähe der U-Bahn-Station gesehen?

Wissen Sie etwas über die Tatwaffe?

Vertrauliche Hinweise an das Wiener Sicherheitsbüro Tel. 34 55 11, Kl. 3648–3653, Kriminalbeamtengruppe Fiala

In einer gewaltigen kriminalpolizeilichen Fahndung und unzähligen Streifungen wurde mit allen Mitteln in ganz Wien nach dem als besonders gefährlich eingestuften Unbekannten gesucht. Durch diese gründliche kriminalistische Arbeit und über Hinweise aus der Bevölkerung zum aufgefundenen Tatwerkzeug gelang es bereits wenig später, den Täter, einen gewissen Karl Anton Schak, festzunehmen, der – wie sich herausstellte – bereits zahlreiche Überfälle auf Frauen verübt hatte.

Die Bevölkerung konnte aufatmen, und man erkannte einmal mehr, dass der legendäre Ruf des Wiener Sicherheitsbüros nicht zu Unrecht entstanden war.

1984

Die Autobombe

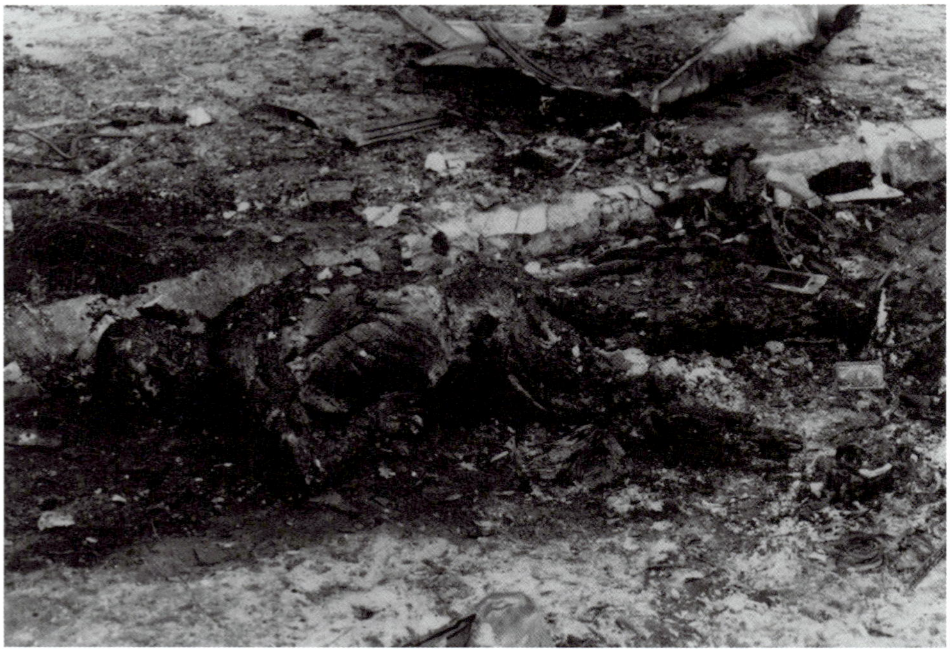

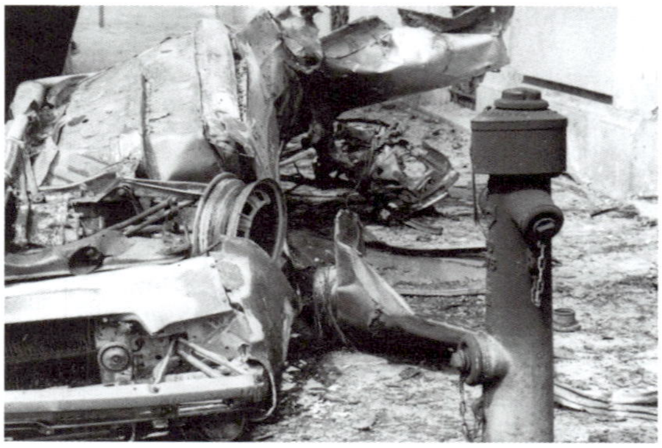

Vor der türkischen Botschaft, Ecke Theresianumgasse/Prinz-Eugen-Straße, ereignete sich am 20. Juni 1984 eine gewaltige Detonation. Eine Autobombe, die im Kofferraum eines Volvo-Pkw verborgen war, war zur Explosion gebracht worden. Der Fahrer des Wagens – ein türkischer Diplomat – fand dabei den Tod, ein in der Nähe stehender Polizeibeamter – Bez.-Insp. Leopold Smetazek – wurde schwer verletzt. Wie durch ein Wunder waren keine Passanten im Sprengbereich und es gab dadurch keine weiteren Opfer.

Der Anschlag hatte dem Botschaftsgebäude gegolten und hätte, wenn der Wagen wie üblich in der Tiefgarage der Botschaft geparkt gewesen wäre, verheerende Folgen gehabt.

Der Täter blieb unentdeckt, es tauchte allerdings wenig später ein Bekennerschreiben einer armenischen Terrorgruppe auf, die weltweit Attentate auf türkische Einrichtungen und Diplomaten verübt hatte.

Die Staatspolizei – Abteilung I der Wiener Polizei – hatte neue Aufgaben zu bewältigen, da es nun galt, nicht nur dem palästinensischen Terror verstärkt entgegenzuwirken.

Am Morgen des 27. Dezember 1985 erschütterten gewaltige Detonationen die Abflughalle des Wiener Flughafens Schwechat.

Drei schwer bewaffnete palästinensische Terroristen hatten Handgranaten in die Menge der wartenden Passagiere vor dem Abflugschalter der israelischen Luftlinie El Al geworfen – 4 Tote und 30 Verletzte waren die schreckliche Folge des Anschlags.

Die Täter, denen vorerst die Flucht gelang, konnten wenig später im nahe gelegenen Schwadorf festgenommen werden, wobei einer der Palästinenser erschossen wurde. Die Verfolgung und Festnahme der schwer bewaffneten Terroristen erfolgte durch die Alarmabteilung der Wiener Polizei.

Fast zeitgleich zu dem Anschlag in Schwechat gab es ähnliche Anschläge in anderen Städten, wobei am römischen Flughafen 14 Tote und 70 Verletzte zu beklagen waren. Der Anschlag in Wien dürfte also offensichtlich Teil einer weltweit koordinierten Aktion des palästinensischen Terrors gewesen sein.

Als Reaktion auf den Terrorüberfall in Schwechat wurden von da an alle israelischen Einrichtungen in Wien verstärkt und lückenlos polizeilich gesichert.

Innerpolizeilich wurde auf Grund der Situation auch eine Neustrukturierung und Reform der Sicherheitswache durchgeführt. So konnte ab 1985 bei Bedarf auf neu gegliederte „Reservekompanien" mit rund 2.000 Mann zurückgegriffen werden.

Bundespolizeidirektion Wien

POLIZEIPRÄSIDENT und SICHERHEITSDIREKTOR VON WIEN
Dr. Karl Reidinger

Sekretariat des Polizeipräsidenten
Kmsr. Dr. Karl Hofmann

POLIZEIVIZEPRÄSIDENT
Dr. Rudolf Steinkellner

PRÄSIDIALABTEILUNG Leiter: Hofrat Mag. Dr. Gottfried Hasenöhrl

- Büro für Organisation, Rechtsfragen und Dienstaufsicht – Vorstand: Hofrat Mag. Ernst Trybus
- Personalbüro – Vorstand: Hofrat Dr. Karl Weber
- Büro für Dienstrechtsangelegenheiten und Schulung – Vorstand: Hofrat Dr. Gustav Tonnhofer
- Informationsdienst – Vorstand: Oberrat Dr. Walter Schubert
- Pressestelle – Vorstand: Oberrat Dr. Walter Schubert
- Polizeichefarzt – Hofrat MedR Dr. Edgar Bach
- Büro für ökonomisc[he] Angelege[n]heiten – Vorstand: Hofrat Ma[g.] Willibald Vorl[...]

Staatspolizeiliche Abteilung
ABTEILUNG I
Leiter: Hofrat Mag. Werner Liebhart

- Staatspolizeiliches Büro – Vorstand: Hofrat Mag. Gustav Hochenbichler
- Büro für Vereins- und Presserechtsangelegenheiten – Vorstand: Hofrat Dr. Kurt Berger
- Fremdenpolizeiliches Büro – Vorstand: Hofrat Mag. Ernst Wallaschek

Kriminalpolizeiliche Abteilung
ABTEILUNG II
Leiter: Hofrat Mag. Otto Kornek

- Sicherheitsbüro – Vorstand: Hofrat Mag. Dr. Franz Priehsnitz
- Wirtschaftspolizei – Vorstand: Hofrat Mag. Josef Sturz
- Büro für Erkennungsdienst, Kriminaltechnik und Fahndung – Vorstand: Hofrat Dr. Rudolf Eder
- Strafregisteramt – Vorstand: Amtsrat Ernst Schrammel
- Polizeiabteilung bei der Staatsanwaltschaft Wien mit Expositur beim Jugendgerichtshof Wien – Vorstand: Amtsdirektor Walter Manhart
- Jugendpolizei – Vorstand: Oberrat Mag. Felix Schödl

Leistungsfeststellungskommission

GENERALINSPEKTORAT DER WIENER SICHERHEITSWACHE
Leiter: MinRat Dr. Günther Bögl

- SW-Sonderabteilungen
- SW-Abteilungen bei den Bezirkspolizeikommissariaten 1–23

1985

Organisationsplan der Bundespolizeidirektion Wien, Stand Juli 1985.

Diese vom Vorstand des Büros für Organisation, Rechtsfragen und Dienstaufsicht (OrgBüro) erstellten und jährlich erschienenen Organisationspläne geben ein gutes Bild der jeweiligen polizeilichen Strukturen und es sind durch Vergleiche die Veränderungen nach den späteren Reformen deutlich zu erkennen.

…chhaltung	Revisionsbüro für Polizeistrafsachen	Präsidialkanzlei	Amtsbibliothek	Amtsdruckerei	Polizeigefangenenhaus
…orstand: …ierungsrat …eo Zeller	Vorstand: Oberrat Mag. Helmut Lichtenegger	Vorstand: Kanzleirat Rudolf Neumann	Vorstand: Regierungsrat Heinrich Hrad	Vorstand: Amtsrat Alfred Mütter	Leiter: Oberst Hans Schindler

Verwaltungspolizeiliche Abteilung
ABTEILUNG III

Leiter: Hofrat Dr. Franz Tatzler

Verkehrsamt
Vorstand: Hofrat Mag. Max Bulgarini

Administrationsbüro
Vorstand: Hofrat Dr. Alfons Haidinger

Zentralmeldeamt
Vorstand: Amtsrat Walter Pscheidl

Paßamt
Vorstand: Regierungsrat Margaretha Hack

Fundamt
Vorstand: Amtsrat Edith Osterbauer

Kommissariatsabteilung
ABTEILUNG IV

Leiter: Hofrat Dr. Julius Essinger

Bezirkspolizeikommissariate 1–23
Bezirksleiter

Innere Stadt	Hofrat Dr. Edgar Bauer
Leopoldstadt	Hofrat Dr. Franz Jelinek
Landstraße	Hofrat Dr. Werner Bazata
Wieden	Hofrat Mag. Dr. Günther Marek
Margareten	Hofrat Mag. Michael Sika
Mariahilf	Oberrat Dr. Manfred Nowak
Neubau	Hofrat Mag. Karl Klenkhart
Josefstadt	Hofrat Dr. Paul Netousek
Alsergrund	Hofrat Dr. Günther Kutschera
Favoriten	Hofrat Dr. Walter Drögsler
Simmering	Hofrat Mag. Emmerich Ingrisch
Meidling	Hofrat Mag. Dr. Franz Hörmann
Hietzing	Hofrat Dr. Franz Schäffer
Penzing	Hofrat Dr. Alfred Jarosch
Schmelz	Hofrat Dr. Lothar Klein
Ottakring	Hofrat Mag. Dr. Siegfried Schwanzer
Hernals	Hofrat Mag. Alois Bauer
Währing	Oberrat Mag. Dr. Friedrich Rafenstein
Döbling	Hofrat Dr. Walter Buchgraber
Brigittenau	Hofrat Dr. Walter Schönfeld
Floridsdorf	Hofrat Mag. Kurt Stierschneider
Donaustadt	Hofrat Mag. Dr. Rüdiger Edelmann
Liesing	Hofrat Mag. Alois Stuparek

KRIMINALBEAMTENINSPEKTORAT
Leiter: Hofrat Mag. Dr. Ferdinand Reisel

Krb-Abteilungen und Krb-Gruppen bei den Zentralstellen

Krb-Abteilungen bei den Bezirkspolizeikommissariaten 1–23

Büro der Sicherheitsdirektion
Leiter:
Hofrat Dr. Ernst Mischer

Juli 1985

1987

Die erste Opernballdemonstration

Am 10. Februar 1987 hatte die damals relativ neue politische Partei „Die Grüne Alternative – Liste Freda Meissner-Blau“ eine Demonstration für den 26. Februar in Wien angemeldet, die auch von der BPD nicht untersagt wurde. Zweck dieser Demonstration sollte laut Antrag eine „Information der Bevölkerung über die unzureichenden Aspekte der Sozial- und Umweltpolitik“ sein. Die Nichtuntersagung der Kundgebung war allerdings nicht ganz unumstritten, da es sich um den Abend des traditionellen Opernballs handelte, zu dem wie immer viele internationale Politiker und Gäste erwartet wurden.

Am 20. Februar wurde erneut ein Antrag auf Genehmigung einer Demonstration – diesmal von einer Salzburger Privatperson –, ebenfalls für den 26. Februar, gestellt. Das Thema sollte ein „Protest gegen die Errichtung einer atomaren Wiederaufbereitungsanlage in Wackersdorf“ sein. Diese zweite Demonstration wurde untersagt, da die Errichtung eines riesigen Bauzaunes aus Eisen Teil dieser Kundgebung sein sollte und man seitens der Polizei die Sicherheit von Personen gefährdet sah.

Trotz dieser Untersagung erschienen einige Tage später Flugblätter, die zu einer „Tanzdemonstration“ vor der Oper aufriefen und schwere Diffamierungen des bayrischen Ministerpräsidenten, der zum Opernball erwartet wurde, enthielten.

Am Abend des 26. Februar standen einander schließlich rund 500 teilweise gewaltbereite Demonstranten, die die Ballgäste zu attackieren versuchten, und 400 Polizisten gegenüber.

Die zur Straßenschlacht ausgeartete Kundgebung forderte eine große Anzahl von Verletzten auf beiden Seiten und es kam zu dutzenden Festnahmen. Ohne die polizeiliche Besonnenheit („Wiener Weg“) hätte diese erste Opernballdemonstration allerdings noch wesentlich mehr Opfer gefordert.

Leider war die Opernballdemonstration 1987 nur der Auftakt für viele weitere gewaltsame Demonstrationen, die in den kommenden Jahren folgen sollten.

Für viele ausländische Gäste, die einen schönen Ballabend erleben wollten, blieb aber der schale Beigeschmack, dass man sich bei einem Ballbesuch in Wien der Gefahr von Verletzungen und Beschimpfungen aussetzen würde, und man nahm in den folgenden Jahren Abstand vom Besuch des Opernballs. Zum Nachteil des Rufes Wiens als gastfreundliche Stadt und auch zum Nachteil der österreichischen Wirtschaft.

1988–1995

DR. GÜNTHER BÖGL
POLIZEIPRÄSIDENT 1988–1995

Der 1932 in Wien geborene Günther Bögl wurde 1988 Nachfolger von Dr. Karl Reidinger als Polizeipräsident, nachdem er bereits in den Jahren ab 1972 die Funktion des Generalinspektors der Wiener Sicherheitswache ausgeübt hatte.

Günther Bögl hatte, wie seiner biographischen Darstellung anlässlich der Bestellung zum Generalinspektor im Jahr 1972 ausführlich zu entnehmen ist, als Polizeischüler seinen Beruf „von der Pike auf" gelernt und alle Phasen der polizeilichen Laufbahn durchlaufen. Als Sekretär des Innenministers und später Leiter des Ministerbüros verfügte Dr. Bögl – er hatte 1968 neben seiner beruflichen Tätigkeit sein Jusstudium abgeschlossen – nicht nur über entsprechende Kontakte, sondern auch über den Einblick in europäische sicherheitspolitische Abläufe auf höchster Ebene.

Dies sowie seine organisatorischen Fähigkeiten prädestinierten ihn zum Nachfolger Dr. Reidingers als Polizeipräsident.

Die Amtszeit Dr. Günther Bögls fiel in bewegte Jahre, etwa mit dem Fall des Eisernen Vorhanges und den damit verbundenen Wellen, die auch vor Wien nicht haltmachten. Aber auch „hausgemachte" Ereignisse, wie Opernballdemonstrationen oder Hausbesetzungen, forderten ein besonderes Feingefühl bei polizeilichen Maßnahmen.

Mit der Gründung von EUROPOL und MEPA hat Polizeipräsident Bögl in seiner Amtszeit der neuen Zeit Rechnung getragen und Meilensteine für die europäische Zusammenarbeit auf dem Gebiet des Sicherheitswesens gelegt.

Dr. Günther Bögl trat 1995 in den Ruhestand, übte und übt aber nach wie vor sicherheitspolitische Aufgaben auf hohem Niveau aus.

1988–1993

OTHMAR HOFSTÄTTER
GENERALINSPEKTOR 1988–1993

Der am 21. Oktober 1928 geborene Othmar Hofstätter trat bald nach dem Krieg, im Jahre 1947, in die Wiener Polizei ein. Er absolvierte, damals noch in der Rossauer Kaserne, die Grundausbildung und trat 1948 seinen Dienst in der Sicherheitswache-Abteilung Mödling an. Mödling war zu dieser Zeit noch ein eingemeindeter Teil Wiens und der Exekutivdienst wurde von der Wiener Polizei bestritten.

Nach Fachkurs und gehobenem Fachkurs in den Jahren 1957 und 1958 wurde Hofstätter als leitender Beamter der Sicherheitswache-Abteilung 8 zugeteilt. 1959 Leutnant, 1961 Oberleutnant, kam er in das Referat 2 des Generalinspektorates, das er, inzwischen Major, ab 1971 leiten sollte.

Im Jahre 1976 wurde der zum Oberstleutnant avancierte Othmar Hofstätter Kommandant der Schulabteilung, ein Amt, das er bis Jahresende 1987 ausüben sollte. Damit reihte er sich unter jene Generalinspektoren, die ebenfalls vom Schulkommando den Schritt in das Generalinspektorat machen konnten.

Mit 1. Jänner 1988 wurde Othmar Hofstätter zum Generalinspektor der Sicherheitswache berufen und gleichzeitig zum Polizeigeneral befördert.

Generalinspektor Othmar Hofstätter übte diese Funktion mit großer Sachkenntnis und kompetenter Bestimmtheit bis zu seinem Übertritt in den Ruhestand am 31. März 1993 erfolgreich aus.

Mit einiger Verspätung erreichten widerrechtliche Hausbesetzungen durch gewaltbereite Gruppen wie in Deutschland auch Österreich und es kam immer wieder zu massiven Polizeieinsätzen bei der Räumung.

So wurde im August 1988 die amtliche Räumung der Häuser Spalowskygasse 3 und Aegidigasse 13 verfügt.

Die Polizeibeamten, die die Begehung durch die magistratische Kommission begleiten sollten, wurden von den Hausbesetzern mit Ziegelsteinen und Schutt, Geschirr, Möbeln und Knallkörpern beworfen. Die Tore wurden verbarrikadiert, und der Zugang zum Objekt wurde für Magistratsbeamte und Polizei unmöglich gemacht.

Erst nach fast zwei Tagen konnte durch einen massiven Polizeieinsatz die Räumung durchgeführt werden, wobei es zu 66 Festnahmen kam.

Es sollte allerdings nicht bei den erwähnten Hausbesetzungen bleiben, in ähnlichen Fällen in der Folge, wie z. B. in der Unteren Augartenstraße, gelang es nur durch massive polizeiliche Maßnahmen, die Rechtsordnung wiederherzustellen.

1989

Opernball und Kaiserbegräbnis

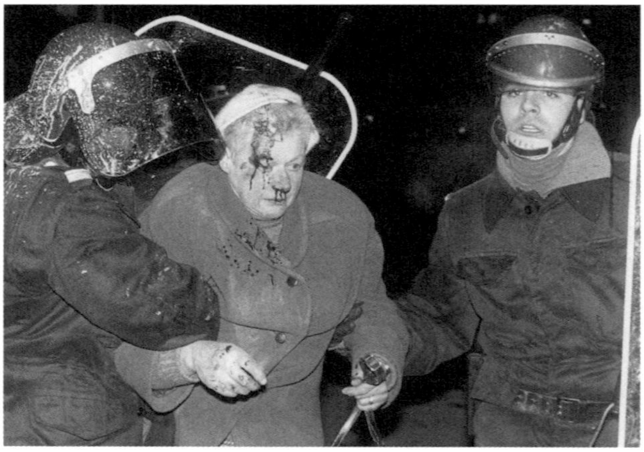

Opernballdemo 1989

Wieder einmal war der Opernball – am 2. Februar 1989 – Anlass für gewaltige Demonstrationen der alternativen Szene, und nur durch größtmöglichen Einsatz der Sicherheitskräfte konnten die Tumulte halbwegs im Rahmen gehalten werden. Mehr als 30 Sicherheitswachebeamte wurden teils schwer verletzt, da die Randalierer Latten, Pflastersteine und sogar Molotowcocktails gegen die Polizei in Einsatz brachten.

Neben den vielen Verletzten blieb wieder einmal der gute Ruf Wiens als Veranstaltungsort auf der Strecke.

Der Trauerkondukt der ehemaligen Kaiserin vor dem Stephansdom

Die ehemalige Kaiserin Zita, Witwe des letzten österreichischen Kaisers Karl I. (1916–1918), war im Alter von 96 Jahren in ihrem Schweizer Exil verstorben.

Ihre Beisetzung fand in traditioneller Weise in der Wiener Kapuzinergruft am Neuen Markt statt. Mehr als 400 Polizeibeamte sicherten den Kondukt, an dem neben der Familie auch maßgebliche Vertreter der Republik und des öffentlichen Lebens teilnahmen und der sich vom Stephansdom durch die Innenstadt zur Kapuzinerkirche bewegte.

Die Republik Österreich hatte ihren Frieden mit der großen österreichischen Vergangenheit gefunden.

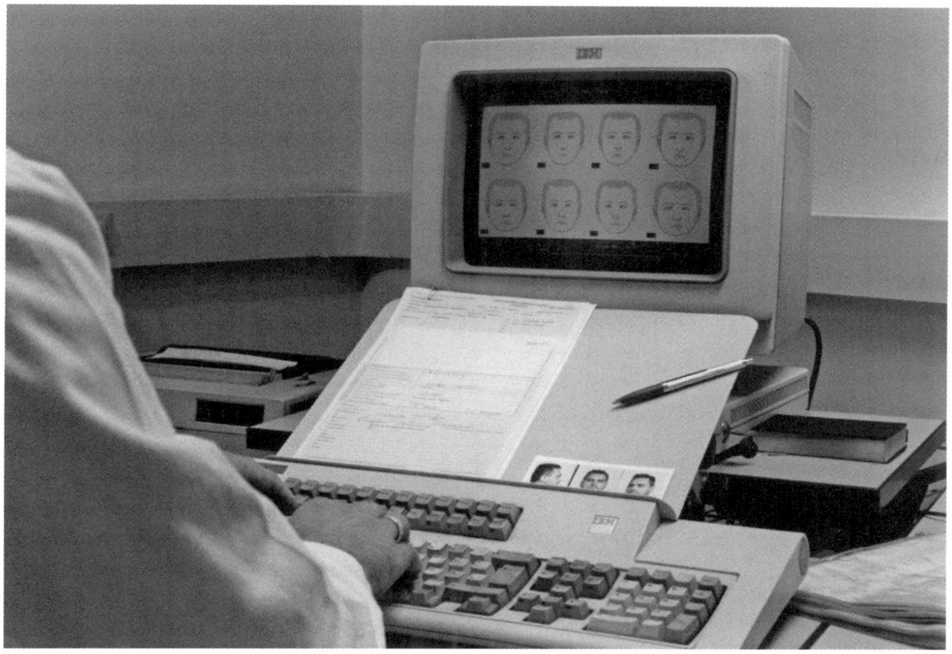

Das Computerzeitalter hatte endgültig auch von den polizeilichen Dienststellen Besitz ergriffen.

So wurde das elektronische Informationssystem EKIS, an dem seit 1987 gearbeitet wurde, fertiggestellt. Nachdem viele Hürden, auch in rechtlicher Hinsicht, zu beseitigen waren, stand dieses kriminalpolizeiliche, personenbezogene Informationssystem nun voll zur Verfügung.

Voraussetzung für die Benützung dieser neuen Technologie war jedoch die Kenntnis über den Umgang mit der für viele Beamte ganz neuen Materie. Es gelang, im wahrsten Sinn des Wortes, in unzähligen Schulungskursen, die Wiener Polizei auf den „Stand der neuen Zeit" zu bringen. Ziel dieser Aktion war aber auch, dass ein Polizeibeamter auf allen Gebieten, auch auf dem der technischen Kenntnisse, dem Täter immer einen Schritt voraus sein muss.

1991

Opfer der Pflicht

Am 16. März 1991 wurde ein junger Polizeibeamter, Rev.-Insp. Ferdinand Schrottenbach, im Zuge einer Alarmfahndung gegen einen flüchtigen Bankräuber aus nächster Nähe erschossen.

Schrottenbach war mit dem Funkwagen „IDA I“ an der Verfolgung des Bankräubers beteiligt gewesen und fand in einer Durchgangsgasse zwischen Währinger Straße und Semperstraße den Tod.

Der junge Sicherheitswachebeamte war seit 1984 bereits der vierte im Dienst getötete Polizeibeamte.

Die überwältigende Anteilnahme seitens der Bevölkerung sowie eine gewaltige Trauerkundgebung seiner Kollegen führten in der Folge zu einer Verbesserung der sozialen Absicherung für Hinterbliebene in ähnlichen tragischen Fällen – deren es auch in den kommenden Jahren leider nur allzu viele geben sollte.

Brand in der Hofburg

1992

Dass Polizeibeamte Menschenleben retten, Gefahren verhindern oder Straftäter festnehmen, liegt in der ureigensten Aufgabe ihres Berufes.

Dass sie aber bei der Rettung von unersetzlichem Kulturgut tätig sind, wurde nicht nur beim Börsebrand 1956 bekannt, sondern auch 1992 beim Brand der Wiener Hofburg erneut unter Beweis gestellt.

Am 27. November 1992 war in der ehrwürdigen Hofburg ein Brand ausgebrochen, dem nicht nur die Redoutensäle zum Opfer fielen, sondern der sich über den Dachstuhl auch gefährlich der angrenzenden Nationalbibliothek mit ihren unersetzlichen Beständen näherte.

Da zu diesem Zeitpunkt nicht sicher war, ob die Feuerwehr den wie Zunder brennenden, jahrhundertealten Dachstuhl der kaiserlichen Residenz würde löschen können, wurden in einer beispiellosen Aktion alle verfügbaren Polizisten – auch Polizeischüler – aufgeboten.

In langen Ketten gelang es, die wertvollsten Bestände aus der Gefahrenzone bis ins Freie in Sicherheit zu bringen – Österreichs kulturelle Vergangenheit war gerettet und – im wahrsten Sinne des Wortes – an jenem denkwürdigen 27. November 1992 in den besten Händen gelegen.

1993

Geiselnahme in Döbling

Selten gab es in der Geschichte der Wiener Polizei einen so bewegten Tag wie den 14. Juni 1993.

Gegen 11.45 Uhr hatte ein maskierter Mann, mit einem Revolver bewaffnet, eine Bankfiliale in der Gatterburggasse 23 betreten und die Bankangestellten bedroht. Da die Beute teilweise alarmgesichert war, flüchtete der Täter mit einem kleinen Teil des Geldes zu Fuß in die Döblinger Hauptstraße.

Dort traf er vor einem Kindermodengeschäft auf einen Polizeibeamten – Rev.-Insp. Riepl, von dem er auf Grund der Fahndung erkannt worden war – und erschoss den Beamten.

Der Täter flüchtete sodann in das Kindermodengeschäft und nahm drei Frauen und ein fünfjähriges Mädchen als Geisel.

Die inzwischen vor dem Geschäft eingetroffene polizeiliche Einsatztruppe unter dem Kommando von Oberst Fritz Mahringer konnte vorerst in Verhandlungen mit dem unberechenbaren und gefährlichen Täter die Freilassung der Mutter mit dem Kind erwirken. Der Täter forderte allerdings ein Fluchtfahrzeug und einen hohen Geldbetrag.

Als sich die Verhandlungen mit dem Täter, einem typischen Vertreter der Wiener „Unterwelt“, wie sich später herausstellte, immer mehr hinauszogen, ergriff Oberst Mahringer die Initiative, um mit dem Geiselnehmer zu verhandeln.

Der Täter schoss jedoch auf den unbewaffneten Polizeioffizier, der den Schuss nur überlebte, weil sein Handy die Kugel abfing.

In dem nun folgenden längeren Schusswechsel zwischen Polizei und Geiselnehmer blieb es plötzlich auf der Seite des Täters still – er hatte sich mit seiner letzten Kugel selbst gerichtet.

JOHANN SCHERERBAUER GENERALINSPEKTOR 1993–1998

Der Weg von Johann Schererbauer zur Wiener Polizei schien vorgezeichnet. Am 27. November 1935 in Wien geboren und aus einer Polizistenfamilie stammend, inskribierte er nach Abschluss der Mittelschule an der Rechts- und Staatswissenschaftlichen Fakultät der Wiener Universität. Dann, 1955, entschloss er sich jedoch zum direkten Weg und trat in die Polizeischule ein, wo er die entsprechende Grundausbildung absolvierte. Schon in den Jahren 1957–58 wurde der junge Wachmann während der Sommermonate zur Salzburger Polizei delegiert, da er aufgrund seiner Sprachkenntnisse und seiner umfassenden Bildung für den sensiblen Einsatz in der internationalen Fremdenverkehrsmetropole bestens geeignet schien. 1959 fand Johann Schererbauer bereits als Instruktor in der Schulabteilung Verwendung. In den Jahren 1963–64 absolvierte er den gehobenen Fachkurs der Sicherheitswache, zwischenzeitlich fand man ihn in einer Dienstzuteilung bei Olympischen Winterspielen in Innsbruck.

Schererbauer, der inzwischen Polizeioberleutnant war, machte auch in den Jahren 1965 bis 1968 Dienst in Salzburg, bis er 1968 dem österreichischen Polizeikontingent im Rahmen des UNO-Einsatzes auf Zypern zugeteilt wurde und auf der Mittelmeerinsel Dienst versah. Seine Qualifizierung als Dolmetsch für Englisch und Schwedisch schuf ideale Voraussetzungen für diese internationalen und sensiblen Kommandierungen.

Ab 1972 wieder in Wien, versah er seinen Dienst in verschiedenen Kommissariaten, um 1974 Leiter der Ausbildung für Polizeipraktikanten zu werden. Bald jedoch folgte seine Berufung in das Generalinspektorat, wo er, inzwischen Oberstleutnant, im Jahr 1984 Leiter des Referates 3 wurde.

Mit 3. Juni 1993 wurde Oberst Schererbauer zum Generalinspektor der Wiener Sicherheitswache bestellt, am 1. Juli 1993 erfolgte seine Ernennung zum Polizeigeneral.

Am 31. Dezember 1998 trat General Johann Schererbauer, nach mehr als vierzig Jahren im Dienst der österreichischen Polizei, in den Ruhestand. Mit ihm verließ ein Mann das hohe Amt, der durch Liebenswürdigkeit, Bildung und Weisheit so manchen, der mit ihm zu tun hatte, tief beeindruckte.

1993

Das neue SPG

Sicherheitspolizeigesetz schont Bankräuber nicht mehr

Neues Beschwerde-Modell gegen Polizei

Das neue Sicherheitspolizeigesetz (SPG) hat vor allem einen Schwerpunkt: Verhinderung von Straftaten. Wo die Strafprozeßordnung noch nicht wirksam ist, weil ein potentieller Täter noch kein Delikt gesetzt hat, kann nun das SPG in die Bresche springen.

An praktischen Beispielen erläutert Major Karl Mahrer im KURIER, was sich nun alles geändert hat. Ein Attentäter, der zum Beispiel in einem Hotelzimmer einem Politiker auflauert, der auf der Straße vorbeifahren soll, blieb bisher ungeschoren. Auch ein Möchtegern-Bankräuber, der vor einem Geldinstitut auf eine günstige Gelegenheit wartete und sich schon die Kapuze übers Gesicht gezogen hatte, blieb bisher unbehelligt. Jetzt hat die Polizei den gesetzlichen Auftrag, auch in diesem strafrechtlichen „Vorfeld" einzuschreiten.

Bild: Franziska

Karl Mahrer befürwortet neues Beschwerde-Modell

Mahrer hat an dem neuen Gesetz beratend mitgewirkt, ebenso an der Schulung führender Exekutivbeamter für das SPG. Und er hat als Polizeioffizier in Wien-Hietzing ein neues Polizei-Beschwerdemodell eingeführt, das nun ebenfalls ins SPG aufgenommen wurde. In dem Modell geht es darum, einem Beamten, der sich in einer Streßsituation nicht richtig verhalten hat, nicht gleich ein Verfahren anzudrohen, sondern den Fall gütlich zu regeln (Seite 19).

Das neue Sicherheitspolizeigesetz (SPG) sorgte 1993 für zahlreiche Diskussionen und wurde auch in den Medien in unterschiedlicher Form behandelt.

Anhand eines „Kurier"-Artikels vom 5. Mai 1993 kann man das Ausmaß des neuen Gesetzes erkennen, das ja auf Grund der aktuellen Situation dringend notwendig geworden war und bei vielen polizeilichen Maßnahmen von vornherein klare Verhältnisse schaffen sollte.

Einladung zu einer groß angelegten Werbeveranstaltung unter der Devise „Komm zur Wiener Polizei", die am 28. Oktober 1993 im Albert-Sever-Saal am Wiener Schuhmeierplatz stattfand.

Neben Vorführungen der WEGA spielten mehrere Musikgruppen und natürlich die Polizeimusik, der Fußballer Hans Krankl beteiligte sich an der Talkshow und Innenminister Dr. Löschnak hielt eine Rede, ebenso wie Polizeipräsident Dr. Bögl und Generalinspektor Schererbauer. Ein bekannter Rundfunkmoderator führte durch das Programm.

All dies sollte der dringend notwendigen Werbung für Nachwuchskräfte dienen und den Polizeiberuf in der Öffentlichkeit attraktiver machen.

1995

Der Briefbombenterror

Ganz Österreich und vor allem Österreichs Exekutive stand seit 1993 im Bann eines besonders gefährlichen Täters, der an eine Anzahl von Personen Briefbomben versandt hatte, die bei diesen zu schwersten Verletzungen führten. Auch der Wiener Bürgermeister Dr. Helmut Zilk war Empfänger einer Briefbombe und verlor beim Öffnen seine linke Hand, ebenso wie auch ein Kärntner Polizeibeamter.

Überdies wurde im burgenländischen Oberwart eine Sprengfalle gelegt, der mehrere Menschen zum Opfer fielen. Es war, wie sich später herausstellen sollte, derselbe Täter wie der Versender der Briefbomben.

In wirren Bekennerbriefen hatte der schließlich festgenommene Täter Franz Fuchs eine rassistische Organisation („Bajuwarische Befreiungsarmee") als Hintergrund für seine Taten angedeutet und damit die Polizei in die Richtung radikaler rechtsextremer Organisationen gelockt. Tatsächlich war Fuchs jedoch ein wirrer, wenn auch hochintelligenter Einzeltäter.

Nach österreichweiten Polizeiaktionen gelang es, Fuchs so in die Enge zu treiben, dass er – allerdings erst 1997 – bei einer Routinekontrolle die Nerven verlor und eine seiner Briefbomben selbst zündete, wobei er beide Hände verlor. Im Jahr 2000 verübte Fuchs in der Haft Selbstmord.

DR. PETER STIEDL
POLIZEIPRÄSIDENT
1995–2007

Der 1945 in Wien geborene Peter Stiedl trat nach Abschluss seines Jusstudiums bereits 1972 in den Dienst der Bundespolizeidirektion Wien, wo er der Wirtschaftspolizei als Referent zugeteilt wurde. Der als überaus korrekt geltende Jurist wurde bereits 1985 Stellvertreter des Vorstandes und Hauptreferent.

1990 erfolgte die Berufung Dr. Stiedls zum Vorstand der Wirtschaftspolizei, wobei in seiner Amtszeit eine Reihe großer Fälle von Wirtschaftskriminalität sehr gezielt und erfolgreich behandelt wurde.

Seine untadelige Amtsführung führte 1993 zur Bestellung Dr. Stiedls zum Leiter der wichtigen Präsidialabteilung und schließlich 1995 als Nachfolger Dr. Bögls zum Polizeipräsidenten.

In die Amtszeit Stiedls, der als freundlich, umgänglich und konziliant galt, fielen zahlreiche überregionale Ereignisse, die indirekt natürlich auch polizeiliche Maßnahmen erforderten. So fielen 1997 durch das Schengener Abkommen die Grenzkontrollen zu Deutschland und 2007 auch zu den östlichen Nachbarländern. Kriminaltourismus wurde plötzlich nicht nur zum Schlagwort, sondern auch zu einer konkreten polizeilichen Herausforderung.

In die Amtszeit Dr. Stiedls fiel auch die erste Polizeireform im Jahr 2002, die eine Veränderung der Agenden des Polizeipräsidenten zugunsten der aufgewerteten Funktion des Polizeivizepräsidenten mit sich brachte. Auch sorgten innerpolizeiliche Turbulenzen um 2006 für eine nicht immer leichte Handhabung des Amtes des obersten Polizeichefs.

Im November 2007 entschloss sich Dr. Peter Stiedl, mit Jahresende in den Ruhestand zu treten. Diesem Wunsch wurde seitens des Ministeriums entsprochen, und so endete die Dienstzeit von Dr. Peter Stiedl als Wiener Polizeipräsident am 31. Dezember 2007.

Eine honorige Persönlichkeit hatte die Behörde verlassen.

1996

Umstrukturierung und Seelsorge – Polizeiinterna 1996

Seit 1993 stand zur Diskussion, inwieweit man die uniformierte Sicherheitswache auch in die Kriminalitätsbekämpfung – bisher eine Domäne der Kriminalbeamten – einbeziehen sollte und könnte.

1996 wurde schließlich, nach langjährigen Versuchen in einigen Bezirken, in einem sogenannten „Deliktskatalog" die Handhabung kriminalpolizeilicher Fälle geklärt.

Es wurde damit endgültig entschieden, was ja in der Praxis schon lange üblich war, inwieweit auch die Sicherheitswache „kriminalpolizeilich" aktiv sein kann. Diese Klärung brachte letztlich eine Loslösung vieler kleinkrimineller Fälle von den überlasteten Kriminalbeamten, andererseits führte sie natürlich zu einer großen Aufwertung des uniformierten Dienstes.

Es wurde in diesem Jahr aber auch die „Polizeiseelsorge" geschaffen, da man sich auf polizeilicher Führungsebene immer mehr bewusst war, dass gerade in Zeiten zunehmender Gewalt und des erhöhten beruflichen Risikos auch der seelische Beistand für viele gläubige Exekutivangehörige von großer Bedeutung ist. Gerade ein mit den internen Gepflogenheiten und Problemen vertrauter, also „hausinterner", Seelsorger kann in entscheidenden Fällen jene Hilfe leisten, die ein hausfremder Psychologe möglicherweise nicht zu gewähren imstande ist.

Auf offener Straße ...

Auf offener Straße, in der Wiener Innenstadt vor dem renommierten Hotel „Römischer Kaiser" in der Annagasse, wurde am späten Abend des 11. Juli 1996 ein Mann mit mehreren Salven aus einer Maschinenpistole regelrecht hingerichtet.

Das Opfer, ein aus Georgien stammender Geschäftsmann, galt, wie sich später herausstellen sollte, als „Pate" der in Wien tätigen „Ostmafia".

Der Fall, dessen Hintergründe nie ganz geklärt werden konnten, zeigte wieder einmal, dass Wien, als „östlichste Stadt des Westens" oder aber auch umgekehrt als „westlichste Stadt des Ostens", ein Schauplatz und Begegnungsort auch krimineller Kräfte der aufeinanderprallenden Welten geworden war.

Neue Aufgaben für die Wiener Polizei, die wenig Vergleichbares in der Geschichte hatten.

1997

Frauen auf „Vorfahrt"

Frauen in der Wiener Polizei – ein Thema, das sich fast seit der Jahrhundertwende wie ein roter Faden durch dieses Buch zieht – hatten in diesen Jahren eine neue, bis dahin nur Männern vorbehaltene Bastion erobert. Sie waren nun auch – nachdem zwei junge Beamtinnen den entsprechenden Grundausbildungslehrgang bravourös bestanden hatten, in die motorisierte Verkehrsabteilung, kurz MOT genannt, aufgenommen worden. Ein wichtiger Schritt in die richtige Richtung – wie sich bald herausstellen sollte.

Das Feuergefecht mit dem „Autodieb"

Ein vermeintlicher „einfacher Autodieb" konnte sich in einer Februarnacht des Jahres 1997 so lange dem polizeilichen Zugriff entziehen, bis er sich auf dem einsamen Parkplatz vor dem Donauturm von der Besatzung eines ihn verfolgenden Funkstreifenwagens umstellt sah.

Jetzt reagierte er – für den angenommenen Tatbestand – ungewöhnlich. Er griff zu einer Waffe und lieferte den überraschten Streifenbeamten ein wildes Feuergefecht.

Erst der inzwischen eingetroffenen polizeilichen Verstärkung gelang es, den angegriffenen Kollegen Feuerschutz zu geben, wobei der Täter tödlich getroffen wurde. Wie durch ein Wunder überlebte ein angeschossener Polizeibeamter den Angriff des Mannes.

Der Täter war, wie sich später herausstellte, nicht nur ein „harmloser" Autodieb gewesen, sondern ein seit geraumer Zeit gesuchter Bankräuber.

Ein Fall, der auch den Platz vor dem Wiener Donauturm zu einem Tatort der Wiener Kriminalgeschichte werden ließ.

„Hilfreich sey die Polizey" – auch 1998

Seit 1869, der Gründung der Wiener Sicherheitswache, war, der Zeit entsprechend und in unterschiedlicher Form, immer mehr auf die „Bürgerfreundlichkeit" der Polizei Wert gelegt worden. So waren auch die Slogans wie „Die Polizei, dein Freund und Helfer" oder nur „Sicherheit und Hilfe" zu verstehen.

Das Projekt der Kontaktbeamten, z. B. für Jugendliche, wurde in diesem Buch ja bereits mehrmals vorgestellt.

Angesichts der Veränderung der Gesellschaft und der Altersstruktur der Bevölkerung wurde nun 1998 ein spezielles Kontaktbeamtenprojekt ins Leben gerufen, das sich vorrangig älteren Menschen widmen sollte. Gerade dieser Personenkreis konnte nicht immer mit den Anforderungen des modernen Lebens Schritt halten und bedurfte, wie man erkannt hatte, in besonderem Maße der „Sicherheit und Hilfe". Auch waren ältere Personen in zunehmendem Maße Trickbetrügern und anderen kriminellen Elementen ausgesetzt, sodass die neuen „Senioren-Vertrauensbeamten" ein reiches Betätigungsfeld vorfanden.

Man folgte damit einer Parole, die bereits im 17. Jahrhundert ausgegeben worden war und – wie man sieht – immer noch Gültigkeit hatte: „Hilfreich sey die Polizey".

1999–2002

FRANZ SCHNABL
GENERALINSPEKTOR
1999–2002

Mit jugendlicher Dynamik, einer Vielzahl neuer Ideen und großer persönlicher Einsatzfreude übernahm am 1. Februar 1999 Franz Schnabl das Amt des Generalinspektors der Wiener Sicherheitswache, mit deren Leitung er bereits seit 1. Jänner betraut war. Gleichzeitig wurde dem bisherigen Brigadier der Dienstrang eines Polizeigenerals verliehen.

Mit General Franz Schnabl rückte ein Mann in die vorderste Führungsschicht der Wiener Polizei, der bereits der Nachkriegsgeneration angehört. Er wurde am 14. Dezember 1958 in Neunkirchen geboren und besuchte die Mittelschule in Niederösterreich, wo er auch die Matura ablegte.

1977 trat Schnabl als provisorischer Wachmann in die Bundespolizeidirektion Wien ein und absolvierte die polizeiliche Grundausbildung. Nach Jahren im Rayonsdienst wurde er 1981 als Lehrgangslehrer in die Polizeischule berufen. Zielstrebig begann Franz Schnabl die Offiziersausbildung und absolvierte diese äußerst erfolgreich in den Jahren 1984–85 an der Sicherheitsakademie in Mödling. Der damalige Generalinspektor Dr. Bögl wurde auf den jungen ambitionierten Oberleutnant bald aufmerksam und betraute ihn 1986 mit der Leitung der GI-Adjutantur. 1993 bereits Leiter des GI-Referates 1, wurde Schnabl 1995 zum Brigadier ernannt. Im selben Jahr erfolgte auch seine Kommandierung im Rahmen des UN-Polizeieinsatzes nach Bosnien, wo er als hochrangiger Polizeioffizier die Umsetzung der „Petersburger Beschlüsse" zu überwachen hatte.

Nach seiner Bestellung zum Generalinspektor begann Schnabl mit Elan, einen modernen Geist und unkonventionelle Ideen im Rahmen seiner Tätigkeit umzusetzen, wenngleich in diesen Jahren ungeahnte Turbulenzen auf den Straßen Wiens viel Energie von Mannschaft und Führungskräften beanspruchten. Im Zuge der Polizeireform entließ Innenminister Strasser den Generalinspektor, der zwar gegen seine Abberufung Einspruch erhob, dann aber anstelle einer vorgesehenen zweitrangigen Verwendung bei der Polizei in die Privatwirtschaft wechselte. Franz Schnabl übt seit 2004 auch die Funktion eines Präsidenten des „Arbeiter-Samariter-Bundes" aus.

2000

Das Jahr 2000 war reich an polizeilichen Turbulenzen, sowohl was die Aufrechterhaltung der Ordnung in der Stadt betraf als auch durch die sich intern abzeichnenden Veränderungen und Reformen.

So kam es nach der Nationalratswahl 1999 am 4. Februar 2000 zur Bildung und Angelobung der neuen schwarz-blauen Regierung, ein Ereignis, das von schweren Demonstrationen begleitet war.

Ab diesem Zeitpunkt waren auch immer die „Donnerstagsdemonstrationen" in der Innenstadt, die sich ebenfalls gegen die Regierung richteten, Anlass zu erhöhter polizeilicher Präsenz. Dazu kam auch die in diesem Jahr wieder besonders gewalttätige „Opernball-Demonstration". Auch die Installierung des „Menschenrechtsbeirates" fällt in dieses Jahr und soll Erwähnung finden.

Auch der Wechsel im Innenressort mit den bevorstehenden personellen Veränderungen innerhalb der Polizei blieb im behördlichen Alltag nicht unbemerkt.

Bundespolizeidirektion Wien

POLIZEIPRÄSIDENT und SICHERHEITSDIREKTOR VON WIEN
Dr. Peter Stiedl

Sekretariat des Polizeipräsidenten
Oberrat Mag. Christian Felix

POLIZEIVIZEPRÄSIDENT
Hofrat Dr. Günther Marek

PRÄSIDIALABTEILUNG Leiter: Hofrat Dr. Leo Lauber

Büro für Organisation, Rechtsfragen und Fachaufsicht	Personalbüro	Informationsdienst	Pressestelle	Büro für EDV-Angelegenheiten	Polizeichefarzt	Büro fü ökonomis Angelege heiten
Vorstand: Hofrat Dr. Werner Trawnicek	Vorstand: Hofrat Dr. Martin Mühlgassner	Vorstand: Oberrat Dr. Gerhard Schwabl	Vorstand: Oberrat Dr. Gerhard Schwabl	Vorstand: Oberrat Dr. Gerhard Niesner	Vorstand: Hofrat Dr. med. Reinhard Fous	Vorstand Hofrat Dr. Rudolf Mü

Leiter der Abteilung für Staats-, Personen- und Objektschutz
ABTEILUNG I
Leiter: Hofrat Mag. Ewald Bachinger

Büro für Staatsschutz
Vorstand: Hofrat Mag. Gert Zander

Büro für Personen- und Objektschutz
Vorstand: Hofrat Dr. Walter Zehetmayr

Kriminalpolizeiliche Abteilung
ABTEILUNG II
Leiter: Hofrat Dr. Walter Schubert

Sicherheitsbüro
Vorstand: Hofrat Mag. Maximilian Edelbacher

Wirtschaftspolizei
Vorstand: Oberrat Mag. Roland Horngacher

Büro für Erkennungsdienst, Kriminaltechnik und Fahndung
Vorstand: Hofrat Mag. Felix Schödl

Strafregisteramt
Vorstand: Regierungsrat Ernst Schrammel

Polizeiabteilung bei der Staatsanwaltschaft Wien mit Expositur beim Jugendgerichtshof Wien
Vorstand: Amtsdirektor Stefan Gratzer

Kriminalpolizeilicher Beratungsdienst und Jugendpolizei
Vorstand: Hofrat Mag. Dr. Peter Jedelsky

Verwaltungspolizeiliche Abteilung
ABTEILUNG III
Leiter: Hofrat Dr. Rudolf Spanblöchl

Verkehrsamt
Vorstand: Hofrat Dr. Peter Bayjones

Administrationsbüro
Vorstand: Hofrat Dr. Gerhard Janda

Zentralmeldeamt
Vorstand: Amtsdirektor Helga Leister

Fundamt
Vorstand: Amtsdirektorin Susanne Köber

Leistungsfeststellungskommission
Vorsitzender: Hofrat Dr. Rudolf Spanblöchl

GENERALINSPEKTORAT DER WIENER SICHERHEITSWACHE
Leiter: General Franz Schnabl

SW-Sonderabteilungen

SW-Abteilungen bei den Bezirkspolizeikommissariaten 1–23

Das letzte Jahr der „alten Zeit"

2001

2001, das Jahr vor den großen Veränderungen, zeigt die polizeilichen Strukturen noch in ähnlicher Form, wie sie in den Jahren nach dem 1. Weltkrieg noch unter Polizeipräsident Schober geschaffen wurden. In den kommenden Jahren sollte sich diese Organisationsstruktur gründlich ändern. Das Jahr 2001 war aber auch wieder ein Jahr voller dramatischer Ereignisse. So waren die Opernball-Demonstrationen von besonderer Gewalttätigkeit begleitet, der russische Staatspräsident Putin besuchte Wien und die traditionsreichen Sofiensäle wurden ein Raub der Flammen. Die Alarmabteilung der Wiener Polizei erhielt in diesem Jahr eine neue Organisation – gleichsam ein Vorspiel zu den anderen großen Veränderungen in der österreichischen Exekutive.

:hhaltung
orstand:
tsdirektor
ert Wessely

Präsidial-kanzlei
Vorstand: Fachoberinspektor Wolfgang Wagner

Amts-bibliothek
Vorstand: Amtsdirektor Bruno Splichal

Amts-druckerei
Vorstand: Amtsdirektor Adolf Pürstl

Polizei-gefangenenhaus
Kommandant Major Josef Zinsberger

Abteilung für sonstige Sicherheitsverwaltung
ABTEILUNG IV
Leiter: Hofrat Dr. Willfried Kovarnik

Fremdenpolizeiliches Büro
Vorstand: Oberrat Dr. Stefan Stortecky

Büro für Vereins-, Versammlungs- und Medienrechtsangelegenheiten
Vorstand: Hofrat Mag. Helmut Scherhak

Passamt
Vorstand: Regierungsrat Wilhelm Leiblich

Kommissariatsabteilung
ABTEILUNG V
Leiter: Hofrat Dr. Franz Mikuskovics

Strafamt und Revisionsbüro für Polizeistrafsachen

Bezirkspolizeikommissariate 1–23
Bezirksleiter

Innere Stadt	Hofrat Mag. Dr. Herbert Grolig
Leopoldstadt	Hofrat Mag. Günter Liberda
Landstraße	Hofrat Dr. Wolfgang Zapf
Wieden	Hofrat Mag. Dr. Peter Drlik
Margareten	
Mariahilf	Hofrat Mag. Gebhard Göttlicher
Neubau	Hofrat Mag. Alfred Hoffmann
Josefstadt	Hofrat Mag. Dr. Roland König
Alsergrund	Hofrat Mag. Franz Grünbeck
Favoriten	Hofrat Ing. Mag. Dr. Ludwig Berghammer
Simmering	
Meidling	Hofrat Mag. Rupert Mayer
Hietzing	Hofrat Mag. Günter Bruckner
Penzing	
Schmelz	Hofrat Mag. Gustav Kamen
Ottakring	Hofrat Mag. Johann Schabenböck
Hernals	Oberrat Mag. Leopold Kraft
Währing	Hofrat Dr. Josef Siska
Döbling	Hofrat Dr. Manfred Nowak
Brigittenau	Hofrat Dr. Peter Pinessi
Floridsdorf	Hofrat Ing. Mag. Dr. Christof Hetzmannseder
Donaustadt	Hofrat Mag. Dr. Karl Hofmann
Liesing	Hofrat Mag. Otto Fussek

KRIMINALBEAMTENINSPEKTORAT
Leiter: Oberrat Dr. Michael Lepuschitz

Krb-Abteilungen und Krb-Gruppen bei den Zentralstellen

Krb-Abteilungen bei den Bezirkspolizeikommissariaten 1–23

Büro der Sicherheitsdirektion
Leiter: Hofrat Dr. Manfred Luczensky

2002 Die großen Reformen

Die Polizei in Veränderung

Die große Polizeireform der frühen 1920er Jahre unter Johann Schober hatte die Absicht gehabt, das österreichische Sicherheitswesen den neuen staatlichen Verhältnissen anzupassen. Die Landwehr, der bis dahin die Gendarmerie unterstellt war, existierte nicht mehr, aus den vielen Kronländern waren acht bzw. dann neun Bundesländer geworden und man versuchte voll gegenseitigen Misstrauens, den politischen Einfluss auf die Exekutive durch gleichmäßige Aufteilung der Zuständigkeiten zwischen Bund und Ländern auszugleichen. Diese Reform galt als Antwort auf die neue Situation.

Auch die Reform des Jahres 2002 war als Antwort auf unsere Zeit zu verstehen. Die Anforderungen unserer Tage und völlig veränderte Verhältnisse konnten auch an den polizeilichen Organisationen nicht spurlos vorübergehen.

Die Wiener Polizeireform 2002 war eine im Wirkungsbereich der Bundespolizeidirektion Wien zu Beginn des Jahres durchgeführte Reform der Wachkörper und der Sicherheitsverwaltung. Hauptmerkmal war die Verringerung der Kommissariate und wachkörperlichen Führungsdienststellen. Gab es zuvor in jedem der 23 Wiener Gemeindebezirke ein Bezirkspolizeikommissariat, eine Sicherheitswachebezirksabteilung sowie eine Kriminalabteilung, wurden diese auf jeweils 14 Polizeikommissariate und Sicherheitswachebereichsabteilungen und fünf Kriminalkommissariate zusammengelegt. Die Wachzimmerstruktur wurde dadurch gestärkt und die Wachzimmer wurden zu Serviceeinrichtungen für die Bürger, etwa in den Bereichen Kriminalprävention, Gewalt in der Familie, Jugend- oder Seniorenbetreuung.

Die Aufteilung der Gemeindebezirke erfolgte anhand des Arbeitsanfalls, der Bevölkerungszahl und der Fläche.

Der Kriminaldienst wurde von den Polizeikommissariaten gelöst. Es gibt nun ein Kriminalamt mit drei Direktionen, von denen die erste das ehemalige Sicherheitsbüro, die zweite fünf Kriminalkommissariate und die dritte die Assistenzdienste umfasst.

Die Ziele: „Massendelikte" wie Einbrüche oder Taschendiebstähle gezielt zu bekämpfen und schwere Straftaten durch kriminalpolizeiliche Spezialisierung gezielter in Angriff zu nehmen. Außerdem wurde darauf geachtet, die Kräfte zu konzentrieren, um ausgewogene Tag- und Nachtdienstpräsenz zu erreichen.

Das Pass- und Meldewesen übersiedelt

2002

Mit 1. März 2002 übernahm die Stadt Wien das Meldewesen von der Bundespolizei, das in die Magistratischen Bezirksämter übersiedelte. Ab diesem Datum war in Wien der Magistrat, nicht mehr die Polizei Meldebehörde und damit für Anmeldungen, Ummeldungen, Abmeldungen bei Wohnsitzänderungen – rund 450.000 Meldevorgänge werden jährlich in Wien registriert – zuständig. Dieser Amtsweg konnte jetzt nicht mehr nur im Wohnbezirk, sondern in jedem der 19 Magistratischen Bezirksämter erledigt werden. Gleichzeitig hatte auch der Meldezettel in seiner bisherigen Form ausgedient. Die ordnungsgemäße Anmeldung wurde nun mit einem Ausdruck aus dem Zentralen Melderegister (ZMR) bestätigt. Neu war auch die ZMR-Zahl, die nun jeder Bürger, jede Bürgerin erhielt. Sie ist gespeichert und begleitet einen ein Leben lang.

Die 117 Mitarbeiterinnen und Mitarbeiter, die bis dahin in den Meldeämtern bzw. im Zentralmeldeamt beschäftigt waren, konnten im Zuge der Reform der Bundespolizeidirektion Wien in anderen Arbeitsbereichen eingesetzt werden.

Mit 1. Februar 2003 folgte dann auch die Übertragung des Fund- und Passwesens auf die magistratischen Bezirksämter der Stadt Wien. Das Passamt der Polizeidirektion Wien, Innere Stadt, Postgasse 9, wurde aufgelöst.

2002

100 Jahre im Einsatz – die Diensthunde der Polizei

1902 begann man, Hunde in den Dienst der Wiener Polizei zu stellen. 1911 standen bereits 16 Diensthunde im Einsatz, eine Zahl, die sich bis in die unmittelbare Nachkriegszeit auf 24 erhöhte. Nachdem 1922 18 Hunde dem staatlichen Sparstift geopfert werden mussten, konnte erst 1925 wieder mit dem Neuaufbau des Polizeihundewesens in Wien begonnen werden.

Hatte schon 1910 der Hundeeinsatz bei der Aufklärung des Mordfalls Bartunek zu großer Aufmerksamkeit geführt, war es in den frühen Dreißigerjahren der legendäre Schäferhund „Dajan", der dank seines Einsatzes bei der Aufklärung spektakulärer Kriminalfälle geradezu ein „Medienstar" wurde.

Der Krieg forderte auch unter den Hundeführern und ihren Schützlingen viele Opfer und so bildete nur eine geringe Zahl ausgebildeter Hunde zu Kriegsende die Grundlage für den Wiederaufbau der Diensthundeabteilung.

Der Diensthunde-Abrichteplatz in Kagran bildete in der Besatzungszeit immer wieder einen begehrten Zielpunkt westlicher Militärdelegationen – ein Zeichen der großen Anerkennung für das Wiener Diensthundewesen in den Jahren nach dem Zweiten Weltkrieg. Die folgenden Jahre brachten eine stetige Weiterentwicklung des Hundewesens und der Einsatzbereiche der vierbeinigen polizeilichen Helfer. Auch die Ausbildung von Suchtmittel-, Leichen- oder Sprengstoffmittelspürhunden in den jüngsten Jahren war eine Antwort auf die Anforderungen der neuen Verhältnisse und zeigt, wie vielfältig die Einsatzmöglichkeiten der Polizeidiensthundeeinheit in unserer Zeit sind.

Die verhinderte Gewalt

2002

Ein deutscher Industrieller hatte eine Fotoausstellung initiiert, in der „Verbrechen der Deutschen Wehrmacht" während des Zweiten Weltkrieges dokumentiert werden sollten. Nachdem die Ausstellung bereits in einigen deutschen Städten, meist begleitet von Pro- und Kontra-Demonstrationen, gezeigt worden war, wurde sie im Frühling 2002 im Wiener Semper-Depot präsentiert. Die Eröffnung am 13. April wurde von massiven Demonstrationen begleitet, die sogar den Einsatz von Wasserwerfern erforderten.

Auch am 8. Mai, als auf dem Heldenplatz anlässlich des Jahrestags des Kriegsendes ein Totengedenken für die Gefallenen des Ersten und Zweiten Weltkrieges stattfand, kam es zu schweren Gegendemonstrationen. Im größten Polizeieinsatz der Zweiten Republik – es mussten 2.300 uniformierte Polizisten aufgeboten werden – gelang es, die gewaltbereiten Demonstranten von der Trauerkundgebung fernzuhalten und damit größere Personenschäden zu verhindern.

Die polizeiliche Planung und Strategie hatte sich als erfolgreich erwiesen, das befürchtete Chaos war dank der hervorragenden Polizeiarbeit ausgeblieben.

2003

MAG. DR. MICHAELA PFEIFENBERGER (KARDEIS) POLIZEIVIZEPRÄSIDENTIN AB 2003

Michaela Pfeifenberger, verehelichte Kardeis, wurde 1972 in Salzburg geboren und besuchte dort auch die Schule. Ab 1990 studierte sie an der Universität Salzburg Rechtswissenschaften und promovierte 1996 zum Dr. juris, bereits 1995 hatte sie das Diplomstudium in Jus abgeschlossen. Dr. Michaela Pfeifenberger trat nach Abschluss ihres Studiums in den Dienst des Landes Salzburg, wo sie im Büro für Frauenfragen und Gleichbehandlung tätig war. Wenig später trat sie in der Bezirkshauptmannschaft Salzburg-Umgebung eine Funktion im Gewerbe- und Baurechtsamt an, von wo sie in die Präsidialabteilung der Salzburger Landesregierung wechselte. Im April 2000 wurde die junge und engagierte Juristin vom neuen Innenminister in das Kabinett berufen, um bereits 2001 Polizeidirektorin in Schwechat zu werden. 2002 wurde Dr. Pfeifenberger vorläufig mit der vakanten Funktion der Leitung der Präsidialabteilung der Bundespolizeidirektion Wien betraut, um am 7. Jänner 2003 dieses Amt und darüber hinaus die aufgewertete Funktion des Polizeivizepräsidenten von Wien zu übernehmen. Mit 1. September 2012 lautet die offizielle Funktion der inzwischen verehelichten Vizepräsidentin Dr. Kardeis „Leiterin des Geschäftsbereiches B und Landespolizeivizepräsidentin in Wien".

2003

Ein ungewöhnlicher Kriminalfall beschäftigte 2003 nicht nur den Wiener Polizeiapparat, er bewegte auch Österreichs Kulturlandschaft: Die „Saliera" aus dem Kunsthistorischen Museum, eines der bedeutendsten Werke renaissancezeitlicher Goldschmiedekunst der ehemaligen kaiserlichen Sammlungen, war gestohlen worden. Bald wurde eruiert, dass der Täter über ein Baugerüst an der Fassade hochgestiegen war und das Fenster aufgebrochen hatte. Nach gewaltsamer Öffnung der Vitrine hatte er das Museum mit seiner Beute auf dem gleichen Weg wieder unbemerkt verlassen. Nachdem bei der UNIQA Versicherung eine Forderung des unbekannten Diebes über 10 Millionen Euro für die Saliera eingegangen war – bei Nichtbezahlung würde die Saliera eingeschmolzen werden, hatte der Mann gedroht –, verdichtete sich für die Kriminalisten das Bild des Täters. Im Zuge einer Hausdurchsuchung beim eruierten Tatverdächtigen konnten Hinweise auf eine geplante „Schnitzeljagd" gefunden werden. Der Täter führte daraufhin die Kriminalbeamten in einen Wald in der Nähe seines Zweitwohnsitzes in Niederösterreich, wo er die Saliera in einer Kiste vergraben hatte.

Ein Aufatmen ging nicht nur durch die Reihen der Wiener Polizei, sondern auch durch das kulturinteressierte Österreich – der Fall war gelöst, die Saliera gerettet.

Der Täter war voll geständig und zeigte sich bei der Einvernahme sehr kooperativ. Da er selbst in geordneten finanziellen Verhältnissen gelebt hatte, war das Motiv wohl hauptsächlich die „Freude am Abenteuer" gewesen. Er wurde zu einer unbedingten Haftstrafe von vier Jahren verurteilt.

2003–2005

ERNST HOLZINGER
GENERALINSPEKTOR 2003–2005

Ernst Holzinger, 1948 geboren, sollte der letzte Generalinspektor der Wiener Sicherheitswache werden. Der aus Oberösterreich stammende spätere Generalinspektor trat bereits 1968 als Provisorischer Gendarm in den Dienst des Landesgendarmeriekommandos Oberösterreich und wurde 1982 zum Oberleutnant ernannt. 1995 erfolgte die Bestellung des inzwischen avancierten Offiziers zum Leiter der Personalabteilung des LGK für Oberösterreich. Bereits 2001 wurde der im selben Jahr zum General ernannte Gendarmeriebeamte Leiter der Abteilung für Organisation und Wirtschaft im Innenministerium und stellvertretender Leiter der Gruppe II/B (Bundesgendarmerie) im Ministerium.

Mit 7. Jänner 2003 wurde General Holzinger vom damaligen Innenminister Strasser mit der Funktion des Generalinspektors der Wiener Sicherheitswache betraut. Bis zur Reform 2005 bekleidete Generalinspektor Ernst Holzinger dieses traditionsreiche Amt, das er gleichzeitig mit dem formalen Ende der Funktion eines Generalinspektors wieder verließ. Nach seiner nun folgenden Verwendung als Leiter des neu geschaffenen Landespolizeikommandos für Oberösterreich im Jahr 2006 erfolgte wenige Monate später seine erneute Berufung in das Innenministerium, von wo aus General Holzinger 2008 in den Ruhestand trat.

Kaum war die Polizeireform des Jahres 2002 richtig umgesetzt, wurde sie im Jahr 2005 ergänzt bzw. in wesentlichen Dingen erweitert. So wurde das Amt des „Generalinspektors der Wiener Sicherheitswache" (bis 1934 Zentralinspektor), das seit 1869 bestanden hatte, aufgelöst und das „Landespolizeikommando Wien" geschaffen. Auch das äußere Bild der Polizeiuniformen erfuhr eine wesentliche Veränderung. Die traditionsreiche schwarze bzw. grüne Uniform wich nach europäischem Muster der blauen Farbe, so wie auch die historische Polizeifarbe Grün, ehemals Waffenfarbe der k. k. Militärpolizeiwache, durch Blau ersetzt wurde. Die Tellerkappe, nach dem „Anschlusswunsch" der Republik Deutschösterreich nach 1918 nach preußischem Vorbild eingeführt, wurde etwas verändert, aber beibehalten. Andererseits wurde der Uniformkragen an altösterreichische Traditionen angelehnt. Ebenso die „Lampassen", die breiten Streifen an den Uniformhosen, die in ähnlicher Form allerdings nur den Generälen der k. u. k. Armee vorbehalten waren.

Nicht unerwähnt soll bleiben, dass mit dieser Polizeireform auch die Zusammenlegung von Polizei und Gendarmerie verbunden war. Ein Umstand, der weniger für Wien, wo es ja auch bisher nur „Polizei" gegeben hatte, als vielmehr für die übrigen Bundesländer von großer sicherheitspolitischer Bedeutung war.

2004

Der letzte Weg des Staatsmannes Thomas Klestil

Am 10. Juli 2004 bewegte sich ein gewaltiger Trauerzug durch Wien – der amtierende österreichische Bundespräsident Dr. Thomas Klestil war verstorben und wurde vom offiziellen Österreich mit einem Staatsbegräbnis verabschiedet.

Dem anerkannten Staatsmann und Bundespräsidenten gab nicht nur das offizielle Österreich die letzte Ehre, auch hochrangigste Vertreter aus aller Welt nahmen an der Trauerfeier teil.

Dieses wohl größte Staatsbegräbnis der Zweiten Republik stellte natürlich auch für die Wiener Polizei eine beachtliche sicherheitspolizeiliche Aufgabe dar, da sich die hochrangigen Trauergäste im langsamen Trauerzug in nur geringer Entfernung von den trauernden Menschenmassen bewegten. Der große polizeiliche Einsatz war jedoch erfolgreich und es kam zu keinerlei Zwischenfällen.

Am polizeilichen Ordnungsdienst nahmen auch erstmals „neue" Polizeibeamte teil, die bis dahin eine andere Uniform getragen hatten, waren doch im selben Jahr 930 Zollwachebeamte aus dem Finanzressort geschieden und in den Polizeidienst übernommen worden. Eine durch den Wegfall vieler Grenzkontrollen bedingte und die Exekutive unterstützende Maßnahme, die im selben Jahr durch die Neuaufnahme von 760 Polizeischülern im ganzen Land noch eine weitere Ergänzung erfuhr.

Doppelmord in Wien-Landstraße

2004

Am 16. Juni 2004 verständigten Mieter eines Wohnhauses in der Messenhausergasse die Polizei, da sie in einer benachbarten Wohnung ungewöhnliche Geräusche gehört hatten.

In der fraglichen Wohnung fanden Polizeibeamte zwei Leichen. Es handelte sich um den 75-jährigen Wohnungsinhaber und seine Mitbewohnerin, eine 22-jährige slowakische Studentin, die offensichtlich durch Einwirkung stumpfer Gewalt ums Leben gekommen waren. Die durchwühlten Möbel am Tatort ließen Raubmord vermuten.

In den folgenden umfangreichen polizeilichen Ermittlungen gelang es den Beamten der Kriminaldirektion 1, festzustellen, dass zur fraglichen Zeit ein Auto mit slowakischem Kennzeichen in der Nähe des Tatortes aufgefallen war, in dem vier Personen – zwei Männer und zwei Frauen – gesessen waren.

Bereits wenig später konnten in der Slowakei zwei und in Tschechien weitere zwei Tatverdächtige festgenommen werden.

Die Auslieferung der beiden tschechischen Beschuldigten erfolgte problemlos, die Slowakei hatte bis dahin jedoch bei slowakischen Staatsbürgern nie einem Auslieferungsantrag stattgegeben und diese Fälle selbst im eigenen Land verhandelt.

In diesem Fall wurde die Regel jedoch durchbrochen und die beiden slowakischen Tatverdächtigen wurden an Österreich ausgeliefert, sodass der Prozess gegen das mörderische Quartett gemeinsam in Wien stattfinden konnte.

Die rasche Aufklärung des Doppelmordes in der Messenhausergasse stellt der Wiener Kriminalpolizei ein blendendes Zeugnis aus. Die „große Zeit der Wiener Kriminalistik" ist also offenbar noch lange nicht zu Ende.

2005

MAG. ROLAND HORNGACHER
LANDESPOLIZEIKOMMANDANT 2005-2007 (2008)

Roland Horngacher, 1960 geboren, hatte 1984 sein Jusstudium abgeschlossen und trat 1986 nach seinem Gerichtsjahr in den Dienst der Bundespolizeidirektion Wien, wo er bis 1989 als Referent im Kommissariat Ottakring tätig war. Mit Jahresbeginn 1990 wechselte er zur Wirtschaftspolizei, zuerst als Referent und später bis 2002 als Vorstand. 2002 wurde Mag. Horngacher Leiter des durch die Reform neu geschaffenen Landeskriminalamtes Wien, wo er für Schwerkriminalitätsbekämpfung zuständig war.

Im Sommer 2005 erfolgte die Ernennung des Juristen zum ersten „Landespolizeikommandanten von Wien" mit dem Amtstitel „General", eine durch die Reform 2005 geschaffene neue Funktion. Am 12. Februar 2007 wurde Mag. Horngacher wegen schwerer Verfehlungen vom Dienst suspendiert. Nach einem folgenden Gerichtsverfahren endete im Juli 2008 sein Dienst bei der Bundespolizeidirektion Wien.

2006, im Jahr der österreichischen EU-Ratspräsidentschaft und wichtiger politischer Ereignisse, wie des Besuchs des amerikanischen Präsidenten Bush in Wien, wurde in Wien das TETRON Digitalfunk-Netz, kurz der TETRA-Funk, eingeführt.

Diese Vernetzung wurde in einer APA-Aussendung damals folgendermaßen beschrieben:

Wien funkt mit TETRON Digitalfunk

Rechtzeitig mit der österreichischen EU-Ratspräsidentschaft ging am 10. Jänner 2006 das Wiener Digitalfunknetz in Betrieb. Bundesministerin Liese Prokop stellte das Digitalfunkprojekt für Wien der Öffentlichkeit im Rahmen einer Pressekonferenz vor.

Das gesamte oberirdische Wiener Funknetz wird von 24 Funkstandorten abgedeckt. Die Versorgung der Wiener U-Bahn wird mit 57 in Betrieb befindlichen unterirdischen Funkstandorten sichergestellt. In Zusammenarbeit mit der ASFINAG werden zudem der Kaisermühlentunnel und die Tunnel Stadlau und Hirschstetten vom digitalen Funknetz perfekt abgedeckt.

Wien hat sich neben Tirol, Niederösterreich und der Steiermark für „TETRON Digitalfunk" entschieden. Das für ganz Österreich geplante Funknetz für alle Behörden und Organisationen mit Sicherheitsaufgaben (BOS) basiert auf dem leistungsstarken TETRA-Standard.

An das neue Netz waren neben der Wiener Polizei auch die Wiener Berufsfeuerwehr, der Krankenanstaltenverbund, einige technische Magistratsabteilungen, das Rote Kreuz, der Samariterbund, die Johanniter und der Malteser-Hospitaldienst angeschlossen.

Über diese wichtige technische Neuerung und die Vernetzung der Organisationen hinaus war das Jahr 2006 voll von polizeirelevanten Ereignissen, die sich, wie schon erwähnt, mit der Ratspräsidentschaft oder dem Besuch des amerikanischen Präsidenten ergaben und reibungslos abgewickelt werden konnten. Aber auch ein scheinbar skurriles Ereignis wie das Stoppen eines „Geisterschiffes" durch den Donaudienst führte zur Verhinderung einer Katastrophe und soll erwähnt werden.

2006

Das Gesicht der neuen Polizei

Die Vielfalt polizeilicher Tätigkeiten spiegelt sich in diesen Bildern, ein Team von Spezialisten bildet das Gesicht der neuen Polizei.

KARL MAHRER LANDESPOLIZEIKOMMANDANT 2009–2012 LANDESPOLIZEIVIZEPRÄSIDENT AB 1. 9. 2012

Karl Mahrer, 1955 geboren, absolvierte in den Jahren 1974–1975 die Grundausbildung bei der Wiener Polizei, ist also im wahrsten Sinn des Wortes ein „gelernter Polizist".

Als eingeteilter Beamter versah er in den Jahren 1977–1981 Dienst in der Sicherheitswacheabteilung Ottakring, absolvierte die Ausbildung zum dienstführenden Beamten und kehrte als Wachkommandant nach Ottakring zurück. In den Jahren 1982–84 belegte Karl Mahrer den Kurs für leitende Beamte und war in der Folge in dieser Funktion innerhalb der Sicherheitswache in mehreren Bezirken tätig.

1987 wurde der junge Polizeioffizier in das damalige Generalinspektorat berufen und übte dort bis 1989 die Funktion des Leiters der Informationsstelle aus, 1989–91 leitete er im GI das Referat 1a.

In den Jahren von 1991 bis 2000 war Karl Mahrer Kommandant der Sicherheitswacheabteilung Hietzing und bis 2002 – wieder in das GI berufen – übte er dort die Leitung des RG III aus. Bereits 2002 Stellvertreter des Generalinspektors, war Mahrer nach 2005 auch Stellvertreter des Landespolizeikommandanten.

Im August 2006 wurde der Polizeioffizier mit der geschäftsführenden Leitung des Landespolizeikommandos betraut und mit 1. Jänner 2008 „vorläufig betrauter Landespolizeikommandant von Wien".

Die definitive Ernennung Karl Mahrers zum Landespolizeikommandanten erfolgte mit 24. Jänner 2009. Ab der Polizeireform vom 1. September 2012 ist General Mahrer „Landespolizeivizepräsident in Wien".

2007

Geiselnahme in Mariahilf

Stellvertretend für viele ähnliche Amtshandlungen soll das Bild eines polizeilichen Zugriffs wiedergegeben werden, dem dramatische Ereignisse vorangegangen waren.

Am 27. 2. 2007 um 11.07 Uhr wurde der Leiter der VG Wien verständigt, dass in einer Bank in der Mariahilfer Straße der Verdacht einer Geiselnahme nach einem Banküberfall bestehe. Nach dem Eintreffen der polizeilichen Kräfte kam es zur ersten Kontaktaufnahme mit dem etwas verwirrten Geiselnehmer, man konnte davon ausgehen, dass sich sechs Personen in der Gewalt des Täters befanden. Der Mann stellte jedoch keine finanziellen Forderungen und begnügte sich vorerst mit der Bereitstellung von Fruchtsaftgetränken. In mehreren beruhigenden Gesprächen zwischen den Einsatzleitern und dem Geiselnehmer fand dieser sich bereit, eine Geisel nach der anderen freizulassen. Der Mann forderte immer wieder den Kontakt zu Angehörigen und ließ erkennen, dass er psychische Probleme hatte. Um 15 Uhr kündigte er an, dass es in 20 Minuten „Rambazamba“ geben würde, ohne dies jedoch genau erklären zu können. Auf Grund der weiteren intensiven und verständnisvollen Gespräche zwischen den Einsatzleitern und dem Täter entschloss sich dieser schließlich zur Aufgabe und verließ um 16 Uhr mit der letzten Geisel die Bankfiliale. Der polizeiliche Zugriff beendete die gefährliche Situation und einen dramatischen Tag in der Geschichte der Wiener Polizei.

Ein gemeinsamer Raum der Freiheit und Sicherheit

Der 21. Dezember 2007 ist ein historischer Tag: Die Grenzkontrollen zwischen Österreich, Ungarn, der Slowakei, Slowenien und Tschechien entfallen. Europa wächst zusammen und Reisen wird einfacher.

Gleichzeitig wird Europa aber auch sicherer. Österreichische Experten haben dazu beigetragen, an der neuen Schengen-Außengrenze hochmoderne Grenzsicherungen zu installieren. Das Schengener Informationssystem ermöglicht sekundenschnelle Fahndungen im gesamten Schengen-Raum.

Und – was das Wichtigste ist: Österreich bleibt wachsam. Der grenznahe Raum wird auch in Zukunft intensiv kontrolliert. Und zwar so lange und so genau, wie es die Sicherheitslage erfordert. Zudem entsteht ein „Operatives Netzwerk Mitteleuropa".

Damit wird gewährleistet, dass wir alle mehr Freiheit genießen können und zusätzlich bessere Chancen haben, internationale Kriminalität wirkungsvoll zu bekämpfen.

Günther Platter
Bundesminister für Inneres

Zu Jahresende 2007, mit dem Fallen vieler Grenzen nach dem Schengener Abkommen, treten wie vorgesehen die sicherheitspolizeilichen „Ausgleichsmaßnahmen" – kurz AGM genannt – in Kraft.

In einer offiziellen Stellungnahme des damaligen Innenministers wird dieser Umstand gewürdigt und erklärt, und dies soll hier vollinhaltlich wiedergegeben werden.

Ein großer Schritt zur europäischen Einheit war gesetzt – Österreich war gut darauf vorbereitet.

2008

DR. GERHARD PÜRSTL
AB 1. 1. 2008 POLIZEIPRÄSIDENT IN WIEN
AB 1. 9. 2012 LANDESPOLIZEIPRÄSIDENT IN WIEN

Gerhard Pürstl wurde 1962 in Wien geboren, wo er auch die Schule besuchte. Nach der Matura diente er beim Österreichischen Bundesheer als Einjährig-Freiwilliger und erreichte nach umfangreichen Führungsausbildungen und Truppenverwendungen den Rang eines Oberleutnants.

Das Studium der Rechtswissenschaften an der Wiener Universität beendete Dr. Pürstl bereits 1987, im Jahr 1988 trat der junge Jurist als rechtskundiger Beamter in den Dienst der Bundespolizeidirektion Wien.

In den Jahren bis 1990 versah er in verschiedenen Kommissariaten Dienst, um dann bis 1996 als Hauptreferent des Büros für Organisation, Rechtsfragen und Fachaufsicht in der BPDion Wien tätig zu sein.

1996 wurde Dr. Pürstl zum Vorstand-Stellvertreter dieser Dienststelle, um dann 2002 Hauptreferent des „Büros für Rechtsfragen und Datenschutz" zu werden, dessen Vorstand er 2003 definitiv wurde.

Mit 1. Jänner 2008 wurde Dr. Gerhard Pürstl als Nachfolger von Dr. Peter Stiedl Polizeipräsident in Wien, ab 1. September 2012 mit der neuen Bezeichnung „Landespolizeipräsident in Wien".

In den vergangenen Jahren war es immer mehr zur üblen Gewohnheit geworden, dass Anhänger von Fußballvereinen bei wichtigen Ausscheidungsspielen einander oft blutige Auseinandersetzungen und Randale liefern. Dies erfordert natürlich – da ja auch immer wieder unbeteiligte Zuseher oder Passanten gefährdet sind und öffentliche Einrichtungen zerstört werden – eine erhöhte Polizeipräsenz.

Die Fußball-Europameisterschaft (UEFA EURO 2008) fand 2008 unter anderem in Wien statt und stellte extreme Herausforderungen an die Exekutive. Einerseits galt es, gewaltbereite Fans bereits im Vorfeld am Zutritt zu den Veranstaltungen zu hindern bzw. ihnen eine Einreise nach Österreich unmöglich zu machen, andererseits war in den Ballungszentren – Stadien und „Fanmeile" in der Wiener Innenstadt – ein besonderer polizeilicher Einsatz erforderlich.

Die Veranstaltung verlief – nicht zuletzt auf Grund der perfekten polizeilichen Organisation – trotz hunderttausender Teilnehmer reibungslos. Eine besonders gut bestandene Bewährungsprobe der Wiener Polizei.

2009

Die „akademische" Polizei

Im Frühjahr 2006 wurde von der damaligen Innenministerin Liese Prokop die Idee von einem akademischen Ausbildungsstand für führende Polizeibeamte neu aufgegriffen, die es ja, in unterschiedlicher Form, bereits unter Johann Schober in den 1920er Jahren und dann im Jahr 1937 in Form der nur einjährigen „Polizeiakademie" gegeben hatte.

In der Grundsatzerklärung im Jahr 2006 wurde vermerkt: „Da das Bundesministerium für Inneres nicht als Träger des Studiums im Sinne des Fachhochschulgesetzes eingesetzt werden kann, hatte man die Fachhochschule Wiener Neustadt als Ausbildungsort gewonnen."

In weiterer Folge wurde betont, dass sich durch die Einrichtung der Ausbildung zum Polizeioffizier als Studium die österreichische Sicherheitsexekutive einerseits zu den international anerkannten und wissenschaftlichen Standards bekennen würde und andererseits eine Öffnung für Hörer als Grundlage nach außen ermöglicht sei.

Als die ersten vier Wiener Absolventen der Studiengruppe „Polizeiliche Führung" 2009 ihr Studium abgeschlossen hatten, präsentierte man sich stolz der Öffentlichkeit.

Die neue Pressestelle – Informationen aus erster Hand

Die korrekte und notwendigerweise auch rasche Information der Öffentlichkeit ist für die moderne Polizei in einem demokratischen Staat nicht nur eine Notwendigkeit, sondern auch eine Verpflichtung. Dem wurde Rechnung getragen, indem man im Februar 2009 die neue zentrale Pressestelle für die gesamte Wiener Polizei mit ihren rund 8.000 Bediensteten errichtete.

Hintergrund dafür waren die positiven Erfahrungen, die mit einer derartigen Dienststelle rund um die Euro 2008 gemacht wurden. Im Sinne einer professionellen, aktiven Medien- und Öffentlichkeitsarbeit hat sich dieser ambitionierte Schritt mehr als bewährt. Erstmalig wurden Informationen über polizeilich relevante Ereignisse im Einvernehmen mit allen Organisationseinheiten im Fokus nach innen und außen kommuniziert. In der neuen Pressestelle ist Teamarbeit der Grundsatz. Die einzelnen Pressesprecher sind Polizei-Profis aus Polizeiinspektionen, dem Landeskriminalamt und der Sicherheitsverwaltung und konnten durch nachhaltige Schulungsmaßnahmen und die inzwischen auch bereits geleistete Erfahrung ihre Professionalität in Sachen Medien- und Öffentlichkeitsarbeit eindrucksvoll unter Beweis stellen. Sie verbinden damit Expertenkenntnis in Polizeiarbeit mit dem notwendigen Wissen von Öffentlichkeitsarbeitern in besonders umfassender Form.

Die Mitarbeiterinnen und Mitarbeiter geben der Öffentlichkeitsarbeit der Wiener Polizei auch ein Gesicht zur jeweiligen Geschichte: Mit Professionalität, Engagement und Menschlichkeit leben sie den Slogan: Polizist zu sein ist mehr als ein Beruf.

2009

Demonstrationen beim Ball des Korporationsringes

Bei der Demonstration am 31. Jänner 2009, die gegen den Ball des Wiener Korporationsrings (WKR) – einer Vereinigung von „schlagenden" und „nichtschlagenden" Burschenschaften und Studentenverbindungen – angemeldet war, zogen rund 1.200 Teilnehmer vom Westbahnhof zum Ring.

Im Anschluss an die angemeldete Demonstration versuchten etwa 50 Chaoten und circa 150 Sympathisanten auf den Heldenplatz zu gelangen und einzelne Ballgäste zu bedrängen. Die Aufgabe, den Ballbesuchern einen ungehinderten und störungsfreien Zugang zum Veranstaltungsort zu ermöglichen, wurde mit großem Polizeiaufgebot erfüllt. Die Polizeisperren konnten nicht durchbrochen werden. Es gelang, die gewaltbereiten Chaoten am Vordringen zu den Ballgästen in der Hofburg zu hindern, die Störer über die Ringstraße zurückzudrängen. Mehrere Einsatzbeamte wurden leicht verletzt, 5 Personen wurden wegen schwerer Körperverletzung und Landfriedensbruch und 8 Personen wegen Körperverletzung und Widerstand gegen die Staatsgewalt verhaftet.

Der Wiener Polizei war es gelungen, für eine ruhige Ballnacht für die 2.200 Gäste in der Wiener Hofburg zu sorgen.

Frauen in der Wiener Polizei

Bereits seit 1906 war die Einstellung von Frauen in die Wiener Polizei ein immer wiederkehrendes Thema, das jedoch längere Zeit für die Verwirklichung brauchte. Im Polizeidienst finden sich Frauen zuerst zögerlich als Schreibkräfte im Zentralmeldeamt in der Berggasse, dann bei der Betreuung ausgesetzter Kinder und erst viel später in unterschiedlicher, meist untergeordneter Verwendung.

Im öffentlichen Dienst gab es „uniformierte Frauen" erst in den Jahren des Ersten Weltkrieges, z. B. als „Schaffnerinnen" bei den Wiener Verkehrsbetrieben. So ungewöhnlich, dass sich sogar Schlagertexter jener Zeit des Themas bemächtigten.

Auch im Zweiten Weltkrieg finden sich auf Grund des immer drückender werdenden Männermangels Frauen als Sanitätshelferinnen, Flakhelferinnen, Hortleiterinnen und sogar schon in Führungsfunktionen im damals kriegswichtigen „Reichsnährstand" – nicht jedoch in polizeilichen Dienststellen.

Erst der Zweiten Republik war es – bereits wieder in geordneten Verhältnissen – vorbehalten, den Polizeidienst langsam für Frauen zu öffnen. Zwar war das Experiment der „Politessen" nur von kurzer Dauer gewesen (in diesem Buch wird darüber berichtet), aber der Zug der Zeit machte auch vor Österreichs Polizei nicht halt. Seit 1. Februar 1991 gibt es gemischte Ausbildungsklassen.

Nach anfänglichen skeptischen Überlegungen sind heute Frauen mit einem Anteil von 16 Prozent im Polizeidienst auf allen Ebenen tätig. Von der Polizeivizepräsidentin bis zur einfachen Streifenbeamtin gehören heute Frauen zum Selbstverständnis der Polizei und gelten als zuverlässige und ungemein geschätzte Mitarbeiterinnen.

2010

Das erst vor wenigen Jahren über Initiative der Vereinigung „KURATORIUM SICHERES ÖSTERREICH" (KSÖ) geschaffene Denkmal für die in ihrer Dienstausübung ums Leben gekommenen Exekutivangehörigen auf dem Heldenplatz war und ist immer wieder Schauplatz würdiger Veranstaltungen und des ehrenvollen Gedenkens.

So auch, wie auf diesem Bild, als die damalige Innenministerin Dr. Maria Fekter einen Kranz im Gedenken an die „Opfer der Pflicht" an der eindrucksvollen Gedenkstätte niederlegte.

Staatsbesuche gehörten und gehören in Wien bereits seit der Monarchie zu den besonderen Herausforderungen der Polizei. Der reibungslose Ablauf von Gipfeltreffen und Staatsbesuchen war in Wien immer gewährleistet, es kam nie zu nennenswerten Zwischenfällen. Auch der Besuch des russischen Präsidenten – damals Ministerpräsidenten – Wladimir Putin im Jahr 2010 war dank der guten polizeilichen und protokollarischen Organisation störungsfrei verlaufen.

Einmal mehr wurden Sicherheit und Verlässlichkeit des Gastlandes Österreich unter Beweis gestellt.

Mordversuch an Polizeibeamten in Ottakring

2010

Polizeibeamte im Einsatz werden immer wieder Ziel von brutalen Attacken. Das Vorgehen der Täter gegen die Exekutive wird zunehmend aggressiver.

Als Beamte einer Funkstreifenbesatzung ein Auto in Ottakring routinemäßig anhalten wollen, spielen sich dramatische Szenen ab. Der Fahrer flüchtet aus dem Auto, ein Beamter nimmt sofort zu Fuß die Verfolgung auf. Im Zuge der Verfolgung eröffnet der Täter das Feuer aus einer Faustfeuerwaffe und trifft den Beamten zweimal. Der junge Polizist wird lebensgefährlich verletzt, nur eine Notoperation rettet ihm das Leben.

Situationen wie diese stellen sicher einen Extremfall dar. Aber es ist keine Seltenheit, dass auf Seite der Ermittler immer wieder Menschen in Ausübung ihrer Pflicht zu Opfern werden. So gibt die Statistik Auskunft über die Entwicklung auf diesem Gebiet.

Wir können entnehmen, dass es im Jahr 2009 61 schwerverletzte und 685 leichtverletzte Polizeiangehörige gab. Im Jahr 2010 steigerte sich die Zahl der schwerverletzten Polizisten auf 86, die der leichtverletzten betrug 604. Im Jahr 2011 kam es zu einer Steigerung der im Dienst Schwerverletzten auf 89, die Zahl der Leichtverletzten betrug in diesem Jahr 610 Personen.

Die Erkenntnis, die man aus den nüchternen Zahlen ziehen kann, ist, dass Kriminalität und Gewaltbereitschaft auch vor den Ermittelnden, den Polizeibeamten, oft nicht haltmachen.

2011

Aufnahmeoffensive – die „Neuen" kommen

Bis 2013 werden für Wien insgesamt 2.250 junge Menschen in den Polizeidienst aufgenommen. Der Wachkörper wird damit in kurzer Zeit extrem verjüngt. Das Landespolizeikommando setzt Maßnahmen, Masterplan 2250 genannt, um die jungen Beamten einzugliedern. In drei bis vier Jahren werden in den Wiener Polizeiinspektionen rund zwei Drittel der Beamten erst kurz aus ihrer Grundausbildung gekommen sein; sie werden zwischen 20 und 30 Jahre alt sein.

Diese Neuaufnahmen wurden zwischen der Bundesministerin für Inneres, Mag. Johanna Mikl-Leitner, und dem Wiener Bürgermeister Dr. Michael Häupl in der Sicherheitspartnerschaft vereinbart.

Die zweijährige Grundausbildung heute ist mit jener vor wenigen Jahren kaum vergleichbar. Den jungen Mitarbeiterinnen und Mitarbeitern werden soziale Kompetenzen vermittelt, etwa für den Umgang mit Kriminalitätsopfern. Sie lernen nicht nur graue Theorie, sondern üben das Erlernte auch in der Praxis in „Handlungstrainings". Ehe sie endgültig in die Praxis übernommen werden, absolvieren sie zwei Praxisphasen.

Werbefolder der Wiener Polizei für Nachwuchsbewerber mit Migrationshintergrund

Mag. Johanna Mikl-Leitner, BM für Inneres, Bürgermeister Dr. Michael Häupl, Polizeipräsident Dr. Gerhard Pürstl und Landespolizeikommandant General Karl Mahrer präsentieren die Sicherheitspartnerschaft, die zwischen dem Innenministerium und der Stadt Wien geschlossen wurde.

Repräsentanten aus dem ehemals geeinten gesamten Donauraum füllten am 16. Juli 2011 die Wiener Innenstadt. Ein gewaltiger Trauerzug bewegte sich vom Stephansdom bis zur Kapuzinerkirche am Neuen Markt, wo zwei Särge, flankiert von Offizieren des Bundesheeres, am Platz eintrafen. Dr. Otto Habsburg, noch als österreichischer Erzherzog 1912 geboren, ab 1916 Kronprinz des zweitgrößten europäischen Staates, nach 1918 Emigrant in vielen Ländern und in seinen hohen Jahren weltweit anerkannter Europapolitiker, war verstorben und wurde nach altem Zeremoniell gemeinsam mit seiner Gattin in der Kapuzinergruft beigesetzt.

Für die polizeilichen Kräfte war es eine große Aufgabe, den Ablauf der Trauerfeierlichkeiten in geordneter Form und die Sicherheit der unzähligen prominenten Trauergäste zu gewährleisten.

Die würdige und eindrucksvolle Verabschiedung verlief ohne Zwischenfälle, der letzte Repräsentan t des alten Österreich und Vorkämpfer für die neue europäische Einheit hatte seinen ewigen Frieden in seiner österreichischen Heimat gefunden.

2012

Spektakuläre Morde im Eissalon

Am 7. Juni 2011 wurden bei Bauarbeiten im Keller eines Hauses in Meidling Teile einer männlichen Leiche in einem Trog einbetoniert entdeckt. Am nächsten Tag fand man auch die Leichenteile eines zweiten Mannes, ebenfalls einbetoniert und in alten, abgestellten Kühlgeräten im Keller desselben Hauses. Die sofort einsetzenden kriminalpolizeilichen Ermittlungen ergaben bald, dass einer der Toten ein als abgängig gemeldeter Vertreter von Eismaschinen aus Oberösterreich war. Da sich im Haus ein Eissalon befand, war der Zusammenhang naheliegend, noch dazu, da man eine Beziehung der Betreiberin, einer jungen Frau aus Spanien, zu den beiden Mordopfern feststellte. Die Frau war jedoch nicht auffindbar. Da sich der Tatverdacht gegen die offenbar geflüchtete Eissalonbesitzerin verdichtete wurde ein internationaler Haftbefehl erlassen, der bald erfolgreich war. Ein Mann in Udine hatte sich bei der italienischen Polizei gemeldet, dass er der hilflos und weinend am Bahnhof stehenden Frau Unterschlupf in seiner Wohnung gewährt hatte. Die rasche Auslieferung der Verdächtigen nach Österreich erlaubte nun die genaue Klärung des in seiner Schrecklichkeit ungewöhnlichen Kriminalfalles. und die geständige Täterin wurde wegen zweifachen Mordes im November 2012 vor ein Wiener Geschworenengericht gestellt. Das Urteil lautete auf „lebenslange Haft und Einweisung in eine Anstalt für geistig abnorme Rechtsbrecher". Gegen das noch nicht rechtskräftige Urteil wurde von den Anwälten der Beschuldigten Berufung angemeldet.

Der Fundort der Leichenteile im Keller des Eissalons

Ein Kriminalfall, der durch perfekte Polizeiarbeit sehr schnell geklärt werden konnte und deutlich macht, dass – in Anknüpfung an die große Wiener Polizeitradition – die „Wiener Schule" der Kriminalistik auch heute noch zu Recht höchste Anerkennung findet.

Die alte k. u. k. Donauflottille, wie die Bezeichnung sagt, eine Einrichtung der alten gemeinsamen Armee, war mit dem Ende der Monarchie im wahrsten Sinne des Wortes untergegangen.

Durch genaue Grenzkontrollen zu den benachbarten Donauländern in der Zwischenkriegszeit und vor allem ab der unseligen Ära des Eisernen Vorhangs hatte die Kontrolle des Donaustroms als eines grenzüberschreitenden Verkehrsweges in der jungen Republik noch geringe sicherheitspolizeiliche Bedeutung. Erst ab dem Fall des Eisernen Vorhangs war der Strom plötzlich ein Verkehrsweg geworden, der besonderer polizeilicher Überprüfung bedurfte.

Immer wieder wurden, ursprünglich noch in der Schiffswerft Korneuburg nach der Freigabe durch die sowjetische USIA, Polizeiboote der Strompolizei oder des Donaudienstes vom Stapel gelassen und man versuchte, sich mit allen technischen Möglichkeiten den Gegebenheiten der Zeit anzupassen.

Auch im Jahr 2012 war es wieder so weit: Das neue „Einsatzfahrzeug zu Wasser", die „Wien", wurde vom Stapel gelassen – ein schöner und großer Tag im Polizeigeschehen dieses Jahres.

2012

Mord in Favoriten: Die Saat der Gewalt

Die Spurensicherung der Tatortgruppen trägt wesentlich zur Aufklärung der Morde bei.

„Ein 56-Jähriger ist in der Nacht auf Dienstag in Wien-Favoriten nach einem Brand tot in seiner Wohnung aufgefunden worden", war in Zeitungsberichten zu lesen. Dass es sich dabei nicht um einen Unfall handelte, war schnell klar. Der Frühpensionist wies Verletzungen im Kopf- und Halsbereich auf, dazu war ihm ein Teil des Beines abgetrennt worden. Ähnliche Versuche waren auch beim zweiten Bein unternommen worden. Wenige Stunden später fiel die verwirrte Ehefrau einem Autofahrer in Simmering auf. Sie wurde in ein Krankenhaus gebracht und dort von den Ermittlern unter Mordverdacht festgenommen.

So tragisch und beklemmend jeder einzelne Mordfall für sich ist, zeigt der Blick auf die Statistik erfreuliche Tendenzen. Die Zahl der Tötungsdelikte geht in Wien kontinuierlich zurück, auch im Jahr 2012. Die Aufklärungsquote ist einzigartig für eine Weltstadt wie Wien und beträgt 100 Prozent. Die Gründe für den Erfolg sehen Kriminalisten vor allem im Teamwork: „So eine Quote wäre ohne die Kollegen in den Außenstellen, bei den Tatortgruppen, der Gerichtsmedizin und der Staatsanwaltschaft nicht möglich. Dennoch wäre es uns am liebsten, wir hätten gar keine Morde zu klären."

Die neuen Landespolizeidirektionen ab Herbst 2012

Mit 1. September 2012 wurden die 8 Sicherheitsdirektionen, 14 Bundespolizeidirektionen und 9 Landespolizeikommanden aufgelöst und stattdessen eine Landespolizeidirektion (LPD) in jedem der neun Bundesländer eingerichtet. Jede Landespolizeidirektion wird von einer Landespolizeidirektorin oder einem Landespolizeidirektor geleitet, der bzw. dem je zwei Stellvertreter/Stellvertreterinnen zur Seite stehen. Die drei Spitzenführungskräfte treffen strategische und unternehmensrelevante Entscheidungen gemeinsam. Für die Bevölkerung wurden zudem in allen Landespolizeidirektionen Bürgerservicestellen eingerichtet.

Eine Schlüsselposition in den Landespolizeidirektionen nimmt das Büro Rechtsangelegenheiten ein. Es koordiniert und stellt rechtliche Angelegenheiten sicher, unterstützt außerdem die Führung und die Organisationseinheiten der LPD in rechtlichen Fragen und ist für Fragen des Datenschutzes verantwortlich.

Ziele der Reform 2012 waren neben der Abschaffung von Doppel- und Mehrgleisigkeiten mehr Effizienz, da es für jede Aufgabe nur mehr eine Organisationseinheit gibt, und eine Kostenersparnis durch die schlankere Struktur.

Bewährte Wege fortsetzen

„Näher am Bürger, schneller, schlanker, effizienter: Das gilt ab morgen für die Führungsstruktur der Bundespolizei und der Sicherheitsverwaltung in Österreich", sagte Innenministerin Mag.[a] Johanna Mikl-Leitner am 31. August 2012 in der Wiener Hofburg bei der Amtseinführung der Landespolizeidirektoren und ihrer Stellvertreter. Mit der Behördenreform wurden 8 Sicherheits-, 14 Bundespolizeidirektionen und 9 Landespolizeikommanden zu 9 Landespolizeidirektionen zusammengeführt. Wien war weniger betroffen von der Reform. Hier wurden die Bundespolizeidirektion und das Landespolizeikommando zu einer Landespolizeidirektion vereint.

An der Spitze der Landespolizeidirektion Wien steht der Landespolizeipräsident (Dr. Gerhard Pürstl). Daneben gibt es zwei Vizepräsidenten, von denen einer (Karl Mahrer, B. A.) den Geschäftsbereich A (Strategie und Einsatz) leitet und die andere (Dr. Michaela Kardeis) Leiterin des Geschäftsbereichs B (Verfahren und Support) ist.

Nach wie vor ist jede Landespolizeidirektion eine „monokratische Behörde" – das heißt, der Landespolizeidirektor, in Wien der Landespolizeipräsident, zeichnet für Entscheidungen verantwortlich. Gemeinsam treffen die drei Spitzenführungskräfte Entscheidungen von weitreichender strategischer oder unternehmerischer Bedeutung, etwa die jährlichen strategischen Ausrichtungen der Landespolizeidirektion.

Mit der Behördenreform wurde gewährleistet, dass jede Aufgabe einer Organisationseinheit zugewiesen wurde und nicht auf verschiedene Einheiten verteilt ist. Früher gab es beispielsweise in Wien neben dem „Landeskriminalamt" des Landespolizeikommandos die „Kriminalpolizeiliche Abteilung" in der Bundespolizeidirektion. Jetzt werden kriminalpolizeiliche Angelegenheiten umfassend im Landeskriminalamt allein behandelt.

Wenn Bürgerinnen und Bürger eine schlankere Struktur vorfinden, wissen sie, dass die Aufgaben für sie mit weniger Verwaltungsaufwand erledigt werden. Die Wiener Polizei erwartet sich vor allem Effekte, was die Geschwindigkeit bei der Abwicklung von Angelegenheiten betrifft. Das Bürgerservice soll insgesamt beschleunigt und die Qualität der Arbeit soll gesteigert werden. Das betrifft Themen wie die Opferbetreuung oder die Tatortarbeit, den emotionalen Umgang mit Einbruchsopfern, die Fragen, welche Hilfestellungen die Polizei leisten oder wie sie beratend helfen kann.

Die Polizei lernt aus jedem Einsatz. Erfolgreiche, schwierige Amtshandlungen, die gut gemeistert wurden, sollen zur Qualitätssicherung als Best-Practice-Modelle allen Mitarbeiterinnen und Mitarbeitern zugänglich gemacht werden. Aber auch aus Beschwerden soll die Polizei künftig verstärkt lernen, sodass Fehler nicht wiederholt werden.

In Wien soll der bewährte Weg fortgesetzt werden, und zwar mit einer weiteren Vernetzung der Sicherheits- und Kriminalpolizei sowie mit dem Ausbau der Zusammenarbeit mit anderen Bundesländern und zentralen Dienststellen. Mobile und sich zunehmend organisierende Kriminalität erfordert interne, sprengel- und grenzüberschreitende Zusammenarbeit.

Die Bekämpfung der organisierten und grenzüberschreitenden Kriminalität zählt zu den Herausforderungen der kommenden Jahre. Neben besonderen Koordinierungsmaßnahmen werden neue und innovative Ermittlungsmethoden verstärkt eingesetzt werden. Experten des Landeskriminalamts werden einbezogen und die Erkenntnisse bis zur Ebene der Polizeiinspektionen sollen genützt werden. Die Vertiefung der Tatortarbeit und Spurensicherung bis auf die Ebene von Massendelikten wird die Aufklärungsquoten langfristig auch in einem Ballungszentrum wie Wien erhöhen.

Wirtschafts- und Sozialbetrug verursachen enorme volkswirtschaftliche Schäden. Künftig soll daher die Bekämpfung der Wirtschaftskriminalität im weiteren Sinn forciert werden.

Dem Schutz der Menschenrechte wird die Polizeiführung weiterhin hohe Aufmerksamkeit widmen. Den Polizistinnen und Polizisten soll verstärkt bewusst werden, dass sie es sind, die Menschenrechte gewährleisten und verwirklichen.

Auch eine hohe Präsenz des Streifendienstes wird künftig stärker in den Fokus polizeilicher Arbeit rücken, gemäß dem Leitspruch „Sichtbarkeit schafft Vertrauen“. Daran anschließend soll das Bewusstsein der Bevölkerung gestärkt werden, dass Sicherheit alle angeht. Eigenvorsorge ist ein wesentlicher Eckpfeiler einer sicheren Stadt.

Dr. Gerhard Pürstl
Landespolizeipräsident
in Wien

General Karl Mahrer
Landespolizeivizepräsident
in Wien

Mag. Dr. Michaela Kardeis
Landespolizeivizepräsidentin
in Wien

POLIZEI
Ihr neues
Revier?
Jetzt bewerben!
www.wien-polizei.at
POLIZEI

NACHWORTE

Näher an den Menschen

365 Tage im Jahr, 24 Stunden täglich – die Polizistinnen und Polizisten in der Bundeshauptstadt sind rund um die Uhr für unsere Sicherheit im Einsatz. Mit Engagement, Fingerspitzengefühl und Know-how tragen sie maßgeblich dazu bei, dass Wien zu den sichersten Städten der Welt zählt und die Menschen in dieser Stadt in Sicherheit leben können. Die steigenden Aufklärungsquoten sprechen eine klare Sprache und sind ein eindrucksvolles Zeugnis für die professionelle Arbeit unserer Polizistinnen und Polizisten. So konnte beispielsweise die Aufklärungsquote in Wien kontinuierlich gesteigert werden. Beim Delikt „Mord" konnten wir in manchen Jahren sogar eine Klärungsrate von 100 Prozent verzeichnen.

Von der Bekämpfung der Einbruchs-, Drogen- und Cyberkriminalität über den Zivilschutz und Maßnahmen gegen das Schlepperunwesen bis hin zu Asyl- und Fremdenrechtsangelegenheiten – das Thema Sicherheit ist vielfältig und stellt uns immer wieder vor neue Herausforderungen. Um uns diesen Entwicklungen zu stellen, haben wir die Strategie INNEN.SICHER.2012 ins Leben gerufen. Unter dem Dach dieser Strategie ist eine Vielzahl an Projekten gebündelt. Damit geben wir Antworten auf neue Herausforderungen und setzen zukunftsweisende Schwerpunkte, um Wien noch sicherer zu machen. Ein wichtiger Meilenstein in Richtung mehr Sicherheit ist uns mit der Umsetzung der größten Behördenreform der Zweiten Republik gelungen: Seit 1. September 2012 gibt es bundesweit anstatt 31 Behörden nur noch 9 Landespolizeidirektionen. Damit haben wir eine Sicherheitsstruktur geschaffen, die noch näher an den Bürgerinnen und Bürgern, noch schlanker und noch effizienter ist. Ich bin überzeugt, dass die Wienerinnen und Wiener diesen Schritt im Sinne der Sicherheit auch deutlich spüren werden. Denn mit Maßnahmen wie diesen schaffen wir für unsere Polizistinnen und Polizisten beste Rahmenbedingungen, damit sie auch weiterhin konsequent und zuverlässig für die Sicherheit in Wien Sorge tragen können.

Mag.ª Johanna Mikl-Leitner
Bundesministerin für Inneres

NACHWORTE

Sicherheit und Lebensqualität

Sicherheit ist die Grundlage für die hohe Lebensqualität in Wien. Wobei Sicherheit ein breiter Begriff ist – da geht es um den Schutz vor Kriminalität, aber auch um Hilfe im Krankheitsfall, die soziale Sicherheit oder etwa die Sicherheit am Arbeitsmarkt. Anders gesagt: Es geht um ein Sich-sicher-Fühlen in jedweder Hinsicht.

Klar ist aber, dass die Sicherheit vor Kriminalität besonders wichtig ist. Sie ist Grundvoraussetzung dafür, dass die Menschen sich in einer Stadt wohlfühlen. Wiens Polizistinnen und Polizisten sorgen für diese Sicherheit und riskieren dabei täglich ihre Gesundheit und ihr Leben. Daher muss man die Polizei in die Lage versetzen, dass sie ihre Aufgaben bestmöglich erfüllen kann. Um den Schutz vor Kriminalität gewährleisten und den Menschen mit Rat und Hilfe zur Seite stehen zu können, braucht die Polizei die entsprechende personelle und technische Ausstattung. Ich freue mich über jeden Kriminalfall, der aufgeklärt wird, und noch mehr über jeden, der erst gar nicht entsteht. Ich bin der Polizei dankbar, dass sie so gut funktioniert, auch wenn das Arbeitsumfeld für die Polizistinnen und Polizisten nicht einfach ist. Die Stadt Wien unterstützt daher immer schon dort, wo es möglich ist: etwa bei der Kriminalprävention oder der Anschaffung von Tatortkameras.

Als Bürgermeister dieser Stadt bedanke ich mich bei den tausenden Polizistinnen und Polizisten, die ihr Leben in den Dienst der Gesellschaft gestellt haben und uns nötigenfalls auch unter Einsatz ihres Lebens beschützen.

Dr. Michael Häupl
Bürgermeister und Landeshauptmann von Wien

NACHWORTE

Erfolgreiche Zusammenarbeit

Neben Luxemburg, Bern, Helsinki und Zürich zählt Wien zu den sichersten Städten der Welt. Für viele ist Sicherheit daher mittlerweile eine Selbstverständlichkeit geworden. Wir vergessen nur allzu oft, dass Sicherheit ein seltenes Gut ist, das jeden Tag aufs Neue verteidigt und gewährleistet werden muss. Das vorliegende Buch ist daher ein eindrucksvolles Dokument, das uns daran erinnert, wem wir unsere Sicherheit und damit auch die Basis unseres Wohlstands verdanken – der Wiener Polizei! Ihre professionelle Arbeit hat auch ganz konkrete Auswirkungen auf die Entscheidung internationaler Konzerne, sich in Wien anzusiedeln, von Touristen, Wien zu besuchen, und für Menschen, in Wien ihren Lebensmittelpunkt zu behalten.

Seit vielen Jahren arbeitet die Wiener Wirtschaft höchst erfolgreich mit der Wiener Polizei zusammen – zum Wohle und zur Sicherheit der Unternehmer und ihrer Kunden. Beispielsweise bei regelmäßigen Sicherheitsworkshops für Schwerpunktbranchen, verschiedenen Informationsplattformen oder bei der Kriminalprävention. In der Wiener Wirtschaft hat die Wiener Polizei stets einen verlässlichen Partner und Freund. Denn: Sicherheit geht uns alle an.

KommR Brigitte Jank
Präsidentin der Wirtschaftskammer Wien

Der Blick zurück nach vorne

„Nur wer die Vergangenheit kennt, kann die Gegenwart verstehen und die Zukunft gestalten“, hat der Soziologe, Philosoph und Autor Paul Watzlawick gesagt. Wie wichtig es ist, sich nicht nur mit dem Heute zu beschäftigen, sondern auch das Gestern nicht außer Acht zu lassen, beweist uns der Blick zurück in die Geschichte immer wieder aufs Neue. Faszinierend im historischen Rückblick ist, wie beispielsweise die abwechslungsreiche Geschichte der Wiener Polizei auch immer ein Spiegel des gesellschaftlichen Wandels war, den die Bundeshauptstadt erfahren hat.

Die Wiener Polizei arbeitet seit historischen Zeiten im Dienste der Menschen. In all diesen Zeiten hat diese Institution sich ständig auch den neuen Erfordernissen angepasst. Fühlte sich die Wiener Sicherheitswache in den Jahren nach ihrer Gründung zwar noch in erster Linie ihrer Aufgabe als Hüterin von Recht und Ordnung verbunden, so gilt in neueren Zeiten vor allem das Motto „Sicherheit und Hilfe“.

Das Bild der Polizei hat sich auch für mich persönlich im Laufe der Jahre gewandelt. Waren Polizisten in meiner Jugend reine Respektspersonen, sehe ich heute viel mehr den Menschen hinter dem Amtskapperl. Menschen, die unterstützen, helfen und für unsere Sicherheit sorgen.

Der Wiener Polizei ist heute zu gratulieren: Die Bundeshauptstadt gehört zu den sichersten Städten der Welt, das Ausbildungsniveau unserer Exekutivbeamten setzt weltweite Standards und die Verbundenheit mit der Bevölkerung ist beispielhaft.

Seit vielen Jahren ist die Zusammenarbeit unseres Unternehmens mit der Wiener Polizei eine hervorragende und meine Verbundenheit mit der Polizei hat zudem einen historischen, wenn auch privaten Hintergrund. Ich habe vor einigen Jahren das Haus des k. u. k. Polizeipräsidenten Baron Bresowsky erworben und habe so täglich ein Stück k. u. k. Polizeigeschichte vor Augen.

DI Thomas Jakoubek
Bauträger Austria Immobilien

Erlebte Sicherheit

Wenn es um die Sicherheit geht, so ist die Polizei die zentrale Schnittstelle zwischen der Wiener Bevölkerung und den Behörden – und damit auch die Symbolfigur für erlebte Sicherheit. Dieses Buch ist eine hervorragende Quelle für all jene, die sich für die Geschichte der Wachkörper in Wien, aber auch für die vielfältigen Aufgaben und Leistungen der modernen Polizei in der Bundeshauptstadt interessieren. Das Kuratorium Sicheres Österreich (KSÖ) versteht sich als Partner der Polizei und Plattform zur Unterstützung der Arbeit für ein sicheres Wien. Dieser Blick hinter die „Kulissen" hilft, die Arbeit unserer Polizistinnen und Polizisten noch besser zu verstehen. Allen Leserinnen und Lesern eine spannende Lektüre und den Angehörigen der Polizei alles Gute für ihren herausfordernden Dienst!

Mag. Erwin Hameseder
Präsident des KSÖ – Kuratorium Sicheres Österreich

Bewusstsein für Geschichte

Eine geschichtsträchtige Stadt wie Wien bietet seit jeher einen unerschöpflichen Fundus an historischem Wissen, an Fakten und Details. Ausgesprochen spannend ist es jedoch, entscheidende Perioden in der Geschichte dieser Stadt einmal aus dem Blickwinkel einer ihrer wichtigsten Institutionen betrachten zu können. So wird hier nicht nur ein Bild dieser Institution, der Exekutive, gezeichnet, sondern auch ein lebendiges Bild unserer Stadt und ihrer Entwicklung.

Mag. Dietmar Hoscher
Vorstand Casinos Austria AG

Stolz auf die Wiener Polizei

Die hervorragenden Leistungen der Wiener Polizei sind in diesem historischen Rückblick eindrucksvoll dokumentiert und machen uns, den Verein der Freunde der Wiener Polizei, sehr stolz darauf, dass wir diese – auch im internationalen Vergleich – erfolgreiche und bei der Wiener Bevölkerung besonders geschätzte Institution seit nunmehr 40 Jahren in vielfältiger Weise unterstützen dürfen.

Neben vielen anderen Aktivitäten sehen wir es als unsere wesentlichen Aufgaben, die Kommunikation zwischen der Wiener Bevölkerung und der Wiener Polizei zu fördern, besondere Leistungen und außergewöhnliche Verdienste im Bereich der öffentlichen Sicherheit auszuzeichnen und notwendige Projekte dort zu ermöglichen, wo die zu deren Realisierung erforderlichen Mittel nicht vorhanden sind. So sind wir zum Beispiel gerade dabei, für Einsatzfahrzeuge der Wiener Polizei neue Defibrillatoren anzuschaffen.

Sicherheit in Wien im Dienste der Menschen dieser Stadt und Vertrauen in die Exekutive sind Werte, die uns die Wiener Polizei seit vielen Jahren vermittelt, und dabei möchten wir sie auch in Zukunft gerne begleiten.

Adolf Wala
Präsident des Vereins der Freunde der Wiener Polizei

Gute Zusammenarbeit

Als Anbieter von Out of Home-Werbemedien sind wir vorwiegend im dicht bevölkerten, urbanen Raum vertreten. Mit unterschiedlichsten Werbeträgern übermitteln wir Botschaften und gestalten so auch das Straßenbild mit. Um stets die Sicherheit, Ordnung und Orientierung besonders im Stadtgebiet zu gewährleisten, ist es von großer Bedeutung, dass Regeln und Gesetze im Sinne der Allgemeinheit eingehalten werden. Gute Zusammenarbeit und die Nähe zu den Menschen auf der Straße verbinden die Polizei und die Gewista seit vielen Jahren.

KR Karl Javurek
CEO GEWISTA

Im täglichen Einsatz

Sicherheit ist ein unsichtbares Gut – jedoch trotzdem wichtiger Teil eines Lebensgefühls, der Lebensqualität einer Stadt. Das Gefühl wächst und entwickelt sich über Jahre und Jahrzehnte weiter, genauso wie die Institutionen, die sich diesem Wert verschrieben haben. Sie ist für jeden Menschen tagtäglich erlebbar: So zählt Wien heute zu den sichersten und lebenswertesten Städten der Welt. Dahinter steht ein gut funktionierendes System, zu dem auch die Wiener Polizei über viele Jahre hinweg sehr viel beigetragen hat. Auch für die Zukunft wünschen wir deshalb der Wiener Polizei viel Erfolg für ihren täglichen Einsatz im Dienste der Wiener Bevölkerung!

Frank Hensel
Vorstandsvorsitzender der REWE International AG

Miteinander von Polizei und Medien

Das neue Buch von Harald Seyrl ist so spannend wie ein Rundgang durch sein berühmtes Kriminalmuseum. Denn was immer faszinierend bleiben wird, sind die Geschichten von Verbrechen und der Menschen, die sie begangen haben. Egal, in welchem Jahrhundert. Computer, Internet, Handy. EKIS-Datenbanken, Überwachungskameras, die DNA-Analyse. So viele Erfindungen, Entdeckungen, die sowohl die Arbeitsweise der Journalisten, als auch die der Ermittler mittlerweile massiv verändert haben. Auch im „Miteinander". Polizei und Medien: Sie brauchen einander, wahrscheinlich mehr als je zuvor. Im Zeitalter der „schnellen Nachricht", in der letztendlich nur die Wahrheit zählt.

Mag. Martina Prewein
Ressortleiterin NEWS Chronik

Danksagung

Dieses Buch ist mit Unterstützung eines großen österreichischen Erfinders, Ing. Gaston Glock sen., ermöglicht worden. Ein ganz besonderes Danke!

Ein herzliches Danke an all jene, die uns ebenfalls dabei unterstützt haben, dieses Buch zu verwirklichen:
Wirtschaftskammer Wien, Bauträger Austria Immobilien, Novomatic Forum, Rewe International AG, Kurier, Kuratorium Sicheres Österreich, Verein der Freunde der Wiener Polizei, Casinos Austria AG, Gewista, Verlagsgruppe News, Münze Österreich, Felber, Tchibo.

Danke an cafe+co cafeplusco.com

NOVOMATIC FORUM